KB175851

액티브 시니어의
고전 즐기기

서양, 동양, 한국 고전 읽기

액티브 시니어의 고전 즐기기

김대혁 지음

이담 Books

"나는 의욕적이다. 고로 나는 존재한다."

의욕이야말로 인간 존재의 근본이 되어야 한다. '맨드비랑 (1766~1824)'이라는 프랑스 철학자의 주장이다. 그는 데카르트의 '나는 생각한다. 고로 나는 존재한다'를 부정했다. 대신 인간에게 의욕이 가장 중요함을 강조했다. 생(生)의 철학 창시자다. 그의 계보를 이어 나가는 철학자로 베르그송 등이 있다.[1]

필자는 속칭 '액티브 시니어'다. 환갑도 넘고 친구들은 모두 일선에서 물러났다. 직장 정년퇴직은 있어도 인생 정년퇴직은 없다. 직장에서 사는 인생이나 퇴직 후 사는 인생이나 사는 것은 다름이 없다. 똑같이 해는 뜨고 진다. 필자는 120살까지 건강하게 살기로 했다. 개인적 결심이다. '하느님이 언제 데리고 가느냐'는 신의 선택일 뿐이다. 필자 의지와는 무관하다. 신이 데리고 가기 전날까지 의욕을 갖고 자기 성장을 이뤄 나가고 싶다. 의욕적 인간이고자 한다. 앞서 말한 대로 의욕이 있으니까 인간으로서 존재 의미가 있다. 누구 말마따나 '멍하게, TV

나 보면서' 실없이 웃으며 남은 인생을 보내고 싶지 않다. '책 읽는 것만 빼고 뭐든 하겠다'라는 인생도 아닌 것 같다.

필자는 나이와 상관없이 꿈과 비전, 사명, 목표를 매일 가다 듬으려고 노력한다. 부자가 되거나 명예를 높이는 현역 때 꿈과는 거리가 멀다. 그저 남은 생에서 역할이 있다면 뭐든 가리지 않고 의욕적으로 나서고 싶다. 이는 삶의 나침반 같은 것이다. 나침반이 없이 하루를 보내는 건 '표류하는 하루'일 뿐이다. 그 꿈 중 하나가 '독서를 즐기는 사람, 특히 고전 독서를 하는 사람'이 되는 것이다.

고전(古典)이라고 하면 서양은 대개 그리스 로마 고전을 말한다. 동양에서는 사서오경(四書五經) 등 한서(漢書)를 가리킨다. 한국 고전은 어디까지를 말할까? 경계가 불분명하다. 고전이냐 아니냐의 기준을 백여 년 정도라고 가정한다면 1920년대 이전 책 정도일 것 같다. 필자가 즐기는 고전은 서양, 동양, 한국 고전 모두 망라한 134권이다. 독서계에서 잘 알려진 이지성 작가의 『리딩으로 리드하라』에서 소개하는 책 모음이다. 서양, 동양, 한국 고전인데, 모두 번역한 책이다. 한국 고전도 대개 한문으로 된 책이다. 원서를 볼 만한 외국어 실력이 약하다. 영어나 한문을 원어로 보고 읽기는 부담스럽다. 이 점에서는 석학이나 높은 학력의 지성인과는 거리가 멀다. 평범한 일개 촌로(村老)일 뿐이다.

필자는 지난해 초 졸작 『액티브 시니어의 깊이 있는 독서법』이라는 책을 썼다. 독서를 잘하게 하는 선생으로서 지침서로 내놓은 것이다. 독서를 지도하면서 항상 걱정 중 하나가 '다음

주 교재는 어떤 책으로 해야 하나'였다. 고전 134권을 보면서 '이것이다'라고 섬광(?)이 터졌다. 134권이니 최소 3년간 볼 수 있는 양이다. 의욕적으로 시작했지만, 책을 구하는 것부터 쉽지 않다. 오래된 책들이고 번역서 또한 다양하다. 고전은 멀게는 3000여 년 전부터 가깝게는 100년 전까지 사람들로부터 검증된 책이다. 오랜 기간 많은 책과 경쟁하며 살아남은 책이다. 이런 책을 읽지 않고 독서를 했다고 할 수 있을까? 독서를 가르치는 사람이라면, 아니 독서 하는 사람이라면 이런 정도 책들은 읽어야 한다는 생각이 들었다.

책을 좀 읽는 속칭 독서 전문가라면 이 정도 책들은 기본적으로 읽어야 하지 않을까? 이런 생각에서 고전 독서를 시작했다. 책을 빨리 읽는데, 소위 속독(速讀)이나 다독(多讀)을 하려면 배경지식이 많이 필요하다. 고전 134권 정도 읽으면 배경지식은 충분하다. 평생 독서를 하겠다는 소위 독서 고수들이 거쳐야 할 과정이라고 필자는 믿고 있다. 아직 다 읽지 못한 독서 고수들에게 이렇게 읽어왔다는 본보기가 되고자 한다.

2018년 일요독서를 배우는 제자들에게 같이 읽어 나가지 않겠냐고 제안했다. 의무적으로 하는 독서는 어떤 의미에서는 부담이다. 거룩한 부담이다. '제발 읽어오지 말라' 하고 '현장에서 읽는다'라면 참석하겠다는 제자들이 있었다. 고전을 읽는다는 뜻은 좋으나 일요일 책 읽기도 힘겨운데 또 다른 숙제를 주지 말라는 뜻이다. 타협했다. 필자 역시 혼자 읽어 나가다 그만두면 곤란하다. 같이 하면 가능할 것 같았다. 책 읽기가 부담스러운 제자들에게는 현장에서 읽는 것도 충분하다고 인정했다. 다음에 다시 읽으면 되니까. 필자가 가르친다는 자세로 고전을 한 권 한 권 읽어 나가겠다고 뜻을 세운 지 3년이 지났다. 매주 삼백 페이지로 한정시켰다. 반 정도 읽은 것 같다. 어떤 프로젝트를 시작하면 시작하면서 책을 한 권 쓰고, 중도에 리포트 형식으로 써라. 마지막에 마무리하며 쓰라는 다작 작가의 충고를 받아들였다. 이 책은 고전 독서 프로젝트를 시작하는 사람들에게 참고하라는 의미로 써졌다.

필자는 대한민국 모든 국민이 독서광이 됐으면 좋겠다. 유럽이나 미국인들 평균 독서량은 매주 책 두 권 정도라고 한다. 우리 국민들도 그 정도는 읽었으면 좋겠다. 유튜브가 대세인 세상에서 '책 타령이냐'고 구박을 줘도 할 수 없다. 유튜브를 아무리 봐도 유튜브 자체만 읽고 책을 쓸 수 없다. 박사 논문도 쓸 수 없다. 아들딸이나 손자 손녀가 유튜브만 보고 독서량이 부족해 책도 못 쓰고 박사 논문도 쓸 '능력이 안 된다.'라면 비극(?)이다.

서양, 동양, 한국 고전 134권 정도는 모두 읽었으면 좋겠다. 이렇게 되면 대한민국 국민은 모두 교양을 갖춘 품격 있는 삶을 살 수 있을 것이다. 이 정도 독서량이면 모양새는 갖출 수 있다고 믿는다. 앞서 말한 대로 독서 전문가라면 이 정도 고전 독서는 하고, 시작해야 하지 않을까? 10대, 20대부터 50대, 60대까지 유튜브가 대세라며 독서를 외면하는 세상이다. 난독증 환자가 늘어가는 현실을 쳐다보고만 있을 수 없다. 50대가 본보기를 보여야 한다. 언제든 아들딸이, 손자 손녀가 할아버지의 고전 완독 모습을 보고 따라 하기를 기대한다.

고전 독서반 회원 중 이제 막 첫딸을 낳은 신혼부부가 있다. 이들은 고전 책만은 새 책으로 사서 읽는다. 책장도 따로 만들어 보관한다. 딸이 자라나 보길 바라는 마음 때문이다. 세 살이 되면 고전 책 내용을 이야기해 준다. 여덟 살까지 부모가 말로 해준다. 아이는 듣기만 한다. 글을 읽을 때부터 초등학교 졸업할 때까지 부모와 고전을 토론하고 글을 쓰며 자란다. 중고등학교 때 다시 한번 읽는다. 이런 아이가 대학 진학해 공부하면 아마 노벨상을 탈 공부를 하지 않을까? 필자는 이런 세상을 꿈꾼다. 존 스튜어트 밀의 『자유론』은 이런 부모의 홈스쿨 고전 공부 덕에 탄생한다. 그의 사상이 지금 자유주의 세상을 만들었다. 우리나라라고 못 할 것이 없다. 우리도 퇴계 이황 선생 같은 큰 사상가를 배출한 이력이 있다.

고전을 읽는 것이 좋다는 말은 흔히들 한다. 어떤 고전을 말하는 건지 어떻게 읽는 건지에 대한 지침서나 본보기 책은 많지 않다. 있다 하더라도 장님 코끼리 만지기식이다. 이 책도 마찬가지겠지만, 필자 나름대로 다양한 책을 소개하고 읽는 순서를 밝히려고 노력했다. 필자는 서양, 동양, 한국 고전을 읽는다는 것은 이런 것이다, 이렇게 읽어야 한다는 본보기를 보이고자 이 책을 썼다. 이 책은 어느 부분부터 읽어도 무방하다. 시간이 여유로운 사람은 앞에서부터 읽어 나가면 필자의 뜻을 온전히 볼 수 있다.

독서 고수들, 그리고 이 땅의 액티브 시니어들, 고전 독서 세계에 발을 들여놓아라. 그곳엔 문학, 역사, 철학 등 배경지식의 창고가 있다. 20대, 30대는 평생 공부에 도움이 될 것이다. 40대, 50대 현역들은 창의력이 높아질 것이다. 업무에 창의력이 높아지니 생산성이 높아질 것으로 보인다. 필자는 백이십 살까지 오 년마다 한 번씩 열두 번 정도 고전 독서를 하고 강의하고자 하는 목표가 있다. 이보다 훌륭한 힐링 독서가 없다고 생각하기 때문이다. 은퇴한 액티브 시니어에게는 힐링 도구가 될 것이다.

필자는 남은 생을 책을 읽고 정신적으로 성장하는 과정을 즐기며 행복을 만들어나가겠다는 인생 목표가 있다. 그런 의욕으로 존재 의미를 느끼고 있다. 나는 의욕적 존재다. 고로 존재한다.

2021. 07. 25.
도쿄올림픽 중계방송이 들리는 시기,
문이 흥한다는 문흥동에서

차 례

제1장

고전 독서에 뛰어들다

1

코로나와 인공지능 시대,
대안으로서 고전 독서

지인에게 카톡이 왔다. 그대로 옮기자면 다음과 같다.

코로나로 인해 느낀 열 가지
1. 유럽은 보이는 것만큼 선진국이 아니었다.
2. 부자라고 가난한 사람보다 면역력이 좋은 건 아니었다.
3. 종교는 단 한 명의 환자도 살리지 못한다.
4. 축구 스타보다 의료 종사자들이 훨씬 값어치 있다.
5. 소비 없는 사회에 석유는 쓸모없다.
6. 우리가 격리되어 보니 동물원의 동물들 심정을 알겠다.
7. 인간들이 덜 활동하면 지구는 회복된다.
8. 대부분 사람은 집에서도 일 잘 해낸다.
9. 외식 회식 없어도 사는 데 지장이 없다.
10. 일본은 후진국이다.

모두 맞는 것은 아니다. 특히 유럽과 일본에 대한 단정은 일부 맞는 점도 있지만 잘못된 정보가 있고 개인의 편견이 스며 있다. 종교와 축구 스타 비하는 가치체계가 다른 사람에게 비난을 받을 소지가 있다. 나머지는 대체로 맞는 말이다. 코로나라는 바이러스가 부자와 가난한 자를 가리지 않는 것도 맞다. 석유를 과소비하고 살았다. 인간도 포유류라는 동물의 한 종이다. 인간을 가두어 두는 것이 아니듯 동물도 동물원 좁은 공간에 가둬 두는 것이 아닌 듯하다. 필자는 인간 제일주의자는 아니다. 지구상 모든 것은 인간을 위해 존재한다는 사고에 동의할 수 없다. 우주가 생긴 것은 140여억 년 전이다. 지구 역사는 45억 6789만여 년이라고 추정한다. 인간은 고작 650만 년 전부터 존재해 왔다. 한 명의 인간은 고작 100년도 채 못 산다. 현생 인류 역사가 10만 년이라 해도 인간은 만물의 영원한 주인일 수는 없을 것 같다. 인간은 동물원 동물들과 지구를 같이 잠시 이용하는 것 아닐까? 하는 생각이 든다. 인간의 과소비를 줄여 지구가 회복된다는 소식은 환영할 만하다. 외식, 회식을 줄인다면 국민 건강에도 좋다. 건강한 집밥을 많이 먹기 때문이다.

코로나라는 전염병은 전 세계 사람 사는 풍경을 일시에 바꿔 놓았다. 세상은 이렇게 급하게 변하고 있다. 전염병은 언젠가 백신이 만들어지면 없어진다. 코로나로 공중위생이 발달하면서 오히려 감기 환자가 줄어들었다. 공중위생이 강화된 덕이다. 감기 환자를 치료하며 운영하는 동네 내과 병원은 난감해질 수 있다.

코로나 이외에도 세상을 바꾸는 요소는 많다. 눈에 보이는 것 중 하나는 인공지능이다. 『에이트』라는 책을 써서 사람들에게 인공지능에 경종을 울린 이지성이라는 작가 등은 인공지능으로 대다수가 직업을 잃게 된다고 경고했다. 특히 의사, 약사, 판검사, 변호사, 회계사, 세무사, 교사 등 선망의 사 자(士字) 직업도 사라진다고 한다. 현재도 인간 의사보다 인공지능 의사가 정확도가 높다. 교사도 로봇 교사는 좋든 싫든 편견 없이 학생을 24시간 가르친다. 인공지능 판사는 전관예우를 하지 않는다. 변호사가 찾는 판례는 인공지능이 더 잘 찾는다. 문제는 이런 일이 지금 벌어지고 있다는 점이다. 2030년이면 앞으로 9년 후다. 머지않다. 필자가 72세가 되는 시점이다. 필자 아들은 32살 변호사다. 변호사라는 직업도 50%가 사라진다는데 아들이 포함되지 않는다는 보장이 없다. 남의 일이 아니다.

더 구체적으로 보자면 『에이트』라는 책 내용 중에는 '미래학 아버지', '구글 선정 세계 1위 미래학자' 등 타이틀을 가지고 있는 다빈치연구소 소장 토머스 프레이는 인공지능으로 인해 의사, 약사, 변호사, 회계사, 변리사들 일자리가 2030년 아예 없어질 것이라고 예측했다. 또 전 세계 대학 50%가 2030년경 폐교한다고 예측했다.[2]

사우디아라비아에서 시민권까지 획득한, 인간형 감정 지능 로봇 '소피아'는 기쁨과 슬픔 같은 단순한 감정은 물론 혼란, 좌절, 고뇌 같은 인간 고유 감정을 무려 62가지나 얼굴에 드러내면서 인간과 대화가 가능하다. 이를 개발한 핸슨 로보틱스 설립자 데이비드 핸슨은 인공지능의 미래를 이렇게 예측했다. '인공지능로봇은 2035년 거의 모든 영역에서 인간을 앞지르게

되고 2045년 인간과 같은 시민권을 갖게 된다.'

세계적인 컨설팅 업체인 매킨지글로벌 연구소는 2017년 인공지능의 발달로 인해 2030년까지 전 세계적으로 8억 명 이상이 실직하게 된다는 보고서를 발표했다. 이 보고서에는 인공지능 기술이 지금 당장 인간 일자리의 50%를 대체할 수 있는 수준이고, 2050년에는 인간 일자리의 100%를 대체할 수 있는 수준으로 발전한다는 내용도 포함되어 있다.[3]

2035년이면 필자 나이는 75세다. 2050년이면 90세. 지금은 대부분 90세까지 살지만 58년 개띠인 필자들 세대는 평균 수명 연장으로 120세 정도까지 살게 될 것으로 보인다. 인공지능에게 일자리를 잃고 고통받는 인류 모습을 노후에 쳐다볼 가능성이 크다.

코로나나 인공지능으로 급변하는 세계를 걱정하는 마음으로 이에 대비하기 위해 '우리는 무엇을 할 것인가? 인공지능에게 대체되지 않는 나를 만드는 법 8가지'를 작가는 나름대로 적어 놓았다.

요약하자면 다음과 같다. 선진국은 이를 대비하기 위해 우리보다 더 많은 노력을 하고 있다. 나사와 구글이 만들어 운영 중인 싱귤래리티 대학, 2014년 설립된 미네르바 대학, 일론 머스크가 아들을 조만장자로 만들기 위해 세운 애드 아스트라, 하버드 의대의 플립러닝, 일본 국공립학교의 새로운 교육제도 등이 그것이다. 금융투자 황제로 불리는 밥 밀러는 인공지능을 비서처럼 부리면서 투자 승률을 높이고 있다.

반면, 우리나라 교육체제는 대비가 미미한 편이다. 스탠퍼드 대 기계공학과 래리 라이퍼 교수는 우리나라에 최근 방문해 '디자인 싱킹'을 전파하며 '우리나라가 그동안 어떤 창조도 혁신도 일으키지 못하고 있는 이유가 뭐냐. 왜 이리 뒤지고 있나?'라는 질문에 5가지로 답을 요약했다.

1. 부모는 자녀가 안정적인 길만 가기를 바라고 자녀는 성인이 되어서도 부모에게 의존하는 특유의 가족문화 때문이다.
2. 사고(思考)가 한국 교육 시스템 틀 안에 갇혀 있다.
3. 자신의 내면에 이미 창의성이 존재한다는 사실을 믿지 않기 때문이다.
4. 창조적 인재가 되겠다는 절박한 마음이 없기 때문이다.
5. 대화에 기반한 협력문화가 없기 때문이다.

'아니다'라고 반박할 말이 별로 없어 보인다. 거의 틀림없다고 생각된다. 이렇게 진행될 경우 우리나라 사람들은 99.9997%가 프레카리아트로 전락한다. 프레카리아트란 '불안정한'이라는 이탈리아어 프레카리오precario와 독일어 '노동계급'이라는 프롤레타리아트proletariat의 합성어다. 꿈과 열정이 없고 내가 하는 일의 가치를 모르며, 먹고사는 문제로 평생 고통받는 노숙인, 난민, 불법 외국인 노동자로 전락할 가능성이 많다는 뜻이다.

인공지능은 주어진 일을 사람보다 더 잘한다. 다만 일을 개선하는 것이나 새로운 시각의 접근은 불가능하다. 코로나로 세상은 급변했다. 인공지능으로 세상은 어차피 바뀐다. 개선이나 창의적 접근을 하는 사람만이 살아남는다. 창의적 교육이 대안이다. 이는 독서를 통해서 만들어진다. 독서와 사색을 하다 보면 개선이나 창의력이 생길 수밖에 없다. 더 욕심내자면 예술과 자연을 접하고 다른 사람과 진실하게 교류하면서 자기 안의 인간성과 창조성을 발견하는 것이 몸에 배야 인공지능을 이길 수 있다. 코로나 시대 눈을 뜨면서 휴대폰을 보고 잠자기 전 휴대폰으로 마무리하는 사람은 인터넷과 휴대폰, 즉 인공지능에 중독된 사람이다. 중독은 종속을 의미한다. 필자도 눈을 뜨면 휴대폰을 켜고 카톡이나 문자를 확인한다. 잠자는 사이에 누가 카톡을 보내고 문자를 보내겠는가? 습관적으로 궁금해진다. 이런 인간 심리를 이용한 것이 휴대폰 심리학이라고 한다. 이런 인공지능에게 벗어나 되레 방향을 제시하는 입장이 되면 다음 세대 리더가 된다.

인공지능은 사람과 공감하거나 창의적 상상력을 갖지는 못한다. 이런 능력은 철학을 공부하다 보면 생긴다. 소위 문학, 역사, 철학을 접하다 보면 인간의 아픔을 공감해 주는 능력이 생긴다. 이런 공부는 전혀 다른 시각으로 문제에 접근하는 것을 가능케 한다. 복사, 붙이기로 일컫는 'control c와 control v 그리고 검색' 시대에 철학 공부를 논하는 것은 구태의연해 보인다. 피할 수 없는 대안인지 모른다.

인공지능은 봉사는 하지 못한다. 남을 위해 혹은 인류를 구원하기 위해 살아가겠다는 각오는 다질 줄 모른다. 어려운 사람들을 위해 노력하는 삶을 인공지능은 그리지 못한다. 문학과 역사 그리고 철학을 융복합시키면서 새로운 세계를 만들어 나가는 창의성은 없다. 인간만이 할 수 있다.

그런 인간형을 찾기 위한 교육 프로그램은 뭘까? 미국, 유럽, 일본은 나름대로 만들어서 진행하고 있다. 우리도 이런 노력이 여기저기서 벌어져야 한다. 지속적인 고전 독서는 이런 분위기를 만들 여지가 많다. 문학 고전, 역사 고전, 철학 고전 독서로 다져 나간다면 이런 인간형이 나올 가능성이 많아진다. 이런 서적을 차례대로 읽어 나가고 이를 토대로 토론하며 발표하고 글쓰기를 한다면 융복합적 사고를 하는 학생이 될 수밖에 없다. 창의적인 인간성을 높이는 프로그램이 인공지능을 이겨낼 수 있다. 이런 공부는 인공지능이 할 수 없기 때문이다. 자기 일에 대해 부단히 개선하고 다양한 시각으로 창조적 대안을 제시하는 사람만이 인공지능을 이겨 나가는 것이다.

불행하게도 고전 독서를 위한 기본이 우리 학생들에게 세워지지 않았다. 독서량을 보면 이를 확인할 수 있다. UN이 발표한 바에 따르면 우리 국민 평균 독서량은 세계 166위다(2015년 기준). 우리 독서 수준은 단순히 읽는 정도다. 이조차도 하지 않는다. 일본 독서량이 1년 기준 약 60권이다. 미국, 유럽 다음으로 세계 최고 수준을 자랑한다.[4]

필자는 58년생 개띠로 속칭 액티브 시니어다. 1년에 200여 권을 읽는다. 고전 독서도 열심히 하고 글도 쓰며 책 쓰기도 하고 있다. 주변에 더 많은 사람이 동참하도록 노력하고 있다. 이런 사람이 늘어나면 후손들도 분명 보고 따르게 된다. 고전 독서에 관한 책을 쓰는 이유이기도 하다. 코로나로 세상이 급하게 변하고 있다. 인류에겐 더 좋은 전환점이 될 수 있다. 공중위생이 발달하는 세상, 과소비를 절제하는 인류, 집에서 더 많은 독서를 하는 세상. 가족 간 대화와 토론이 넘치는 대한민국이 되면서 인공지능 시대의 리더가 더 많이 생길 것을 기대한다.

코로나나 인공지능으로 급변하는 세상은 우리에게 기회를 준다. 코로나는 공중위생과 지구를 회복시킨다. 인공지능 시대는 무슨 일이든 부단히 개선하고 창조해 나가는 인간성을 갖춰 나간 자들이 이끌어간다. 홈스쿨링 등을 통해 문학, 역사, 철학 등에 관한 독서와 토론 그리고 사색을 동반한 글쓰기가 이런 능력을 키워준다. 지속적인 고전 독서가 코로나와 인공지능을 이기는 대안이 될 수 있다

속독의 비결, 고전 속
배경지식 정복부터

책을 빨리 보고 싶어 한다면 고전을 정복하라. 속독을 위해 고전의 배경 지식이 필요하기 때문이다. 책을 조금 본다는 사람들은 빨리 보길 원한다. 책 읽는 속도를 빠르게 만들고 싶다.

생각처럼 되질 않는다. 여러 가지 방법이 있겠지만 필자 경험으로는 다른 방법보다는 그 방면에 배경 지식을 쌓는 것이 가장 좋은 대안이다. 자신이 아는 부분의 책은 쉽게 빨리 읽힌다. 그렇다고 모든 부분을 알 수 없다. 공통분모에 고전이 있다. 고전을 읽으면 다른 책들이 쉽게 보인다.

고전을 읽는 이유는 어느 책보다 재미있고 유익하기 때문이다. 액티브 시니어는 젊은 사람들처럼 시간이 많은 사람이 아니다. 인간이 모두 100살에 죽는다고 가정한다면 (현실적으로 태어난 시간은 차례가 있지만 죽는 데는 순서가 없다.) 아들이나 딸보다 살 시간이 짧다. 시간이 많지 않다. 독서를 해도 재미있고 유익한 책을 봐야 한다. 더 많은 책을 보고 싶다면 속독이 돼야 한다. 어떤 의미에서 인간은 모두 자기보다 어린 사

람에 비해 액티브 시니어다. 속독 능력이 키워지기 때문에 고
전 독서를 권한다. 고전의 종류는 동양 고전, 서양 고전, 한국
고전 등이 있다.

서양 고전 이야기를 먼저 하자. 서양 고전을 언급하며 대표
적인 인물로 베르길리우스라는 인물을 이 책 시작하는 첫 대목
에 필자는 언급하고 싶다. 그는 로마의 대표적인 서사시인이다.
베르길리우스는 기원전 70년 10월 15일 북이탈리아의 만투아
(지금 만투바)에서 태어나 기원전 19년 이탈리아반도의 발뒤꿈
치 격인 부분인 브룬디시움(지금의 브린디시)에서 운명했다.
그의 묘비명은 다음과 같다.

만투아가 나를 낳아주고 칼라브리아가 나를 채어갔다. 지금은 네
아폴리스가 나를 붙들고 있다. 나는 목초지와 농토와 장수들을
노래했노라.

로마인들 묘비명은 종류가 다양하다. 대충 이력을 쓰는 경우
와 인생관을 쓰는 경우 등이 많다. 이 묘비명은 이력을 은유화
해서 만든 케이스다. 자신이 살아왔던 지명과 자신이 시인이었
음을 알리는 내용으로 대개 이뤄져 있다. 시인의 묘비명으로
적격이다. 베르길리우스는 로마의 대표적 민족시인이다. 로마
황제 아우구스투스(옥타비아누스)는 로마를 공화정에서 제정으
로 옮긴 인물이다. 제정이란 황제가 이끄는 정치체제를 말한다.

아우구스투스는 카이사르 뒤를 이어 본격적으로 로마를 세계 중심 나라로 만든 황제다. 그는 로마가 위대한 제국임을 증명하는 민족사적 서사시가 필요했다. 대제국인데도 로마가 어떻게 생겼는지를 누군가가 제대로 정리해 준 이가 없었다. 당대 대표 시인으로서 베르길리우스는 아우구스투스 황제 앞에서 자신의 농경시를 낭독하게 된다. 아우구스투스는 이 자리에서 자랑스러운 로마를 찬미하는 민족 서사시를 써보라는 격려를 받는다. 젊은 시절 서사시를 써보겠다는 야망을 키워온 베르길리우스는 호메로스의 『일리아스』 말미에 나오는 '아이네이스'라는 인물을 찾아내 이들 행적을 좇아가며 트로이인들이 어떻게 로마에 정착하게 됐는지를 설명한다. 한국판으로 비유하자면 조선 시대 '용비어천가'를 짓는 셈이다. 이 과정에서 이야기가 이어지지 않는 부분은 하데스(지옥)에서 선조를 불러내 진술하게 하는 식으로 내용을 채운다.

천 년 후 1321년 『신곡』이라는 작품을 쓴 단테는 '지옥과 연옥 그리고 천국'을 그리는 시집을 남긴다. 중세 기독교 역사 천 년이 있지만, 단테처럼 정밀하고 세세하게 '사후 세계'를 그린 작가는 없다. 단테는 자신의 상상력으로 지옥 모습과 연옥 풍경 그리고 천당 그림을 생생하게 그려낸다. 지옥, 연옥, 천당을 상상으로써 인류에게 최초로 보여준 사람이 단테다. 단테의 이러한 상상력이 기독교를 새로 격상시켰다는 해석도 있다. 사람들이 기독교 신앙을 키워 나가는 천당과 지옥의 모습을 분명히 제시했기 때문이다. 이런 점에서 단테가 처음이라는 뜻이다.

이후 화가들은 지옥과 연옥 그리고 천당의 모습을 이를 근거로 해서 그림을 그린다. 단테가 처음 지옥을 상상하고 만들어낼 때 사용한 방법이 기발하다. 단테는 당대 최고의 인문학자였다. 1300년까지 나온 대부분 고전을 읽고 소화해 낸 인물이다. 그는『아이네이스』라는 작품을 알고 있다. 단테의 말대로 하면 자신이 가장 존경하는 사람은 로마 시대 베르길리우스라는 시인이라고 말한다. 베르길리우스라는 시인을 하데스로부터 불러낸다. 죽은 사람을 불러낸다는 뜻이다. 베르길리우스의『아이네이스』에서 하데스로부터 죽은 사람을 불러냈듯이 자신도 그를 불러낸다. 베르길리우스가 하데스에서 선조를 불러내 이전 이야기를 들었듯이 단테도 베르길리우스라는 시인을 불러내 존경을 표시한 후 하데스를 안내해 달라고 청한다. 베르길리우스는 단테를 하데스로 인도한다.

만약 단테가 이런 절차와 형식을 피하고 지옥을 설명했다면 베르길리우스의『아이네이스』라는 작품을 속칭 '무단 도용'을 한 셈이 된다. 남의 지식이나 창작을 훔쳐 쓰는 것이니 수준 이하의 작가로 폄하될 수 있다. 만약 단테가 베르길리우스의『아이네이스』를 탐독하지 않았다면 지금 우리가 알고 있는 지옥, 연옥, 천당의 모습이 그려지지 않을 수도 있다. 베르길리우스는 호메로스의『일리아스』와『오디세이』를 보고『아이네이스』를 썼다. 고전은 이처럼 호메로스의『일리아스』에서 베르길리우스로 이어지고 또 단테의『신곡』으로 이어진다.『일리아스』를 잘 읽은 독자는 베르길리우스가 쓴『아이네이스』가 재미있을 것이다. 베르길리우스의 『아이네이스』를 의미 있게 본 독자는 단테의 『신곡』을 이해하는 데 대목 대목이 쏙쏙 들어왔을 수 있다. 여기에 로마 말기 보에티우스라는 작가가 쓴 『철학의 위안』[5]을 보면 플라톤과 아리스토텔레스 철학이 어떻게 로마 시대로 이어져 왔는지 그리고 중세 기독교 스콜라 철학으로 이어져 왔는지를 분명하게 볼 수 있다. 『신곡』을 쓴 단테는 보에티우스가 쓴 『철학의 위안』을 보고 자신의 작품 형식을 구상했다고 한다.

보에티우스는 로마 말기인 475년 태어나 524년 사망한 철학자이며 정치가로 가톨릭 순교 성인이다. 플라톤, 아리스토텔레스 등 그리스 철학을 중세에 전하였고, 현세적 쾌락을 버리고 덕에 의한 마음의 평안을 얻을 것을 『철학의 위안』에서 밝혔다. 그는 요샛말로 치면 대통령(로마 황제) 비서실장을 했다. 523년 하루아침에 반역으로 몰려 유배를 간다. 죽기 전 자신의 처지를 플라톤, 아리스토텔레스 등의 고대 철학적 논증으로 풀어 나가는 내용이 『철학의 위안』의 주된 내용이다. 당대 최고 인문학자답게 그의 책엔 이전 고전들 인용으로 채워져 있다. 고전을 탐독했기에 새로운 고전이 나올 수 있다. 그의 철학은 중세 기독교 스콜라 철학으로 이어지는 가교 역할을 한다.

책 후반에 더 자세한 설명을 하겠지만 단테는 보카치오의 『데카메론』을 낳는다. 『데카메론』은 단테 『신곡』 형식을 그대로 인용해 썼다. 단테가 사는 시기에 피렌체는 교황과 황제가 권력을 놓고 생사를 건 싸움을 한다. 보카치오가 산 피렌체는 페스트로 모두 죽어가는 시기다. 필자가 책을 쓰고 있는 시간 세계인이 코로나로 고통을 당하고 있다. 전염병에서 살아남은 피렌체 사람들이 모여 할 수 있는 건 '성(性)담론'이고 사랑이다. 고전은 이렇듯 인용되고 이어진다. 앞 책을 보면 다음 책은 쉬워진다. 문학이나 신앙을 공부하는 사람을 비롯한 독서가들은 이 고전을 미리 보면 여기서 발상을 얻어 후일 만들어진 책들을 볼 때 독서 속도가 빨라진다. 이해가 깊어지는 것은 당연하다.

앞서 말한 대로 독서를 하다 보면 독서량에 욕심이 생긴다. 사람은 누구나 더 많은 책을 더 빨리 보고 싶어진다. 특히 그가 독서를 좀 한다는 독서 고수라면 이런 욕심은 좀 더하다. 여기서 독서 고수란 일주일에 책 한 권 이상을 보는 사람 정도로 편의상 규정하고 싶다(일본인들 평균 독서량이지만). 일 년이 52주이니 일 년 52권이다.

이 수준까지 오면 슬슬 독서량에 욕심이 생긴다. 대학 초년생 시절인 80년대 초반 대한민국에 속독 바람이 불었다. 필자는 그때 속독학원을 6개월 정도 다녀봤다. 처음 한 단어 읽고, 다음 두 단어 그리고 한 문장씩 눈으로 찍으며 읽어 나간다. 마지막엔 한순간에 한 페이지, 두 페이지를 본다는 식이다. 다 읽고 기억하는 바를 정리하는 순서였다. 그땐 뭔가 되는 것 같았는데 이후 교과서를 정독을 위해 속도를 늦추려 하다 보니 오히려 그 훈련이 방해됐던 기억이 있다. 정독으로 돌아오는 데 시간이 좀 걸렸다.

필자 생각으로 속독 방법은 배경지식을 넓히는 것이다. 자신이 법학도라면 법 관련 책을 주로 보게 된다. 그 분야 배경지식이 쌓여 법 관련 책은 빨리 보게 된다. 다 아는 내용이니 빨리 이해가 간다. 책 읽는 속도가 빨라진다. 소설가를 지망하는 사람은 소설을 보면 구석구석 이해도 가고 저자와 대화하며 토론하면서 빠른 속도로 소설을 읽어 나갈 수 있다. 소설가가 법률 관계 책을 읽으려면 이해도 가지 않고 용어가 생소해 책 읽는 속도가 늦어진다. 이처럼 책을 빨리 읽으려면 배경지식이 많아야 한다.

세상엔 다양한 내용의 책이 있다. 그걸 전부 알 수는 없다. 공통적인 부분은 있다. 앞에서 언급한 대로 고전 독서가 그것이다. 우리가 만나는 모든 책의 배경지식의 공통분모가 고전이라고 필자는 생각한다. 문학과 종교를 공부하는 사람은 베르길리우스의 『아이네이스』를 보고 단테의 『신곡』, 보카치오의 『데카메론』을 읽는다. 거기서 나오는 내용을 현대적으로 해석해 나오는 문학은 다양하다. 이런 책을 이해하는 데는 그 고전을 읽는 방법이 가장 빠르다. '세상에 새로운 것은 없다'라는 말이 있다. 새 책이 매일 쏟아지지만 그 내용은 대부분 언젠가 누군가가 생각했던 것을 현실에 맞게 소화한 것이라고 해석할 수 있다. 누군가 생각했던 것들은 대부분 고전에 있다. 필자는 이런 의미에서 책을 빨리 읽으려면 고전을 읽으라고 조언하고 싶다.

고전 독서는 책을 읽는 속도를 빠르게 한다. 배경지식을 늘려주기 때문이다. 빠른 독서를 원하는 독서 고수를 지향하는 사람들은 고전을 읽어야 한다. 다양한 분야를 포함하는 배경지식이 늘어 더 많은 책을 더 빠르게 볼 수 있기 때문이다. 아들딸이나 손자 손녀가 평생 책을 빨리 읽고 소화시키려거든 고전을 읽게 하라.

원전의 중요성

세계에서 가장 책을 많이 본 사람이 누구일까? 알 수 없다. 필자에게 굳이 그중 한 사람을 꼽으라면 일본의 러시아어 동시통역사 요네하라 마리(米原万里, 1950~2006)가 있다. 20년간 하루 7권씩 읽었다고 하니 더 할 말이 없다. 일곱 권을 매일 읽었으니 자신만의 빨리 읽는 방법이 있을 것이다. 그녀는 독서일기에다 아멜리 노통브의 『두려움과 떨림』을 15분에 읽는다고 했다. "마지막까지 주인공에게 감정이입이 안 된 덕분에 마음 편히 15분 만에 읽었다"라는 소감을 남긴다. 우리나라에서 번역된 마리의 책으로 『속담 인류학』, 『마녀의 한 다스』, 『프라하의 소녀시대』 등이 있다. 요네하라 마리가 쓴 『유머의 공식』이라는 책을 봤다. 뒤편에 나오는 유머 하나. '호화 여객선이 조난당했다. 승무원들의 안내하에 승객들은 구명용 보트에 나눠 타게 되었다. 이때 한 신사가 분주히 일하는 승무원을 붙잡고 물었다. "죄송합니다만, 흡연자용 보트는 어느 것이죠?"'[6]

책의 시작을 요네하라 마리로 시작하는 건 그녀의 독서 이력이 잊을 수 없어서다. 과연 하루 7권이 가능할까? 풀리지 않는 의문이다. 독서법 관련 책까지 쓴 필자로선 끝까지 추적해 보고 답을 찾고 싶다.

닮고 싶다. 최소한 근접하고 싶다. 모든 독서 전문가의 꿈이다. 한국 작가 중 이 모 작가는 하루 3권 읽었다고 한다. 그는 자기 자신에게 "밥은 세끼 먹는데 책 3권은 왜 읽지 못하지?"라고 되물었다. 처음 이 대목을 볼 때는 생소했다. 부러웠지만 딴 나라 이야기였다. 제자들이 많다. 이들은 처음엔 100권 읽기를 목표로 책을 읽는다. 이 목표가 해결되면 일 년 365권에 도전한다. 필자도 도전했지만 100여 권을 읽다가 포기한 적이 있다. 이 단계를 넘는 사람들을 대상으로 일 년 천 권 읽기에 도전하도록 한다. 그렇게 천 권 읽는 사람들이 많이 있다.

필자는 여기에 가까이 가지 못한다. 일주일 3권을 읽고 그 내용을 가르쳐야 한다. 매주 3권을 직업상 얼른 읽어야 한다. 보고 싶은 책은 3일 정도 빈 날에 본다. 필자는 요네하라 마리의 다독 근거에 대해 이런 추론을 했다. 어린 시절 고전 등을 많이 봤을 것이라는 추측이 그것이다. 그녀가 서양 고전과 동양 고전 그리고 일본 고전을 대부분 읽었으리라고 믿는다. 거기서 쌓인 배경지식의 힘이 그녀의 속독 배경이 됐으리라고 추측된다. 고전은 모든 책의 원전이기 때문이다. 지금 나와 있는 책들을 읽다 보면 고전에서 읽은 내용이 많이 인용된다. 리비아 작가 하삼 마타르가 쓴 『귀환』이라는 책은 민주화 운동으로 당시 장관급이었던 아버지가 희생되는 과정을 그렸다. 하삼은 아버지를 오디세우스에 비유하고 자신을 아들 텔레마코스로 적는다. 『오디세이』를 재밌게 읽었던 터라 이 비유를 쉽게 받아들였다. 이런 부분이 나오면 우선 반갑다. 머리에 그려지는 그림도 있고 그 대목이 의미하는 바를 쉽게 이해한다. 책 읽는 속도가 무섭게 빨라진다. 원전 내용이 익숙하기 때문이다. 플라톤의 『국가』라는 책에 대해 강의했다. 책에는 호메로스의 『일리아스』와 『오디세이』, 헤로도토스의 『역사』 등이 자주 나온다. 많은 인용을 했다. 필자는 2018년 9월부터 고전 읽기 강좌에서 강의를 해오고 있다. 이 책들을 읽으며 겪은 경험이 있다. 깊이 이해하지는 못했지만 나름 읽었다. 여기서 나오는 대목들이 플라톤의 『국가』라는 책에 자주 등장한다. 호메로스가 기원전 700여 년 전 사람이다. 플라톤은 기원전 428년에 태어나 347년까지 살다 간 사람이다. 그가 사는 이전까지 나온 책들을 놓쳤을 리 없다. 호메로스의 『일리아스』와 『오디세이』는 지금 사람들 성경처럼 그들에겐 일반화된 책이다. 부분 부분에 호메로스 시구가 나온다. 이 부분이 나오면 전에 읽었던 곳을 기억해 본다.

플라톤은 『국가』라는 책 곳곳에 호메로스의 책을 많이 인용했다. 이 시절 사람들은 호메로스의 『일리아스』와 『오디세이』를 대부분 거의 외우다시피 했던 것 같다. 필자는 원전을 보았기 때문에 플라톤이 인용한 이 부분은 그저 지나가도 된다. 이 부분은 쉽게 눈에 들어온다. 굳이 새기면서 이해하고 지나가지 않아도 된다. 원전을 봤기에 빠르게 지나간다. 『플루타르코스 영웅전』이라는 책이 있다. 현대지성사에서 나온 번역본은 두 권이다.[7] 한 권당 900여 페이지다. 모두 1,800여 페이지다. 글자 크기도 일반적인 책에 비해 작다. 그림이나 사진도 별로 없다. 글밥만 많다. 시중에 나와 있는 책과 비교해 보면 200페이지가 일반 책 300페이지 정도 된다. 한마디로 일반 책 9권을 묶어 놓은 것이라고 봐야 한다. 이 책을 고전공독회에서 지도하면서 읽었다. 책 9권 정도 되는 양을 읽는 데 7주에 걸쳐 읽었다. 고전공독회는 필자가 이끄는 고전 읽기 강좌다. 매주 300페이지 고전을 읽는다. 2021년 3월 기준 2년 반 정도 흘렀고 앞으로 5년 정도 되면 세상에 나와 있는 고전 중 대표적인 140여 권을 한 번 정도 읽으리라고 생각한다. 『플루타르코스 영웅전』의 저자 플루타르코스는 그리스인이다. 그가 로마에 와서 영웅전을 쓰게 된다. 그리스 로마 영웅 각 23명씩을 비교 설명해 놓았다. 셰익스피어 작품 중 '카이사르 시저와 코리올라누스 그리고 안토니우스와 클레오파트라'가 있다. 이들 작품은 모두 『플루타르코스 영웅전』에 근거해 각색된 작품들이다. 『플루타르코스 영웅전』이 원전이다. 이 원전이 없었더라면 이 인물들은 셰익스피어 작품에 나오지 못했을 것이다. 원전을 읽은 사람은 셰익스피어의 세 작품이 편하게 눈에 들어올 수밖에 없다. 원전을 알기 때문에 다음 나올 이야기를 쉽게 유추해 볼 수 있기 때문이다.

원전을 읽지 않은 이들은 셰익스피어의 위 세 작품을 보고 작가가 도대체 어떻게 고대 인물을 자세히 묘사했는지에 궁금해한다. 감동한다. 또 이 세 작품을 현재 살아가는 어느 작가는 인용하거나 재해석해서 새로운 현대판 작품을 쓸 수 있다. 그 작품만 보는 이들은 원작인 셰익스피어를 다시 보게 될 것이다. 셰익스피어의 이 작품을 보고 후세 영화 감독들은 카이사르 시저에 관한 영화를 제작한다. 안토니우스와 클레오파트라 대상 영화를 보지 않는 사람이 얼마나 있을까? 영화를 보는 관객은 어떻게 저렇게 재미있게 '로마 시절 이야기를 그려낼 수 있을까' 하고 감탄한다. 대부분 거기까지다. 앞으로도 이런 유의 작품은 각색되어 셀 수 없이 나올 것이다. 원전 그 자체를 본 사람들은 이 부분이 나오면 편하게 이해할 수 있다. 고전이라는 원전을 읽는 힘이다.

원전의 힘은 후세 책에서 다양한 얼굴로 각색되어 나온다. 오비디우스의 『변신이야기』는 우리나라 민음사 문학전집 첫 번째로 나왔던 번역서다. 민음사는 문학책 시리즈를 400여 권 가까이 내고 있다. 그중 일 번 작품이다. 기원후 50년 정도 나온 책이니 2천여 년 전 써진 책이다. 그리스 로마 신화를 로마 작가가 나름대로 정리한 것이다. 그리스 로마 신화는 서양인의 뿌리에 해당한다. 서양 작가들은 물론 세상 대부분 작가들이 이 신화를 보고 소설을 쓰며 그림을 그리면서 조각 등 예술작품을 만든다. 로미오와 줄리엣의 사랑 이야기도 여기서 약간 변형된 것임을 이 책을 보는 사람들은 수긍할 수 있다. 서양 문학의 많은 작품이 여기서 뽑아 와서 그 시대에 맞게 각색한 것임을 확인할 수 있다. 이처럼 원전을 보면 이후 이를 인용한 책들은 쉽게 대할 수 있다. 만약 평생 원전인 고전을 읽지 않는 사람은 인용한 부분을 보고도 늘 새롭게 느낄 것이다. 이 부분이 나오면 더 자세하게 보게 된다. 궁금증 때문이다. 고전이라는 원전을 보면 이런 것들이 시원하게 해결될 수 있다. 독서 고수들은 원전의 중요함을 깨닫고 하루빨리 읽어 접수해야 한다고 주장하는 이유다.

> 대부분 책은 고전이라는 원전의 내용을 근거로 삼아 현실에 맞게 각색하기 마련이다. 원전을 보면 쉽게 풀린다. 원전이 중요한 이유다.

4

고품격 지적 분위기로 만드는
고전 독서

유엔 같은 국제기구에는 전 세계 인재들이 모여 있다. 다양한 나라 학생들이 인턴 경험을 쌓기 위해 그곳에 간다. 한국 학생들도 많다. 그곳 간부들이 한국 어린 학생들을 보면서 느끼는 감정은 '지적(intellectual) 분위기'보다는 '영리한(intelligent) 분위기'라고 한다. 영리함은 지식이나 정보 등 당장 필요한 것들을 빨리 잡아내는 기억력 같은 능력이 있다는 의미다. 눈앞의 일을 치러 나가는 데 영리함이 우선이다. 일을 더 크게 보고 잘하기 위해서는 영리함을 넘어 창의력이 필요함은 물론이다. 영리함에다 지혜로움이 들어 있는 지적 분위기가 함께해야 한다. 대한민국 어른들이 어린 학생들에게 영리함이라는 능력을 요구해 왔기 때문이 아닐까? 필자가 말하는 지적인 분위기는 호메로스의 『일리아스』나 『삼국유사』 등을 되새기며 이를 일에 적용하려는 창의력 등을 말한다. 어른들이 얼마나 『일리아스』나 『오디세이』, 『삼국유사』 등 창의력과 지혜를 키우는 고전 독서에 관심을 가졌는가? 되물어 보면 별 할 말이 없어진다.

"우리는 현재 과학과 인문학이 발달한 선진 다섯 나라의 문화 영향을 많이 받고 있다. 역사적으로 보면 우선 영국이고, 프랑스와 독일 그리고 미국과 일본이다. 이 나라들의 공통점은 국민 절대다수가 백 년 이상 독서를 했다는 것이다. 영국보다 이탈리아, 스페인, 포르투갈이 앞서 시작했다. 더 올라가지 못하고 떨어지고 말았다. 독서를 하지 않아서였다. 우리의 경우 어른들이 안 읽으니 아이들도 마찬가지다. 더욱이 대학 4년 동안 인문고전 관련 책 10권을 읽은 학생이 얼마나 될까?" 철학자 김형석 교수의 지적이다. 이탈리아, 스페인, 포르투갈이 전 세계를 이끈 적이 있지만 주저앉았다. 독서 전통이 약한 탓도 있다고 김 교수는 해석한다. 영국, 미국, 프랑스, 독일, 일본 등은 나름대로 독서 전통을 쌓았기 때문에 지금까지 세계를 이끌고 있다. 새로운 관점이어서 생소하지만 그럴 수 있겠다고 고개가 끄덕여지는 부분이 있다.

『축적의 길』, 『축적의 시간』이라는 책이 최근 베스트셀러로 오른 적이 있다. 『축적의 시간』[8]은 서울 공대 교수들을 대상으로 우리 경제가 선진국 문턱에서 머문 이유를 설문 형식으로 묻고, 그들을 통해 대안까지 도출해 낸 내용으로 이뤄졌다. 선진국 기술을 '카피'하는 일은 우리나라 사람들이 잘했다고 한다. 우리 교육이 거기까지는 큰 작용을 했다. 장벽에 막혔다. 원천기술이라는 벽이다. 원천기술은 창의성을 요구한다. 부단한 실패를 반복하는 축적의 시간도 필요하다. 창의성을 갖추려면 독서가 필요하다. 독서량이 되어야 한다는 뜻이다. 독서도 고전이어야 창의성이 더 폭발적으로 뒷받침될 수 있다.

우리나라는 인문학을 기반으로 하는 고전 독서 부문이 유럽 선진국에 비해 한참 뒤졌다. 한마디로 젬병(?)이다. 큰 관심을 두지 못한다. 유치원과 초등학교 다닐 때 만화나 만화급 요약본을 동화식으로 잠깐 보는 경우가 많다. 중국이 무섭게 성장하고 있다. 복사 수준을 지나 원천기술까지 만들어내고 있다. 중국은 사람을 중시한다. 고수를 대우해 준다. 원천기술을 개발하다 실패하면 국가에서 어느 정도 보전해 주는 사회 분위기가 있다고 한다. 중국에 비해 한국은 사람을 함부로 대하고 고수를 크게 대우해 주지 않는다. 실패는 개인이 모두 독박으로 실패한 사람의 몫이다. 한번 패배하면 거의 회복 불능이다. 그러다 보니 인생 실패자가 되지 않기 위해 대부분이 9급 공무원에 목숨을 거는 상황으로 몰리고 있다. 공무원 시험에 합격해야 한다. 공무원 시험에 당장 효율과 효용성이 밀리는 독서는 등한할 수밖에 없다.

중국 초대 주석인 마오쩌둥은 평생 독서를 해온 독서광이다. 삼복사온(三復四溫) 독서법으로 유명하다. 세 번 읽고 네 번 익힌다. 마오쩌둥은 죽기 전날까지 3만여 권을 읽었다고 한다. 마오쩌둥은 학교 공부라고는 6개월여 정도 한 적이 있을 뿐이다. 그 6개월에 '쉬터리'라는 스승을 만난다. 쉬터리 선생은 자신이 '가장 빨리 파산하겠다'는 목표를 선포한다. '부자가 되겠다가 아니라 파산하겠다'이다. 자신의 급여를 비롯한 모든 재산을 털어 책을 사서 읽겠다는 것이다. 자신의 재산 모두를 책을 사고 그 비용 때문에 파산하겠다는 결심이 사람을 놀라게 한다. 독서에 대한 집착이나 열정이 그 정도라니 그 선생은 마오쩌둥의 평생 롤 모델이 될 만하다. 쉬터리는 7년 만에 목표를 이룬다. 그 후 상황 반전이 더욱 재밌다. 목표를 이루고 나니 이 소문을 듣고 중국 각지에서 독서 강사로 초빙해 높은 강의비를 받게 되어 빨리 파산 부분을 극복했다는 재밌는 이야기도 있다. 쉬터리 선생의 권유로 독서광 마오쩌둥은 도서관 사서가 된다. 도서관 책을 모두 읽겠다는 뜻을 세운다. 이후 중국인민의 어려움을 고민하다 공산주의자가 된다. 마오쩌둥은 세상에 나와 있는 공산주의 책을 모두 읽고 저자들과 찬반 토론을 한다. 어느 순간 공산주의 최고 이론가가 된다. 국공 전쟁시 『손자병법』을 비롯한 병법 책을 모두 섭렵해 자신만의 전략전술론을 세운다. 공산당은 당시 국민당 군대로부터 항상 도망다닌다. 2년에 걸쳐 20여만 킬로를 쫓겨 다니는 대장정 중에도 마오쩌둥은 매일 책을 읽는다. 전쟁이 끝나는 저녁에는 비서가 책상과 책을 준비한다. 이때 나오는 마오의 유명한 독서 철학이 있다. "하루 밥을 안 먹어도 책을 읽는다. 하루 잠을 못 자도 독서는 한다." 전쟁 중에 하루 밥을 못 먹을 수 있다. 하루 잠을 못 자고 전쟁을 할 수 있다. 그래도 독서는 하루도 쉬지 않겠다는 뜻이다. 마오는 책 속에 길이 있다는 것을 알았기 때문이다. 이런 마오의 독서에 대해서는 뒤에 더 자세히 다룰 것이다. 마오쩌둥은 죽기 전날까지 독서를 이어갔다. 독서의 힘으로 성장해 중국 주석까지 오르고 중국이라는 나라를 통일했다. 이런 마오쩌둥의 전기를 읽고 자란 것이 지금 세대 지도자들이다.

모든 문제를 독서로 풀어 나가는 전통이 생긴다. 현재 급속도로 원천기술을 자기 것으로 만드는 중국 산업 현장은 이런 독서력과 토론이 기반으로 깔려 있다. 특히 마오쩌둥은 대장정때 자신의 처지를 중국 고전 『사기열전』에 나오는 유방이라는 인물로 비유했다. 앞서갔던 항우와 힘겹게 전쟁을 시작해 마침내 중국을 통일한 유방이 자신이라는 것이다. 국민당 장개석을 항우라고 지칭했다. 항우는 좋은 부모 밑에서 컸고 스스로 이뤄 놓은 것이 많아 유방을 하찮게 여겼다. 항우가 유능하고 거만한 장수였다면 유방은 능력은 부족하지만 겸손한 장수였다. 주변 인심을 얻어가며 성장한다. 『사기열전』9)은 사마천이 거세형을 받으면서 부친 뜻을 받들어 쓴 역사서다. 중국 역사서는 사마천에서 비롯됐다. 중국 인민들 대부분이 책을 열독했다. 유방과 항우의 대결을 모르는 이가 별로 없다. 힘이 약한 마오쩌둥은 자신의 부하들에게 자신이 중국 고전에 나오는 유방이라며 자신을 따르라고 설득한다. 부하들은 당장은 약하고 어렵지만, 마침내 천하를 통일한 유방의 수하라고 자신을 다독인다. 20여만 킬로미터에 달하는 거리를 국민당군에 지리멸렬하며 도망하면서도 마오쩌둥을 따른다. 유방이라고 자칭하는 마오쩌둥에게 자신의 인생을 건 것이다. 사마천의 『사기』라는 고전의 힘을 빌려 마오쩌둥은 자신의 뜻을 이룬 것이다. 고전 독서의 힘이다. 영리하기는 장개석 군대가 앞섰을 터이다. 영리한 인재들이 많이 모였지만 부패했다. 전쟁 중에도 자신의 입지를 높이고 재산을 모으는 데 영리한 측근들은 골몰했다. 영리함을 넘어 지혜로움을 택한 참모들 같으면 마오쩌둥의 이런 전략을 극복할 대안을 마련했을 텐데 그렇지 못했다.

스마트폰 사용이 일반화됐다. 독서량이 줄어든다. 세계적인 현상이다. 사람들은 점점 긴 글을 싫어한다. 요약본을 선호한다. 문자보다는 음성, 영상 등 다양한 형태의 정보가 혼합된 디지털 모니터를 '읽지' 않고 '본다.' 디지털 기기에 익숙해지고 있다. 깊은 사고를 멀리한다. 집중력과 사고 기능이 퇴화하고 있다. 세 줄만 넘어도 읽기가 거북해지는 사람들이 늘고 있다.

'한국은 다른 나라보다 좀 더 심각하다. 한국인은 초등학교 저학년 때 평생 가장 많은 책을 읽는다. 고학년 올라가며 점점 독서량이 줄어든다. 대학입학과 취업준비기에 더 교과서만 본다. 사회생활하며 독서량은 늘어나지 않는다. 한국인의 독서량과 독해력 연구 결과를 보면 경악을 금치 못한다. 한국의 18세 이상 성인 중 4분의 1은 1년에 단 1권도 책을 읽지 않는다. 과학적인 문자 덕에 문자 해독률은 높다. 문맥을 이해하는 능력(문해력)은 OECD 평균 이하다. 22.4%는 초등학생 수준 이하에 해당한다. 청소년도 2015년 국가 간 학력비교평가(PISA) 읽기 영역에서 한국은 세계 1위를 차지한 적이 있다. 회가 거듭될수록 순위가 떨어지고 있다. 특히 가장 최근 발표된 결과에선 교과서를 이해할 수 없는 정도의 낮은 수준의 독해력을 가진 학생들이 전체의 32.9%에 이르렀다. 스마트폰 사용 후 독서 시간이 줄었다는 응답은 일본이 19.3%인데 한국은 48%이다.' SBS 방송에 나온 내용이다.

당장 학교 시험이나 대학 입시에 필요한 정보나 지식을 외우는 영리함은 넘친다. 지혜로움이나 품격을 이뤄내는 고전 독서를 아무리 젊은 세대들에게 하라고 말해도 소용없다. 고전 독서를 하라고 종용하면 따라서 할 젊은이는 거의 없다. 50대 이상 어른들에게 독서를 하며 후손들에게 본보기를 보이라고 한다면 후손을 위해 기꺼이 나설 몇 사람 어른은 있다고 본다. 뜻있는 어른이 나서야 한다. 어른들이 고전 독서에 미쳐야 한다. 이를 모두 소화한 후 젊은이들에게 말로 풀어줘야 한다. 아들딸이 들어주면 다행이다. 손자 손녀는 들을 가능성이 높다. 아주 어릴 적엔 말로 설명해 준다. 이후 이들이 이런 내용에 친숙하게 한 후 책을 읽을 수 있으면 같이 읽어야 한다. 특히 고전 독서를 같이 해 나간다면 후손들은 고전 독서를 친근하게 여길 수 있다. 이 때문에 철학자 김형석 교수는 50대가 후손들을 위해 열심히 독서를 해야 한다고 주장한다. 독서를 열심히 하면 후손들이 영리함은 물론이고 창의적인 지혜를 얻어 행복해진다.

플라톤은 『국가』라는 책을 통해 소크라테스와 대화 중 '돈이 아무리 많아도 행복으로 이어지긴 힘들다. 권력이 많아도 권력이 행복일 순 없다. 명예도 마찬가지다. 돈이나 권력 그리고 명예는 잠시 편하게 해줄 수는 있다. 반드시 행복하게 할 순 없다. 철학을 사랑하고 익혀 돈과 권력, 명예에 대해 절제를 알아야 행복해진다'라고 주장했다. 플라톤이 주장하는 철학을 하려면 독서가 따라야 한다. 독서와 토론을 통해 계속 삶의 지혜를 쌓아 나가면 독서를 하는 당사자가 행복해질 수 있다. 특히 그 책이 고전이라면 더 깊은 행복을 접할 수 있다. 고전 독서는 오래전 사람 사는 모습을 보여준다. 사람 본성은 시간과 공간이 달라도 같다. 사는 고민도 거의 같다. 시간이 지나며 사는 방법들이 달라졌을 뿐이다. 그들 모습을 보고 삶의 지혜를 얻고 새로운 삶을 꾸려 나갈 수 있다. 이런 한 사람 한 사람이 모이면 사회는 행복해진다. 국가의 행복으로 이어진다. 50대 어른들의 고전 독서가 후손으로 이어져 더 행복해지고 영리함과 함께 고품격 지적 분위기가 넘치는 지혜로움까지 쌓여가는 국가가 되길 기대해 본다.

고전 독서 전통이 창의성을 길러준다. 그 나라 원천기술을 만들어간다. 모두가 고전 독서를 해야 할 이유다. 영리한 후손들도 좋지만 고품격 지적 분위기를 가진 후손은 더 큰 세상을 그려 나갈 수 있다. 고전 독서를 통해 영리함을 넘어 지적인 후손을 만들자.

가난한 사람 부자 만들고, 부자 귀하게 하는 독서

빈자인서부(貧者因書富), 부자인서이귀(富者因書而貴). 가난한 사람이 독서를 하면 부자가 되고, 부자가 독서를 하면 귀하게 된다는 뜻이다.

고전 독서를 도서관에서 강의하면서 한 수강생이 눈빛을 반짝이며 수업에 열중하는 모습이 보였다. 오십 줄에 들어선 여자 수강생이다. 건강이 좋지 않았다. 생활도 극빈자임을 자신이 드러내 놓고 말해 당황스러웠다. 속칭 '차상위계층'이라고 할 정도로 형편이 어려웠다. 어려운 가운데서도 고전 독서를 이어가겠다는 의지만은 대단했다.

이 수강생에겐 삼십 세가 넘었어도 자리를 잡지 못하고 사고만 치는 아들이 있었다. 아들에게 뭔가 말을 하지만 통하지 않았다. 자식을 이기는 부모가 없는 것이 세상사다. 자포자기 상태였다. 아들을 위해 자신이 할 수 있는 일이 독서가 될지 모른다는 생각을 했다. 독서를 하는 모습을 아들에게 보여 아들이 정신을 차리고 세상을 보고 자리 잡게 하고 싶은 마음을 가졌다. 자신이 읽은 책이 집에 널브러져 있으면 행여 아들이 책을 볼지 모른다는 기대도 섞여 있었다.

건강도 찾아야 하고 수입도 생겨야 하며 아들도 제자리를 잡게 해야 한다. 도서관 강의는 무료다. 시간과 정성만 들이면 배울 수 있다. 독서가 답이 될까? 대안이 생길까? 당장 건강도 좋지 않은데. 필자도 확신하진 못한다. 세상엔 정답이 없는 일이 많다. 다양한 답이 있을 수 있다. 다른 건 몰라도 독서가 건강하게 해준다는 건 금방 느낄 수 있게 할 수 있다. 육체 건강을 잡기 위해서 마음 건강과 정신 건강이 먼저라고 필자는 생각한다. 아메리카 원주민이었던 인디언 이야기 중 늑대 이야기가 있다. 어른 인디언이 아이에게 들려준 대화다. "아들아, 너의 마음 안에 두 마리 늑대가 있다. 매일 매 순간 두 마리 늑대가 싸운다. 자신을 격려하며 잘한다고 하는 늑대가 있다. 너는 '안돼'라며 현실을 알라고 책망하는 늑대가 있다. 누가 이길까? 답은 주인에게 먹이를 많이 받아먹는 늑대다. 너는 지금처럼 노력하면 더 건강할 수 있다고 격려하는 늑대가 승리하도록 그 늑대에게 먹이를 줘야 한다. 부정적인 늑대는 쳐다보지 않아야 한다." 건강도 마음 안에서부터다. 더 건강할 수 있다고 믿는 데서부터다. 책 안에는 기본적으로 긍정적인 정서가 깔려 있다. 고전이든 현대물 책이든 책을 읽다 보면 누구든 긍정적인 정서로 바뀐다.

책을 읽으면 건강해진다는 말은 설득력이 있다. 긍정적 마음

가짐과 사고방식이 생기기 때문이다. 논어를 한 번 읽은 사람과 백 번 읽은 사람의 실천력은 차이가 난다. 건강에 좋은 책을 많이 읽으면 읽을수록 더 건강해질 수 있다. 마음가짐이나 정신 무장이라는 측면을 넘어 구체적인 육체적 성과도 얼마든지 있다. 방법은 필자의 졸저 『액티브 시니어의 깊이 있는 독서법』이라는 책을 통해 밝힌 바 있다. 필자는 나이 들어 독서를 하면서 더욱 건강해지는 방법을 평소에 강조한다. 이 강의에서도 첫 시간 이런 점을 힘주어 전했다. 실습도 당연히 진행했다. 이런 데서 힘을 얻었던지 당사자는 고전 독서가 자신을 더 건강해지게 해줄 것이라고 믿었다.

이런 믿음의 바탕 위에 하루하루 자신의 건강 방법을 찾아가는 노력도 부단히 하는 모습을 보고 있다. 건강이 만들어지면서 돈을 버는 방법도 찾고 있다. 다행히 정부에서 제공하는 차상위계층 일자리를 부단히 알아본 결과 자신에 맞는 직업을 찾았다. 독서가 가난한 사람을 부(富)하게 만드는 케이스다.

아들이 독서를 하는 어머니 모습을 보고 나쁜 영향을 얻지는 않을 것이다. 시간이 걸리겠지만 집안 분위기가 좋아질 것은 분명하다. 아무 대책 없이 아들에게 정신 차리라고 큰소리 쳐봐야 서로 사이만 나빠진다. 집에 들어오면 어머니가 차분하게 책을 읽고 있는 모습이 아들 눈앞에 보인다. 아들 마음이 차분해질 것이다. 이런 분위기가 자리 잡으면 가난한 일부 사람들 특유의 막가는 모습은 사라진다. 부모의 독서를 하는 모습이 아들딸 교육엔 가장 큰 대안일 수 있다.

부자가 독서를 하는 경우는 얼마든지 있다. 부자가 된 이유는 정보가 많기 때문일 수 있다. 돈 버는 정보다. 그 부분에서 앞서가는 사람들 정보를 충분히 소화하는 것이 부자가 될 조건인 경우가 많다. 충분히 알고 더 새로운 정보를 찾아다닌다. 기존 책에 나와 있는 정보 정도는 당연히 본다. 새로 나온 책도 부자가 되는 데 보탬이 된다면 찾아볼 것은 당연하다. 더 근본적인 책을 찾는다. 더 뿌리 깊은 대책을 원하다 보면 삶의 자세를 바로 세우는 자기 계발서로 귀착된다. 자기 계발의 정도가 성공의 수준이 된다는 말은 앞에서도 지적한 바 있다. 돈 버는 정보에서 그 정보의 바탕이 되는 것들을 추적하기 마련이다. 결국은 무슨 일에 임하는 자세나 마음가짐, 정신 자세에 대한 말이 나온다. 처음엔 귀동냥이 전부일지 모른다. 큰돈을 버는 데는 귀동냥만 가지고는 답이 나오지 않는다. 성공확률이 낮다. 여기저기 정보를 찾아본다. 요즘 같으면 유튜브 전부를 검색해 찾아보고 들어본다. 관련 서적도 찾아본다. 그런 과정을 좇다 보면 결국 부를 이룬 사람들은 독서광이 될 수밖에 없다.

마이크로소프트 창업자 빌 게이츠는 "평소 나를 키운 건 동네 도서관이었다"라고 말한다. 그는 '독서왕'이라는 칭호도 받고 있다. 서평 블로거로도 유명하다. 자신의 블로그를 5년 넘게 운영하고 있다. 잠들기 전 독서를 하는 것이 그의 오랜 습관이다. 일 년에 두 번 이 주간 독서 시간을 갖기 위해 휴가를 간다. 네다섯 권을 몰아 읽는다. 그는 1년에 50여 권을 읽는다고 한다. 일주일에 한 권 정도다. 그는 전자책보다 종이책을 고수한다. 빌 게이츠는 기부왕이기도 하다. 빌 게이츠는 자신을 키운 건 '독서의 힘'이라고 고백한다. 빌 게이츠 관련 기사 중 최근 그가 본 책 몇 권이 소개되어 있다. 나열하자면 앵거시 디턴 저서 『위대한 탈출』과 『21세기 자본』, 『헝거 게임』 등이다. 장르를 가리지 않고 독서를 즐긴다. 빈곤과 질병 특히 에이즈 주제 책도 많다고 한다. 환경에 관한 책도 있다. 『인간의 품격』, 『박멸』은 질병을 박멸하려는 시도와 실패에 관한 인간도전 내용을 담고 있다. 그는 자신의 사업 성공도 무게를 두지만, 내적 성장에 더 많은 관심이 있다고 한다. 부자가 된 이유가 독서를 많이 하기 때문이라는 걸 증명했다. 부자가 책을 보면서 더 품격을 높이고 있는 대표적인 사례다.

증권가 큰손들도 고전 독서를 권한다. 대표적인 인물이 조지 소로스이고 피터 멍거 등이다. 조지 소로스는 헤지펀드로 명성이 높지만, 동부 유럽 재건을 위해 큰돈을 내놓은 인물이다. 피터 멍거는 투자철학 강의를 하면서 4시간 정도를 고전 철학에 중점을 둔다고 한다. 두 명 다 어렸을 적부터 고전 공부를 틈틈이 해온 것이 투자철학 형성에 많은 도움을 받았다. 고대 철학자 탈레스의 에피소드도 전장에서 언급한 바 있다. 고전 독서가 가난한 사람을 부자가 되게 하는 것도 중요하지만 부자를 더 귀하게 해준다는 점도 비중을 두고 볼 점이다. 돈만 많은 사람은 세상에 많다. 필자 주변에 부친의 사업이 잘돼서 알맹이 상장사를 물려받은 사업가가 있다. 아들 역시 돈을 버는 데는 좋은 성적을 내고 있다. 부친 가업에 이어 지난해와 올해 기업 두 개를 상장했다. 기업 잉여금도 상상할 수 없을 만큼 쌓인 탄탄한 기업이다. 문제는 이후다. 부친은 덕이 많아 주변 인들에게 많은 베풂으로 덕 있는 인물이라는 세평을 받았다. 아들은 여기에 무감각하다. 특별하게 잘못한 일도 없다. 언론 의 주목도 받지 않는다. 지탄도 받지 않는다. 자신의 안위와 쾌 락 외엔 관심이 없다. 당연히 주변에선 '돈만 많으면 뭐 하냐. 저렇게 살려고 돈을 벌었냐. 저런 재벌은 이 세상에 없는 게 낫다.' 이런 평가를 받고 있다. 돈만 재벌급이고 삶의 품격이 재산 규모를 따라가지 못한다는 평을 듣고 있다. 귀하다는 말 은 듣질 못한다. 한마디로 천박한 삶이다. 우리나라 재벌 대부 분이 듣는 평가이기도 하다. 이들이 재산을 유지하고 키우는 학벌 교육에만 그쳤기에 생기는 일이다. 부친 세대는 먹고사는 문제가 절박한 생존 경쟁의 세대여서 고전 독서에 눈을 뜨지 못했을 수 있다. 조지 소로스나 피터 멍거처럼 그 회사 아들 세대엔 고전 독서가 뭔지 알고 그 깊이를 새길 줄 알았더라면 '그 집안의 부가 더 격이 높아졌을 텐데' 하는 아쉬움이 남는 다. 부의 규모도 세계적으로 커질 수도 있다. 그가 고전 독서에 눈을 뜨고 생각하는 삶에 의미를 부여했더라면 가까운 사람들 에게 더 많은 혜택이 돌아가고 더 행복한 세상을 만들어 나가 게 된다. 본인의 술 마시기 습관은 애주를 넘어 중독으로 가고 있다.

자신도 피폐해지고 결국 기업의 생명력도 낮아지게 될 것은 누구나 상상이 가는 일이다.

가난한 철학자가 부를 이룬 케이스도 있다. 고대 그리스의 탈레스는 가난했다. 철학자 노릇만 하다 보니 부를 쌓는 데 무관심했다. 이런 점을 주변에서 지적하자 탈레스는 뭔가 주위 사람들에게 보여줘야 했다. 철학자도 돈을 벌 수 있다는 사실을 입증해야 했다. 천문을 잘 아는 철학자답게 하늘 기운을 보면 풍년과 흉년을 예측했다. 풍년 때 밀을 가는 기계를 모두 미리 사들였다. 풍년이 든 그해 가을 마을 사람들은 모두 탈레스에게 와서 밀 가는 기계를 많은 돈을 주고 빌려야 했다. 탈레스는 당연히 부를 이뤘다. 철학자가 부자가 될 수 있음을 증명한 것이다. 더 주목할 부분이 있다. 성경에는 부자가 천국 갈 가능성은 낙타가 바늘구멍을 통과하기보다 어렵다고 했다. 그 부자가 독서를 하면 문제가 다르다. 중국이나 유대인 상인 중엔 유상(儒商)이라는 말이 있다. 상인이지만 유학 공부를 학자보다 더 많이 한 경우다. 학식이 넘치는 부자다. 공부를 많이 한 부자다. 공부한 만큼 품격 있는 삶을 사는 것은 당연하다. 부자가 독서를 한다면 품격 있는 인물이 된다. 특히 고전 독서라면 더욱 그렇다.

가난한 사람이 책을 보면 부자가 되는 이치와 부자가 책을 보면 귀하게 된다는 이치를 설명했다. 고전을 보면 더욱 부자가 되고 더욱 귀하게 된다는 이유는 당연하다. 고전은 당대 최고 베스트셀러다. 지금 베스트셀러들보다 더욱 치열하게 경쟁해서 살아남은 책들이다. 많은 사람에게 사랑을 받았다. 모든 사람의 심금을 울린다. 재미있다. 그 뜻을 지금 대입해 봐도 분명한 답을 제시한다. 이런 이유로 고전 독서를 하면 더욱 부자가 되고 귀하게 된다고 필자는 말하고 싶다. 더 근본적인 대안을 찾는다면 고전에서 찾아보면 성공할 가능성이 높다.

가난한 사람이 책을 읽으면 부자 될 방법을 책 속에서 알게 된다. 긍정적인 마음이나 정신 자세가 확립된다. 건강을 찾게 된다. 부자가 책을 보면 의미 있는 일을 하게 된다. 세상 사람들에게 도움이 될 부자가 된다. 자신의 부가 훨씬 품격을 얻게 된다.

모든 학문의 시작점, 고전

서양철학은 플라톤 철학의 주석에 지나지 않는다.
아카데메이아, 기하학을 모르는 자 이 문을 들어올 수 없다.

　20세기 철학자 화이트헤드는 '서양철학 대부분은 플라톤이 제기한 문제를 두고 갑론을박을 하는 것에 불과'하다고 주장했다. 서양철학은 현실적으로 인류의 다수 학문의 시작점이라고 봐도 별 무리가 없다. 그런 서양철학이 플라톤 철학을 복기하는 데 지나지 않는다고 하니 기가 막힐 일이다. 플라톤을 정확히 이해하면 서양철학을 대부분 소화한 것이라고도 해석되는 부분이다. 플라톤은 현대 철학에서 쓰이는 개념과 용어들을 정착시킨 점은 분명하다. 플라톤은 기하학, 우주론, 변론술, 정치학, 음악 등 방대한 주제에 걸쳐 많은 저술을 남겼다. 그의 작품은 과거 유물에 그치지 않는다. 2500여 년이 지난 지금도 '철학을 공부하는 사람'이면 누구나 끊임없이 읽고 토론하는 교과서로 쓰이고 있다. 플라톤이 말한 존재 정의, 영혼 등 오늘날 철학에서 쓰이는 개념과 용어들이 플라톤에 의해 정착되었다 해도 지나친 말은 아니다. 이런 의미에서 서양철학의 시작점이다. 현대 학자들이 이런 서양철학의 시작점을 제대로 이해하는 과정 없이 어떤 학문도 시작할 수 있다고 할 수 있을까?

좀 더 구체적으로 보자. 2500여 년 전 플라톤의 철학 의제 설정은 다음과 같다. '정의롭지 못한 사회에서 사는 사람이 정의란 무엇인지, 왜 우리 사회는 정의롭지 못한지' 의문을 갖는 것은 당연하다. 제대로 된 삶을 살려는 사람이라면 올바른 삶이란 어떤 것인지, 자신의 행동이 과연 올바른지에 대해 의문을 품게 마련이다. 이런 물음은 완전한 정의가 이루어지지 않는 한, 시대가 바뀌더라도 계속 터져 나올 것이다. 플라톤은 이런 물음들을 처음으로 이론적인 틀로 정리하고 논리적인 해답을 구했다.

모든 발전은 이미 있던 것에 대한 검토와 비판을 통해 이뤄진다. 눈에 보이는 현실에 멈추지 않고 그 너머의 이데아를 추구한 플라톤 철학은 정의로운 삶과 사회로 도약하기 위한 사색의 발판으로써 여전히 훌륭하게 쓰이고 있다. 이런 점으로 봤을 때 고전은 대부분 학문의 시작점을 찾아보는 책이다. 고전 독서를 하지 않는다면 이런 학문의 시작점을 제대로 보지 못한 것일 수 있다.

플라톤에 대해 좀 더 자세히 알아보자. 플라톤은 기원전 428년에 태어나 347년까지 살다 갔다. 플라톤은 여든 살의 나이로 눈을 감았다. 독배를 마셔야 했던 스승 소크라테스와 달리 자연적인 죽음이었다. 평생 결혼하지 않았고 자식도 없었다. 출생은 아테네 최고 정치 명문가에서다. 아버지 아리스톤은 아테네 왕가의 후예였고 어머니는 위대한 정치가 솔론의 후예였다고 한다. 플라톤은 젊은 시절 레슬링 대회에서 세 번이나 우승했다. 플라톤이란 이름은 '넓은 어깨'를 뜻한다. 체격도 무척 당당했다. 기병으로 전쟁에서 세 번이나 참가해 훈장을 탔다. 문학에도 소질이 있어 호메로스 같은 시인의 작품을 열심히 읽고 공부했다. 20세 즈음 소크라테스를 만나 한눈에 반해 그의 제자가 됐다.

소크라테스는 못생긴 사람의 대명사다. 플라토닉 러브는 남녀 간 정신적 사랑을 의미한다. 미남 플라톤은 추남 노인 소크라테스를 정신적으로 동경하게 된다. 훗날 플라토닉 러브라는 단어는 세상 대부분 남녀 간의 진실한 사랑의 대명사가 됐다. 고전 속 플라톤을 제대로 이해하지 못하면 진정한 사랑을 이해할 수 없다는 뜻이기도 하다.

아테네 현실은 타락 그 자체였지만 그 안에 정의와 진리를 끊임없이 찾는 소크라테스 모습을 보고 정치가 지망생 플라톤은 제자가 되어 8년 동안 붙어 다니며 진리를 구한다. 석수 출신의 스승과 걸출한 귀족 제자의 진리 탐구가 시작된 것이다. 이들의 철학적 진리 탐구가 지금 세상 모든 학문의 출발점이라니. (…)

플라톤이 스물여덟 살 되던 해인 기원전 399년, 아테네 시민 500여 명으로 구성된 법정에서 스승 소크라테스가 젊은이를 타락시키고 신을 모욕했다는 죄명으로 사형을 선고받는다. 플라톤의 눈에 비친 소크라테스는 세상 누구보다도 정의로운 스승일 뿐이다. 이때 소크라테스는 죽음 직전 탈출할 수 있었다.

소크라테스는 당당하게 아테네 사람들에게 '지성인을 자처하는 내가 비굴한 자세로 죽음을 구걸할 수 없다'라며 자기 입장을 논리적으로 전개한다. 이 과정은 『소크라테스의 변명』[10]이라는 책에서 우리는 만날 수 있다. 이 책에서 소크라테스의 태도는 후일 세상 모든 지성인의 진리 수호를 위한 자존심 지키기의 상징으로 전해 온다. 이 세상 언제 어디서든 지성인은 항상 '진리를 지킬 것인가, 비굴한 자세로 목숨을 지키기 위해 진리를 포기할 것인가'라는 딜레마에 빠진다. 해답은 고전 속 소크라테스에서 찾을 수 있다. '법을 지켜야 한다'는 진리는 변하지 않는다. 소크라테스의 진리 불변론은 기독교 등 유일신 사상의 근거이며 토대가 된다. 진리는 변치 않는 것이다. 진리의 절대성을 소크라테스 자세에서 배운다. 진리는 상대적이라는 소피스트들의 입장과는 대비된다. 진리란 '효율적이어야 하고 심지어 실용적이지 않으면 진리가 아니다'는 입장과도 극명하게 비교된다. 이런 진리의 절대성은 플라톤이 진리의 이데아성이라는 개념으로 구체화시킨다.

이데아란 수학적 진리를 모든 사물에 확장시킨 것이다. 즉 이데아란 객관적이고 불변하여 완전한 사물의 본질이다. 우리가 보고 느끼는 모든 사물에는 각각의 이데아가 있다. 말(馬)에는 말의 이데아가 있고 개(犬)에는 개의 이데아가 있다. 우리가 보는 사물들은 이데아를 대충 베낀 것에 지나지 않는다. 진리의 절대성을 확인하는 개념들이다. 플라톤은 철인 통치자 양성소로 아카데메이아라는 것도 만들었다. 여기에 '기하학을 모르는 자 이 문을 들어올 수 없다'라는 문구를 걸었다. 기하학은 수학이다. 수학을 모르는 자는 진리를 모르는 것이다. 기하학을 알려고 하지 않는 자는 진리를 구하지 않는 자라고 해석할수 있다. 현재 수학을 공부하는 학생들은 피타고라스학파에서 공부한 후 아카데메이아를 세운 플라톤의 기하학을 거치지 않고 수학의 유래를 알 수 없다. 반드시 거쳐야 하는 코스다.

한국 고3 학생들의 수학을 푸는 능력은 세계적이다. 세계 수학경시대회에서 훌륭한 성적을 내는 점으로 알 수 있다. 세인트존스 대학을 졸업한 한 학생은 이 대학에서 수학을 배우는 과정을 설명한 바 있다. 당장 미적분을 푸는 것은 한국 학생이 잘한다. 고3까지 지속적인 수학 학습과 문제 풀이 훈련을 통해 얻는 문제 풀이 능력이 한국 학생들에게 높아져 탁월하다는 것이다. 서양 학생들이 여기엔 당해 내지 못한다. 서양 학생들이 피타고라스나 유클리드 기하학 등 고전을 배워 나가면서 수학 개념을 쌓아 나가다 보면 기계적으로 수학을 풀어나가는 한국 학생보다 나중엔 앞서가게 된다고 한다. 여기서도 고전 공부가 모든 학문의 시작점임을 확인할 수 있다.

고전을 의미하는 클래식(CLASSIC)이란 사전에서 찾아보면 '일류의 또는 최고 수준의'라는 뜻이다. '전형적인, 대표적인'이라는 뜻과 함께 '고전적인, 유행을 안 타는' 등 뜻이 있다. CLASSIC

NOVEL은 최고의 소설을 말한다. 클래식 스터디(STUDY)는 최고의 연구를 말한다. 클래식 골(GOAL)은 최고의 목표다. 클래식 에듀케이션은 주로 최고 시민을 만든다는 의미다. 음악, 미술, 건축 등 문화 등도 포함한다. 그리스 로마 교육을 클래식 교육이라고 칭한다. 이 밖에 '대가다운, 능란한, 훌륭한', '영속하는, 영구적인, 영구불변의, 오래 견디는, 내구력이 있는'이라는 의미도 포함된다.

고전 독서는 이런 의미의 독서라는 뜻이다. 최고의 독서다. 영속, 영구불변의 책을 대상으로 하는 독서다. 오래 견디는 책이다. 그리스 로마 교육은 세 학과목과 네 학과가 있다. 세 학과목이란 문법, 논리, 수사학이다. 4학과란 문학, 천문, 음악, 기하학이다. 이처럼 그리스 시대 공부의 시작은 문법에서부터다. 우리나라 교육 개념과는 현격한 차이가 있다. 우리나라 국문법은 그저 지나가는 과목의 한 부문일 뿐이다. 그리스 로마 사람들은 문법을 가장 먼저 강조했다. 문법이 지켜지지 않으면 제대로 된 소통이 어렵다. 글을 써서 소통하는 데 문법이 틀리게 써졌다면 애매한 글이 되고 만다. 쓰는 사람과 읽는 사람이 서로 다르게 이해하게 될 가능성이 있다. 문법은 새로운 정보를 저장하는 수단이기도 하다. 이런 의미에서 문법을 그리스 로마 사람들은 중시했다. 문법이 제대로 되면 논리적인지를 묻는다. 논리는 새로운 정보를 처리 검색하는 과정이다. 논리에 벗어난 말을 하는 것을 오류라고 한다. 각종 오류를 만들어내는 사람들이 소피스트들이다. 그들은 논리를 비논리로 이기려는 각종 술수를 쓴다. 그걸 학생들에게 돈을 받고 가르치는 사람들이다. 논리가 없으면 잠깐 속일 수는 있어도 진정한 설득이 되질 않는다. 말을 잘하는 것이 수사학이다. 정보를 표현하는 과정이 수사학이다. 말을 하는 데 논리적이지 못하면 상대방이 설득되지 않는다. 잠깐 분위기를 타고 감정적 판단을 대중이 할 수는 있다. 정확한 논리 앞에서는 맥을 추지 못한다. 문법 논리 수사학은 타인과 소통하는 방법들을 대상으로 하는 학문이다. 이걸 제대로 하지 않는 사람은 본격 학문을 할 자격이 부족하다. 더 큰 학문을 할 수 있는데 고전을 등한히 해서 그 정도 성과를 낸 것이 안타까울 뿐이다.

플라톤과 소크라테스의 서양철학은 지금 철학자들에게도 학문의 시작점이다. 900여 년간 존재했다는 플라톤의 아카데메이아는 오늘날 대학이 시작된 곳이다. 그가 시작한 기하학은 수학의 출발점이다. 그들이 시작한 문법과 논리학은 모든 학문의 근저에 깔려 있다. 이런 점에서 고전 독서는 모든 학문의 시작이다.

7

재테크도 고전에서부터

'인기아취 인취아여(人寄我取 人取我與)'

앞 장에서 부자가 귀하게 되는 방법으로써 독서를 소개했다. 예나 지금이나 부자가 되는 법은 많은 사람의 관심사다. 대부분은 지금 현재 새로운 것에서 방법을 찾기 위해 노력한다. 생각해 보면 세상사 새로운 것은 없다. 현재의 모든 부의 축적 방법도 고전의 많은 책 속에 박혀 있다. 새삼스러운 사실일지 모르지만, 부자가 되는 방법을 고전 속에서 찾는다면 중국 백규의 일화를 추천할 만하다. 백규 일화는 중국 고전 역사서 중 가장 먼저 꼽을 수 있는 책, 사마천의 『사기』11)에 들어 있다. 사마천은 기원전 91년 『사기』를 완성했다. 사마천의 부친 사마담도 천문 역법과 도서를 관장하는 태사령(太史令)이었다. 역사를 관리하는 집안이었다는 뜻이다. 사마담은 아들 사마천에게 어린 시절부터 고전 문헌을 읽도록 가르쳤다고 한다. 사마천은 고전 공부와 독서에 어려서부터 돌입했다는 뜻이다, 필자

등이 주장하는 고전 독서교육을 이천 년 전에도 고위층 귀족들은 이미 자녀에게 시키는 것이 당연했다고 해석할 수 있다. 중국 최고 역사가로 칭송받는 사마천의 『사기』는 본기, 사기열전 등 여러 권으로 구성됐다. 본기는 기전체로 중국 역사를 나름대로 사마천이 시간 순서대로 열거해 놓은 책이다. 열전은 중요 일화를 중심으로 영웅 내지는 인물을 소개한 책이다. 사마천의 사기열전 현재 번역본 책은 두 권으로 구성되어 있다. 민음사 간행물로 보면 한 권당 900여 페이지다. 1,800여 페이지를 읽는 데 6주 정도 시간이 소요됐다. 고전반은 한 주 300여 페이지 읽는 것이 목표다. 한 꼭지 한 꼭지가 중국 고사성어다. 중국인들이 말하는 고사성어는 거의 이런 책에 박혀 있는 이야기를 근거 삼아 만들어진 것이다. 여기에 화식열전편이 있다. 부자 백규 일화가 실려 있다. 이 중 인기아취 인취아여(人弃我取 人取我與)라는 말이 있다. 백만장자의 비법이다. 백규의 백만장자 비법은 단순하다. 사람들이 버리면 내가 취한다. 사람들이 가지려 하면 내가 버린다는 식이다. 증권가에서 사람들이 그 주식 갖기를 원하면 팔고, 사람들이 팔면 내가 산다는 식이다. 이 시절은 주식이 아니라 식량이었을 것이다. 중국 재신(財神)으로 범려, 백규, 관자, 관우 등이 꼽힌다. 이 중 최고의 재신은 삼국지에 나오는 관우다. 재신이 관우인 이유는 '신의'를 지켰기 때문이다. 이렇듯 고전에 부자가 되는 원리도 소상히 적혀 있다.

증권가 큰손들도 고전 독서를 권한다. 대표적인 인물이 조지 소로스이고 피터 멍거 등이다. 앞 장에서 언급한 대로 조지 소로스는 헤지펀드로 명성이 높다. 동부 유럽 재건을 위해 큰돈을 내놓은 인물이다. 피터 멍거는 투자 철학 강의를 하면서 4시간 정도는 고전 철학에 중점을 둔다고 한다. 두 명 다 어렸을 적부터 고전 공부를 틈틈이 해온 것이 투자철학 형성에 많은 도움을 줬다. 고대 철학자 탈레스 에피소드도 전 장에서 언급한 바 있다. 이처럼 지금 사람들 최고의 관심거리인 재테크도 근원적인 방법을 찾으려면 고전에서 찾게 된다. 세상에는 완벽히 새로운 것은 없다. 인류역사가 불을 사용하는 시기로 친다면 20여만 년이다. 이전 경우 논외로 치자. 성경 역사로 보면 올해는 2021년이다. 그사이에도 수많은 문명이 생성됐다, 사라졌다고 추측한다.

상식적으로 알다시피 지금 인류가 가장 선호하는 정치체제는 민주주의다. 이는 이천오백여 년 전 소크라테스, 플라톤 시기 이미 정착된 것이다. 이 시기 과두제, 참주제, 공화제 등 여러 정치체제가 시험대에 오른다. 이 시기 정치인 페리클레스는 기원전 495년경부터 429년까지 살았던 고대 그리스가 낳은 정치가다. 이때가 아테네 민주정치 전성기다. 이 시대가 이끈 정치지도자 페리클레스는 펠로폰네소스 전몰자들을 추도하는 장례식 연설에서 절정에 달해 있었던 아테네 민주주의를 이렇게 찬양했다. "우리의 정치체제는 이웃 나라의 관행과 전혀 다릅니다. 남의 것을 본뜬 것이 아니고, 오히려 남들이 우리의 체제를 본뜹니다. 몇몇 사람이 통치의 책임을 맡는 게 아니라 모두 골고루 나누어 맡으므로, 이를 데모크라티아(민주주의)라고 부릅니다. 개인끼리 다툼이 있으면 모두 평등한 법으로 해결하며, 출신을 따지지 않고 오직 능력에 따라 공직자를 선출합니다. 이 나라에 뭔가 도움이 될 수 있는 사람이라면, 아무리 가난하다고 해서 인생을 헛되이 살고 끝나는 일이 없습니다. (…) 실로 우리는 전 헬라스(그리스)의 모범입니다."

글귀에서 보듯 민주주의는 모든 인간의 삶을 능동적으로 세상과 함께 의무를 다하며 책임을 지는 가운데 권리와 의미 그리고 보람도 나눠 가지는 것으로 나타난다. 정치적 삶을 이처럼 극명하게 보여주는 것이 더 있을까 싶다. "우리는 생업뿐 아니라 정치에도 마음을 씁니다. 하여 먹고살기 바쁜 사람들조차 정치가 어떻게 돌아가는지 잘 알고 있습니다. 우리는 정치에 참여하지 않는 사람을 세상일에 무관심한 사람이라고 부르지 않습니다. 우리는 그를 아무짝에도 쓸데없는 무가치한 존재로 여깁니다."[12] 『펠로폰네소스 전쟁사』라는 역사서를 남긴 투키디데스가 페리클레스 추도 연설을 소개한다. 그 책에 나오는 문구다. 정치와 민주주의는 현대인의 가장 큰 명제다. 삶의 가장 중요한 부분을 결정짓는다. 고전 독서를 보면 민주주의가 이렇듯 참여 속에서 성장했다는 것을 확인할 수 있다. 2019년 홍콩에 민주주의를 위한 외로운 투쟁이 진행 중이다. 2021년 미얀마의 군사 독재주의자들은 이런 직접민주주의를 인정하지 못한다. 홍콩을 비롯한 중국 전역엔 공산주의가 펼쳐져 있다. 인간의 진정한 자유를 용납하지 못한다. 생각을 통제한다. 중국에 자본주의는 있지만, 홍콩 주민들이 주장하는 진정한 자유와 자율은 없다. 이를 위한 투쟁에서 나오는 피는 역사의 한 과정이라고 여겨진다. 이들에게 촛불과 총이 손에 쥐어졌다. 인류에겐 아직도 공산체제와 민주체제 어느 것이 바람직한가를 놓고 시험 중이다. 인간의 이런 갈등의 역사도 부분적으로는 반복되고 있다. 2500여 년 전에도 이런 공산체제 비슷한 것이 과두제나 참주제라는 이름으로 횡횡했다고 한다. 세상엔 이처럼 전혀 새로운 것은 없다. 과거 어느 시기에 실험하고 교훈을 얻는 일이 반복되고 있다.

인류의 역사를 거슬러 보면 인간과 오랑우탄이 헤어진 시기를 650여만 년 전으로 본다. 인류가 불을 사용한 시기가 20만 년 전이다. 우리나라 고대역사를 쓴 <단기고사>는 우리 역사 시작을 9천여 년 전으로 본다. 성경 역사가 2천여 년이다. 구약 2천여까지 합하면 4천여 년의 역사다. 인간의 수명은 백 년에 지나지 않는다. 백 년 후 지금 지구에 숨 쉬고 있는 인간 누구도 남아 있기 힘들다. 그동안 수많은 사람이 이 지구를 왔다 갔다. 그들의 생각이 어딘가엔 박혀 있다. 지금 우리가 하는 고민 대부분은 누군가가 이미 해왔던 것으로 봐도 된다. 과학적으로 증명이 되지 않았지만, 필자는 시크릿에 나오는 속설을 믿고 싶어 한다. 지구에 왔다 갔다 한 많은 사람의 생각이 지구 어느 곳에든 박혀 있다. 누구든 부르면 같은 동류의 전파를 타고 흘러 들어온다. 본인이 간절히 원하면 그 원하는 강도에 맞게 해답을 우주의식 안에서 구할 수 있다. 수백만 년의 세월은 인간 백 세 삶에 비하면 무한정한 세월이다. 세월 속에 살아온 사람들의 의식 가운데 자신의 고민을 똑같이 해온 사람들은 얼마든지 있을 수 있다. 그런 기운들이 자신이 부르면 오게 되어 있다. 자신의 큰 고민은 불교적으로 말하면 화두다. 간절한 화두를 가지고 고민하면 언젠간 풀리게 마련이다. 아인슈타인의 새로운 법칙도 얼마나 많은 세월 동안 고민했을 것이고 그 결과 우주의식 안에서 답을 끌어냈을 것으로 추정할 수 있다. 무언가를 깊게 몇 날 며칠 고민하다 답을 찾아낸 사람들은 어렴풋하게나마 이런 현상을 이해할 수 있을 것으로 보인다. 자신의 고민에 대해 잠들기 전 자신에게 묻고 답을 구하며 자신은 잠들지만 뇌는 잠들지 않고 일을 수행한다는 뇌과학자들의 분석도 있다. 발이 없는 뇌가 우주의식 안에 어떤 답을 찾아내 자신에게 귀띔해 주는 일은 다반사로 있다. 이처럼 세상사는 누구든 완전히 새로운 일을 하는 것이란 없다고 봐도 된다. 누군가 창조를 했다면 거기에 새로운 것을 더하면서 개선된 무언가가 생긴다. 거기에 누군가 또 새로운 것을 모색해 나가면 분명 답이 보인다.

앞서 설명한 것은 우주의식이나, 잠들면서 간절히 원해서 무의식에서 답을 구하는 방식들이다. 비과학적이라고 말해도 된다. 명확히 이를 증명해 내는 사례도 많지만 이를 귀납법적 진리로 안착시키긴 어려워 보인다. 고전에서 이런 답을 찾는 것은 어렵지 않다. 삼천여 년 동안 인간이 써 놓은 책들인 고전에는 인간의 대부분 고민에 대한 답들이 적혀 있다. 이곳에서 찾아보면 대부분 어떤 식으로든 들어 있다고 본다. 고전은 이처럼 세상사 새로운 것이라고는 없는 것에 대한 답을 찾게 해준다. 부자 되는 법도 이미 2천여 년 전 중국 백규라는 사람이 말했다. 요샛말로 주식을 잘하는 법이다. 남이 원하면 팔고 남이 팔면 내가 산다는 간단한 공식이지만 이처럼 간명한 투자철학이 있을까? 연설문을 잘 쓰고 싶다면 투키디데스의 펠로폰네소스 전쟁사에서 찾아보라. 거기 연설문에서 몇 글자만 현대식으로 고치면 지금도 명문으로 조금도 손색이 없다고 한다. 세상사 새로운 것 없다. 고전에서 찾아라.

세상사 새로운 것은 없다. 오늘 중요하다고 생각되는 의제를 대부분 고전에서 이미 다뤘다. 부자가 되는 법도 고전에 있다. 중국 『사기』 백규, 한국 최 부자의 부자 되는 법을 주목해야 한다. 민주주의의 원본 페리클레스 로마의 공화정… 시크릿은 지금 인간들이 고민하는 모든 것의 답도 대부분 그동안 쌓였던 인간 집단 잠재의식 어딘가에 박혀 있고 이를 찾아내면 된다는 논리도 있다. 특히 그 답이 고전에 있을 가능성이 높다. 세상에 새로운 것은 없다. 찾아내는 데 고전만 한 것이 있을까. 시간은 걸리지만, 더 근원적 답을 찾을 수 있다.

8

막막한 고전 독서 바다,
어디서부터

"고전이 좋다는 건 다 안다. 고전 읽기가 필요하다는 것도 동의! 어느 책부터 읽을까? 어디에서 시작해 어디까지 읽어야지 끝이 날까?"

고전 하면 동양 고전, 동양 고전 하면 사서삼경부터 생각할 수 있다. 네 권의 책과 세 권의 경전인 논어(論語), 맹자(孟子), 중용(中庸), 대학(大學), 시경(詩經), 서경(書經), 역경(易經) 이런 것을 읽으면 고전 공부가 될까? 당연히 될 것이다. 이 책들만 제대로 이해해도 동양철학은 어느 정도 정리가 된다. 도대체 몇 회독을 해야 할지. 다른 책들도 많을 것 같은데. 자칫 고전 공부한다고 달려들다 사서삼경 공부를 위해 한문학원에서 한문 몇 자 공부하고 끝날 공산이 크다. 이 외에도 동양 고전은 없을까? 서양 고전은 어떻게 할까. 『그리스 로마 신화』와 호메로스의 『일리아스』와 『오디세이』, 헤로도토스의 『역사』 등으로 시작하는 그 많은 서양 고전들, 한국 고전도 많다. 『구운몽』, 『춘향전』, 『홍길 동전』은 물론이고 『삼국유사』, 『삼국사기』, 『표해록』, 『열하일기』 등 헤아릴 수 없이 많다.

고전 공부가 큰 지혜를 주는 것은 인정한다. 위대한 인물들 을 만나 내 롤모델 (붙일 것)로 삼을 수 있다는 부분도 수긍이 간다. 대학 시절 여름방학 때 논어와 맹자 책을 가지고 한문학 원을 찾아본 적이 있다. 한 시간 하면 몇 구절을 간신히 이해 할 수 있다. 한문 선생이 해준 몇 구절 해석을 열심히 받아 적 고 언제 이걸 끝내나 하고 생각하다 좌절한 적이 있다. '추구 (推句)부터 시작해야 한다.'라며 재시도를 해본 경험도 있다. (필자는 최근 추구를 한 번 배우는 데 간신히 성공했다. 매주 몇 구절을 읽고 한문 선생 했던 아는 이를 찾아가 배웠다. 기 억에 남는 건 거의 없다.) 고전 공부는 여름방학이 끝나며 흐지 부지 사라졌던 기억도 있다. '고전' 하면 고개를 절레절레 흔들 게 됐다. 지금 나와 있는 책들도 제대로 만나기 힘든데. 현존의 책 중 고전 글귀가 나오면 찾아 확인하는 정도의 고전 읽기로 만족하자. 이런 고전 공부 인식이 나만의 경험은 아닐 것 같다. 우리 세대 대부분 사람 기억 속에 있는 고전 공부 경력이 아닐 까. 우리 세대란 50대 60대를 가리킨다. 아주 소수 사람이 어 린 시절 서당을 다니는 행운을 얻은 사람도 있다. 고향이 깊은 시골이거나 부모님이 깨어 있는 분을 만난 덕이다. 이 은덕은 후에 큰 밑거름이 된다. 한문을 편하게 대하는 유식한 사람으 로 인정받고 산다. 사서삼경 등 동양고전을 비교적 편하게 만날 수도 있다. 대학 들어가 한문학과에서 4년 내내 배워도 이 수준에 올라갈지 미지수다. 아니면 부모님이 한학을 제대로 알아 자식들에게 가르쳐 배움을 얻게 되는 경우도 있다. 현대그룹 창립자 정주영 회장은 6살부터 8살까지 서당에서 독하게 사서삼경을 배웠다. 일제강점기 때 초등학교에 입학했으나 배울 것이 없어 자퇴한다. 수준 높은 사서삼경을 회초리 맞아가며 다 배우고 학교에 들어가니 구구법 외엔 배울 것이 없더라는 회고담이 재밌다. 학력이 높은, 평생 대학 나온 사람들도 정 회장 유학(儒學) 수준을 넘어서지 못한 것 같다.

동양 고전은 사서삼경이다. 한문이다. 한문이 필수다. 한문 없이 어떻게 우리글을 제대로 이해할 수 있나. 이런 공식은 지금 젊은 세대와는 거리가 멀다. 현재 로스쿨, 즉 법학전문대학원 교재는 한자가 대부분 사라졌다. 주석에서나 찾아볼 수 있다. 로스쿨을 마친 필자 아들을 비롯한 대부분 이 세대는 어린 시절 한자 천자 내지는 한자 관련 대부분 시험에 합격했다. 자격증을 받은 다음 날 모두 기억 속에서 날려버린(?) 듯하다. 한자와 거리가 멀다는 뜻이다. 한문으로 된 사서삼경을 빼고 동양 고전을 논할 수는 없다. 사서삼경만이 고전이라는 등식은 아니다. 기본이 되고 뼈대는 된다. 서양 고전 역시 성경을 빼놓고 논하기는 어렵다. 성경만이 제대로 된 고전이라는 등식도 아닌 듯하다. 그뿐인가. 한국 고전도 많다. 이렇듯 고전 종류는 다양하다.

서양 고전과 동양 고전 그리고 한국 고전, 고전의 바다는 넓다. 그 바다에서 무엇을 건져야 하고 무엇을 버려야 하나. 이 부분도 고민일 수밖에 없다. 고전 관련 서적을 찾아보면 고전 예찬을 하면서 고전 작품 몇 개를 소개하는 것으로 마무리한다. 300페이지 책 안에 고전 모두를 소개한다는 것 자체가 무리가 따르기 때문이다. 바다 한 부분을 보고 바다 전체를 말하기 마련이다. 코끼리 어느 한 부분을 만지고 전체를 단언할 수 없다. 지금 독자가 접하고 있는 이 책도 고전에 대한 일반적인 소회나 생각을 앞 장에서 접하고 뒷장에서 몇 작품에 대한 소개를 보며 마무리될 것이다. 필자도 그렇게 이번 책을 기획했기 때문이다. 고전을 전문으로 가르친다는 세인트존스대 과목을 소개하는 글은 조 모 작가가 쓴 『세인트존스의 고전 100권 공부법』이라는 책에 잘 나와 있다. 1학년부터 4학년까지 모든 커리큘럼이 자세히 소개되어 있다. 서양 고전만 있다는 것이 한계다. 그 학교 입장에선 거기까지 한계를 짓게 된다. 젊은 학생들을 고전 공부한다며 4년 이상 붙잡아 놓을 수는 없기 때문이다. 석사 과정에 동양 고전 일부를 한다는 말도 덧붙여 있다. 한국 학생들도 많이 들어갔고 졸업한 사람도 당시엔 40여 명이 있다고 한다. 지금은 더 많은 학생이 졸업했을 것이다. 그들은 한국인이다. 그들에게 서양 고전만 있고 한국 고전은 없는가. 한국 고전이 수준이 떨어지는가. 그건 아니다. 어쩌면 한국 고전이 더 중요할 수 있다. 그들이 미국에서 미국시민권을 가지고 미국인으로 살아간다면 모른다. 졸업 후 한국에 돌아와 한국 사람으로서 살아간다면 한국 고전도 비켜 갈 수는 없을 것이다.

독서란 이렇듯 하다 보면 자신이 더 봐야 할 책들이 더 많이 생긴다. 앞에서 설명했듯이 공부를 한다는 것은 자신이 얼마나 모르고 살고 있나를 확인하는 과정에 불과할지 모른다. 독서나 공부하는 그 자체가 자신의 부족한 부분을 알며 더 채워가야겠다는 신념을 세워가는 과정이 될 수밖에 없다. 배우면 배울수록 공부하면 할수록 점점 자신의 왜소한 위치나 존재를 확인하며 겸허해지게 된다. 만약 독서량이 많거나 공부를 많이 했음에도 오만해진다면 제대로 책을 보거나 공부하지 못했다고 자신이 증명하고 있는 셈이다.

고전 독서 과정에 대해 살펴보자. 미국 고전 독서로 유명한 시카고 대학도 스텝 1로 시작해 스텝 9단계까지 나눠 읽을 책을 선정해 준다(참조:『시카고 플랜 위대한 고전』, 디오니소스 팀, 다반출판사, 2019). 이 책은 이 부분을 상세히 안내하고 있다. 확인해 보면 모두 서양 고전 일색이다. 서양 고전을 읽고자 한다면 이들 세인트존스 대학 교재나 시카고 대학 고전을 합쳐서 공통된 부분을 먼저 보고 다른 책들을 섭렵해 나간다면 해결이 될 것으로 보인다. 많은 시간이 소요된다. 제대로 이해했는지를 점검하는 부분도 쉽지 않다. 아무리 다 읽었다 해도 자신이 얼마나 이해했을까, 행여 자기가 보고 싶은 부분만 보면서 자신의 믿는 바만 골라 읽지 않았는지 자주 돌아봐야 한다. 이런 반성하지 않는 독서는 오히려 해가 될 수도 있기 때문이다. 소크라테스가 '성찰하지 않는 삶은 살 가치가 없다.'라고 했듯이 자신이 독서를 아무리 많이 했다고 한들 독서 과정에서 얻은 지식이나 깨달음을 다른 사람과 비교해 보고 토론해 보지 않으면 어떤 효과가 있을지도 의문이다. 필자 역시 이 부분을 항상 고민하고 있다. 아무리 노력해도 벗어나기 힘든 부분이 있다. 인간은 자신이 보고 싶은 부분만 보고 듣고 싶은 부분만 듣는다. 인간의 이런 확증편향 습관을 완벽히 벗어나긴 힘들다는 것을 자주 느낀다. 이 부분을 해결하기 위해 다른 사람들과 함께 읽어본다. 읽고 나서 토론한다. 가르치는 사람 입장이 되어 고전을 읽는다. 또 글로 표현한다. 이 책도 그 결과물이다. 완벽히 벗어나기는 쉽지 않다는 걸 느끼고 있다. 자기 한계인 셈이다. 어느 정도 이런 부분을 인정한다면 마음이 편해진다. 이런 부분에 대한 고민도 이 책 곳곳에 대안 제시를 위해 노력했다.

고전은 동양 고전 서양 고전 한국 고전이 있다. 동아일보는 2005년 창립 85주년 기념으로 서울대와 함께 '대학생을 위한 권장도서 100권'을 소개한 적이 있다. 독서기행 시리즈를 만들어 매일 한 권씩 소개하는 특집 기사를 쓴 적이 있다. 책 읽는 재미를 느끼게 하기 위해서다. 책 내용, 재미있게 책 읽는 방법 등을 제시했다. 1993년 '동서고전 200권'을 서울대가 발표한 것도 있다. 12년이 지나 기존 선정 도서들이 너무 어렵고 국내 번역서가 취약해 교양 수준 도서로는 적절치 않다는 판단에서 이런 기획을 했다고 한다. 급변하는 시대 흐름 속에서 학생들이 현명하게 대처해 나가려면 스스로 탐구하며 학습할 수 있는 역량을 키워야 한다는 뜻도 있다. 이때 서울대와 동아일보는 현대 교양인이라면 꼭 알아야 하고, 현대 시대상을 반영하며, 독자들이 쉽게 접할 수 있는 국내 서적이 있고, 그 책에 대해 질의응답 할 수 있는 국내 전문가가 있어야 한다는 등 4가지 원칙을 적용했다고 한다. 이 책을 읽기 위한 안내서로 인문고전 100권 읽기라는 책도 있다(서울대 권장도서로 인문고전 100선 읽기 1 - 『일리아스』에서 『당시선』까지, 지은이: 최효찬 지음, 출판사: 위즈덤하우스, 발행일: 초판 1쇄 발행, 2014년 10월 21일).

앞서도 잠깐 언급했지만 이런 부분은 이지성 작가가 쓴 『리딩으로 리드하라』라는 책이 대안으로 제시한 부분이 있다. 이 책 뒤편에 '부모와 아이를 위한 인문고전 독서교육 가이드'[13]를 통해 주의 사항을 써 놓았다. 그다음엔 '인문고전 독서교육 참고 도서'가 나열되어 있다. 세인트존스 대학이 4년 과정을 기술해 놓았다면 시카고 대학은 8단계를 제시했다. 이지성 가이드북에는 10년 과정을 펼쳐 놓았다. 필자는 고전 읽기 기준을 이 작가의 책들로 선택했다. 이유로서 가장 좋은 점은 저자명과 책 이름, 출판사와 연도를 제대로 기술해 놓았다는 부분이다. 시카고 대학이나 세인트존스 대학이 고전 책명을 제시해 줘도 국내 어느 번역자가 번역한 것이 가장 좋은 것인지 분별하기가 어렵다. 어느 출판사본이 가장 편히 볼 수 있는지도 분별하기 어렵다. 백 프로 완벽하게 구분해 놓았다는 말은 판단하기 어렵다. 초보자 입장에서 이 정도 가이드라도 해주니 큰 수고를 던 셈이다. 서울대나 동아일보는 이 기준까지 제시하기 어려웠을 것으로 보인다. 많은 사람의 이해관계가 걸려 있고, 번역자마다 장점이 따로 있는데 어느 출판사 번역사라고 콕 짚어주기 힘들었을 것으로 보인다. 이지성 작가는 본인 소신대로 선정한 것 같다. 필자는 이런 편안함 때문에 선택한 것이다. 가끔 절판된 책들도 있지만 대부분 열심히 찾아보면 구할 수 있다. 운 좋으면 찾는 과정에서 더 잘 번역된 최신판을 만나기도 한다.

세인트존스 대학 4년 과정이나 시카고 대학 8단계 그리고 이지성의 인문고전 공부 과정을 적절히 참고해서 고전 독서를 공부해 나간다면 고전 공부의 시작과 끝이 어느 정도는 보인다. 망망대해였던 고전 독서가 시작과 끝이 어느 정도는 있을 수 있다는 점을 확인한 것도 얼마나 다행인지 모른다.

여기에 있는 책만 고전은 아니다. 지금도 고전은 계속 생기고 있다. 지금 나와 있는 책들도 고전 반열에 오르고 있다. 이런 책은 대부분 고전이 될 수 있다고 공감하는 책들이다. 예를 들면 칼 세이건의 『코스모스』, 재러드 다이아몬드 교수의 『총, 균, 쇠』, 유발 하라리의 『호모 사피엔스』 등 많은 책이 현대인들 마음을 뒤흔들고 있다. 고전 못지않은 깊은 감동을 준다. 이들은 현대인 어투와 사고방식으로 썼기 때문에 오래된 고전보다 생소함이나 거부감이 덜하다. 이들 책엔 고전 책 내용들이 대부분 인용되어 있기도 하다. 이들도 고전 독서에 올려놓아야 할 이유다.

고전 독서는 세인트존스대 4년 과정, 시카고대 8단계, 이지성 인문고전 독서 10년 등을 조합해 자신에 맞는 프로그램을 짜서 읽어 나가는 프로 젝트를 단계별로 시작해 볼 수 있다. 필자는 이지성 고전 독서 목록을 선 택했다. 134권이다. 출판사, 번역자 등이 분명해서 편하다. 일부 절판된 번역서도 있지만 대부분 구할 수 있다.

제2장

고전 독서의 시작

50대 독서 사명론과 고전 독서

독서를 즐기는 국민적 현상이 없다.

철학자 김형석 교수는 자신의 저서 『백년을 살아보니』라는 책 서문에서 이같이 개탄했다. 휴대폰을 하루 3시간 이상 보고 있는 세대에게 독서 타령을 하니 노인은 노인이다. 독서라는 단어가 이 땅에서는 낯설다. 이런 세상을 살고 있다. 백 살 철학자의 말을 더 구체적으로 보자면 다음과 같다. "나는 세계 여러 지역과 나라들을 여행하면서 크게 느낀 바가 있다. 왜 영국, 프랑스, 독일, 미국, 일본이 선진국이 되고 세계를 영도하고 있는가, 그 나라의 국민 80% 이상은 100년 이상에 걸쳐 독서를 한 나라들이다. 이탈리아, 스페인, 포르투갈, 러시아 등은 그 과정을 밟지 못했다. 아프리카는 물론 동남아시아나 중남미에 가도 독서를 즐기는 국민적 현상을 볼 수 없다."[1] 선진국이 되기 위해서 또는 세계를 영도하기 위해선 그 나라가 100년 이상 독서를 해야 한다는 뜻도 내포되어 있다. 백 년 동안 해온 독서라면 당연히 깊이 있는 고전 독서가 필수적으로 포함될 것이다. 당대 유명 도서까지 합하면 충분한 독서량에 이를 것으로 보인다. 우리나라는 이런 독서 분위기와 얼마나 연관이 있는가. 조선 시대 연암 박지원의 『열하일기』[2]에 보면 조선은 유학자들로 가득 차 있다. 일본같이 무신이 주로 이끄는 나라가 아니다. 송나라같이 문인이 득세하는 문인 정권 나라다. 목민관 정약용은 책을 얼마나 봤기에 500여 권 남짓한 책을 저술했을까? 세종대왕, 정조대왕은 어떤가? 평생 책만 보고 살았던 성군들이 아닌가. 조선은 문약에 흐른 나라다. 그 부작용으로 나라를 빼앗기는 수모를 받고 막을 내렸다. 우리에게도 이처럼 독서의 전통이 없는 것은 아니었다. 다만 일제 36년 동안 단절이 있었다. 일제 식민지 시기도 교육이 없는 것은 아니었다. 일제는 1911년 8월 전문 30조로 이뤄진 제1차 조선교육령을 공포했다. 내용은 보통학교, 고등보통학교, 여자고등보통학교, 실업학교, 사립학교 등으로 편제를 재편하는 것이다. 대학은 없다. 보통교육은 일본어를 보급하는 정도다. 고등보통학교는 농업, 상업, 공업 분야의 하급 직업인을 만들기 위해서다. 전문학교도 전문 기술을 가르친다. 일제는 우선 일본어를 가르쳐 민족혼을 말살시키고자 했다. 일본말로 시키면 알아듣는 능력을 키우는 데 중점을 둔다. 시키는 일만 열심히 하라는 뜻으로 기술과 실업을 익히도록 한다. 충실한 노예를 만들자는 의지가 들어 있다. 생각하고 지혜를 얻는 지성인을 만들고자 하는 뜻은 없다. 제대로 된 한국인 성장을 위해 교육하는 게 아니라

시키는 일을 잘하도록 하자는 교육 목표가 명확하다. 성균관과 서당은 이때 폐지됐다. '고전을 읽다가 조선이 망했다.' 이런 분위기를 조성했다. 어린 학생은 '공자, 맹자'를 머릿속에서 지웠다. 그저 살아가기 위한 기능을 익히는 신식교육만을 배웠다. 일본의 조선 교육에 대한 의지는 식민지 사람들을 기술이나 기능인으로 만들고자 하는 것이다. 공자나 맹자 등 큰 위인들의 뜻을 새기고 현재를 제대로 바라보는 지혜를 가진 지식인, 즉 생각이 똑바른 인간을 말살시키고자 했다.

맹자[3]는 제나라 선왕이 "은나라 탕 임금이 하나라의 걸왕을 죽이고 주나라의 무왕이 은나라의 주왕을 토벌했다는데, 그런 일이 있습니까?" 묻자 "그렇다"라고 답한다. "신하가 자기 임금을 죽여도 되냐?"고 되물었다. 일본 제국주의가 총칼로 대한제국을 몰아냈다. 조선 백성은 졸지에 일본 제국주의 백성이 됐다. 그 백성이 일본 제국주의자들을 죽여도 되냐? 이렇게 물을 때 일본어를 알고 먹고사는 기술이나 기능을 배운 학생들은 '먹고사는 데도 바쁘다. 내가 한 사람 죽인다 한들 뭐가 변하냐.' 이렇게 체념하기를 일제는 원했다. 이런 것이 일본 제국주의자들의 조선 교육에 본심이다. 맹자는 '인을 해치는 자를 포악하다고 하고 의를 해치는 자를 잔학하다고 하며, 이 잔학하고 포악한 사나이를 필부라 합니다. 저는 주나라 무왕이 한 사람의 필부를 죽였다는 말은 들었어도 자기 임금을 죽였다는 말은 듣지 못했습니다'라고 답한다. 일본 제국주의자들은 인을 해치는 포악한 자들이다. 의를 해치는 잔학한 자들이다. 잔학

하고 포악한 필부일 뿐이다. 이런 필부는 모두 사라져야 한다. 맹자의 뜻이다. 일제는 조선 백성이 그런 맹자를 줄줄이 외우길 원치 않았다. 그렇다고 조선 백성 모두가 서당에서 공자, 맹자에만 있어서는 곤란하다. 살아갈 궁리도 해야 하고 새로운 기능 기술도 익혀야 한다. 공자, 맹자 같은 성인의 큰 뜻 위에 이런 기능 기술이 세워져야 한다. 기본이 서고 그 위에 기능일 뿐이다. 이런 교육은 일제 36년이면 족했다. 해방 이후 지금까지도 공자, 맹자는 와닿지 않는다. 공교육으로 일제의 기능 기술교육체제가 그대로 이어지고 있다. 교육을 받을수록 지혜가 늘고 참인간으로 생각이 늘어나는 것이 아니다. 점점 우매해져간다. 이런 교육은 36년에 60년 세월이 더해져 백 년이 지났다. 고전 독서의 전통은 되살아나질 않고 있다. 고전 독서를 즐기는 국민적 현상이 없다는 것이다. 생각이나 지혜가 늘기보다는 살 궁리만 남는다. 지혜가 늘지 않으면 지식은 장기적으로 큰 힘을 발휘하기 힘들다.

김 교수는 이어 "나는 우리 50대 이상의 어른들이 독서를 즐기는 모습을 후대에 보여주는 일이 무엇보다도 중요하며 시급하다고 믿고 있다. 그것이 우리 자신의 행복인 동시에 우리나라를 선진국으로 진입, 유지하는 애국의 길이라고 확신한다. 나이 들어 느끼는 하나의 소원이기도 하다"고 말한다. 이 부분을 보고 필자는 큰 충격을 받았다. 카프카가 말하는 도끼로 내 머리를 깨는 것을 느꼈다. 우리나라 박웅현 작가4)가 『책은 도끼다』라고 말하는 그 도끼가 생각났다. '한 권의 책은 우리 내면의 얼어붙은 바다를 깨는 도끼여야 한다' 그런 충격을 받았다. 당시 50대 후반이던 필자는 '드디어 내가 할 일을 찾았다' 그런 심정이었다.

정혜신 작가5)의 『당신이 옳다』라는 책에는 '충조평판을 하지 말라'는 대목이 나온다. '누구에게든 함부로 충고하지 말라. 조언하지 말라. 평가하지 말라. 판단하지 말라'라는 신조어다. 특히 자식에게 부모가 자식이 원치 않는데, 허락하지 않는데 '함부로 충고하고 조언하고 평가하며 판단하지 말라'고 말한다. '내 자식인데 왜 이런 것도 못 하냐' 반문을 할 만하다. 자식을 위해 부모는 얼마나 희생하며 살아왔는가? 힘든 직장 생활도 가족을 위해 부모는 참는다. 가족 생계를 위해 내내 고심한다. 우리나라 부모들의 가장 큰 목표는 '자식들에게 짐이 되지 않는다'다. 자식을 위해 모든 재산을 물려주는 것도 당연하다. 인생을 걸고 모두를 주는 금지옥엽 같은 내 자식에게 뭐든 줘야 하는 것이 부모다. 그 부모가 자식에게 수시로 충고하는 것은 당연하다. 틈만 나면 조언해 줘야 한다. 아무도 못 하는 평가를 해줘야 한다. 판단이 미숙하니 해주는 것은 당연한 것 아닌가? 아낌없이 '충조평판'을 해주려 하는데 돌아오는 것은 'NO'다. 이런 것도 본인이 허락하는지를 물어봐야 한다. 허락할 때만 해야 한다는 뜻이다. 어처구니가 없다. 자식도 사람이다. 아무리 부모라 해도 싫은 건 싫은 거다.

'내 아들딸이 그리고 손자 손녀가 고전 독서 100여 권을 봤으면 한다. 나는 늙어서 볼 필요가 없다. 볼 능력도 없다.' 현실적으로 가능한 말이다. 나이 50세가 넘어 눈도 침침하고 허리도 좋지 않다. 시간도 없다. 대신 '너희들은 젊고 힘도 좋으니 꼭 보도록 해라. 고전 독서는 살아가는 데 큰 역할을 한다. 큰 그릇이 되려면 고전 독서만 한 것이 없다.' 이렇게 아들딸을 볼 때마다 말한다고 들을 애들은 거의 없다. 아들딸이 할 수 있는 것은 있다. 부모가 살아가는 모습을 닮아가는 습관이다. 술을 좋아하면 당연히 술을 좋아한다. 술 중독이 되어 있는 부모를 보고 술을 안 마셔야지 하며 독기를 품고 거부하는 아이들도 일부 있다. 싫어하면서도 보고 따라가게 되는 것이 인지상정이다.

부모가 책을 좋아하고 책을 읽는 모습을 보면 이도 따라 할 가능성이 있다. 지금 당장은 절대 책을 읽지 않겠다고 버틸 수 있다. 부모가 죽고 나서 부모를 회상하게 될 때 할 말이 무엇일까? 내 부친과 모친은 책 읽기를 유달리 좋아하셨다. 늙어서도 책을 읽는 모습이 보기 좋았다. 나도 아들딸들에게 책 읽는 모습을 보이겠다. 이런 생각을 할 확률은 높아 보인다. 후대를 포함해 모두가 100년 동안 읽어야 선진국이 된다면 지금 50대부터 책을 잡아야 한다. 고전 한 권 한 권은 천 년 혹은 이천 년 동안 살아남은 베스트셀러들이다. 고전을 한 권 한 권 읽어가면서 고전 이야기를 해줘야 한다. 아들딸에게도 이런 말이 대화에 오르내리면 한두 번 거부하겠지만 어느 때 같이 대화하는 순간이 올지 모른다. 가족의 품격이 올라가는 순간이다. 고전에 나오는 큰 위인들의 삶이나 문학작품 내용을 밥상머리에서 같이 나누는 가족이라면 그 집안의 품격이 높아진다. 교양이 넘치는 가풍이 생긴다. 아들딸들이 책을 읽지 않는다고 한탄만 하고 있어서는 안 된다. 어른이 먼저 책을 읽는 모습을 보여야 한다.

긴 글을 읽지 못하는 아이들이 늘고 있다. 문해력이 낮아졌다. 필자는 지난해 한 선생으로부터 '디베이트'를 배운 바 있다. 평생 토론이라는 단어를 들어왔으나 토론다운 토론을 해본 적이 없다고 생각했다. 좋은 선생을 만났으니 이번 기회에 '토론을 배워보자.'라며 몇 사람들과 석 달 정도 배웠던 것으로 기억한다. 이 선생은 중고등학생들에게 디베이트를 가르친다. 학생들이 디베이트 자체는 좋아한다. 토론 내용을 담은 책을 못 읽어 어려움이 있다고 한다. 디베이트를 참석하고 싶어 학생들은 안달이 나 억지로 책 한 줄 한 줄을 새겨 읽으면서 독서를 하게 됐다고 자랑했다. 글자는 읽지만 긴 글을 못 읽는 세대는 말은 잘한다. 소리를 내며 하는 독서는 음독(音讀)이다. 디베이트를 배우게 하면서 독서를 하게 하는 것도 좋은 방법이라고 이때 생각했다. 독서가 처음이면 소리 내어 읽는 음독도 좋다. 독서란 원래 음독에서부터 시작됐다. 음독을 한 후 부모와 디베이트 하면서 독서를 깨치는 자녀들도 늘었으면 한다.

100년 동안 책 읽는 전통이 있어야 선진국이 될 수 있다. 물질적 선진국도 좋다. 정신적 선진국까지 겸해야 한다. 가벼운 책도 좋다. 선인들의 지혜가 빛나는 고전 독서를 즐기는 국가적 분위기가 절실하다. 고전은 천 년, 이천 년 동안 살아남은 베스트셀러다. 고전 독서를 하는 국민이 넘쳐나는 대한민국을 위해 50대가 먼저 나서야 한다.

10

고전 독서와 노벨상

"0대 25"

    한국과 일본의 노벨과학상 수상자 비율이다. 2020년 현재 한국의 노벨과학상은 없다. 한국은 2000년에 받은 김대중 대통령이 유일한 수상자다. 고 김대중 대통령은 5.16 군사 정변 이후 30년간 군사정권에 맞서 민주화운동을 전개했다. '인동초', '한국의 넬슨 만델라'라고 불리는 세계적인 인권운동가다. 한국과 동아시아 민주화와 인권, 남북화해정책 공로로 노벨평화상 (2000)을 수상했다. 일본은 자국 출신이지만 타국 이름으로 노벨상을 탄 3명도 있다. 이를 포함한다면 종합적으로 한국과 일본 노벨상 수상자 비율은 '1 대 28'인 셈이다.

    과학 분야 노벨상 수상자들의 핵심 연구를 시작해 상을 받기까지 얼마나 걸릴까? 최근 10년간 추적해 보니 평균 31.4년이 걸렸다고 한다. 한국연구재단 연구 결과다. 30년 전이라면 1990년이다. 우리나라 기초과학은 초보 수준이었다. 실질적인 연구기반을 갖춘 '창의적 연구진흥사업'은 1996년에야 시작됐고 기초과학연구원(IBS)이 들어선 것은 2011년. 단순하게 계산해 보면 시간이 더 필요하다.

일본은 1868년 메이지유신으로 직업을 잃은 하급 무사들을 국비 유학생으로 서양에 보냈다. 이들이 돌아와 연구자와 교수로 변신했다. 현대 기초과학을 일본에 심었다. 1917년 아시아 최초로 이화학연구소(RIKEN)를 설립하는 등 20세기 초 이미 세계 수준의 기초과학연구 환경을 갖췄다. 그 결과 1949년 입자물리학자 유카와 히데키가 노벨물리학상을 받은 것을 시발점으로 70여 년 동안 노벨과학상 수상자가 24명 나왔다.

우리도 전혀 가능성이 없는 것은 아니다. 많이 근접했다. 국제 학술정보 분석업체 클래리베이트 애널리틱스(Clarivate Analytics)에 의하면 최근 5년간 피인용 상위 0.01% 연구자인 일명 '노벨상 유력 후보 리스트'에 일본 7명, 한국 3명이 올랐다고 한다. 우리나라와 일본 간 축적의 시간 차이에도 이 통계만 보면 가까이 온 것처럼 보인다. 노벨과학상이 가까워졌다는 의미다.6)

우리나라가 노벨과학상이 안 나오는 이유로 '입시 위주 교육과 중장기 과학기술정책 부재'라는 말이 줄곧 나온다. 같은 말이지만 네이버 지식인 답변에는 학교 교육이 암기 위주의 획일화된 교육이고 과학자를 존중하며 과학을 사랑하는 문화가 없기 때문이라는 분석도 있다.

중장기 과학기술정책 부재에 대해 단순히 설명해 보자. 과학은 탐구를 통해 우리가 살아가는 세계의 진리를 알도록 하는 학문이다. 과학은 실험이 무척이나 중요하고 실험에서 진리를 깨달아가는 학문이다. 이 과정에서 과학공식이나 지식을 알아갈 수 있다. 과학자 지원이 약하고 기초과학 개발 같은 것이 부족하다는 단순한 분석도 있다. 과학 수업에 실험이 별로 없다. 지원이 없으니까 '중학교 실험 횟수가 5번밖에 없다'라는 푸념도 있다. 교육에 대해서 다시 보면 우리나라 학교 수업이 주입식인데 이는 선생이 주인이 되어 이끌어간다. 삽시간 지식과 정보를 얻을 수 있다. 창의력을 등한시한다.

한 가지 의문이 드는 점이 있다. 일본이나 우리나라나 주입식 교육이다. '왜 일본에는 노벨과학상 수상자 같은 세계적인 큰 학자가 나오는가'이다. 일본에는 몇 년 전부터 대학입시에 '사지선다형 문제가 없다.' 주관식에도 우리나라 대학 시험은 한 시간 여섯 문제다. 일본은 한 시간 삼십 분 세 문제다. 이 과정에서 '일본은 지식이 창의성으로 발달한 경우다'라고 한국 강남 일부 학원가는 설명한다. 주목할 만한 대목이다.

일본과는 그렇다 치자. 미국 시카고 대학 사례는 눈이 번쩍일 만하다. 시카고 대학은 85명의 노벨상과 44명의 로즈 장학생이 있다(2011년 기준). 로즈 장학생은 세계적 명성을 얻고 있는 엘리트 코스로 정평 난 장학제도다. 일류가 아니었던 시카고 대학은 1929년 30세 로버트 허친스 제5대 총장이 부임하면서 달라졌다고 한다. 일명 시카고 플랜이다. 허친스 총장은 학생들에게 졸업할 때까지 백 권의 고전을 읽게 했다. 단지 읽기만 하는 것이 아니다. 고전을 읽으면서 첫 번째 고전에서 자신만의 롤모델을 발견하라는 것, 둘째, 자신의 인생을 이끌어갈 가치를 찾으라는 것, 세 번째는 자신이 발견한 가치에 꿈을 품으라는 것이다. 시카고 대학 이외에도 미국 리드, 뉴, 말보로, 세인트존스 대학은 하버드나 스탠퍼드보다 더 많은 학자와 저명인사를 배출했다. 네 대학에서 가장 중점적으로 공부하는 것도 고전 인문독서다. 특히 세인트존스 대학은 전공과목이나 교양강좌가 아예 없다. 백 권 고전 토론이 대학 4년 커리큘럼이다. 미국 노벨상은 265명 정도다.[7]

우리나라에도 이런 학교가 있는가? 사 년간 팔 단계에 걸친 인문고전 독서를 주도하고 읽게 하는 대학은 없는 것 같다. 부분적으로 읽게 하는 것과는 구별된다. 그 안에서 '자신의 평생 존경할 만한 위대한 인물을 선정해라. 그대로 따라서 살아가는 것도 좋은 방법이다. 인문고전에 나오는 그 많은 큰 인물들이 살아온 인생철학을 받아들여라. 그중 취사선택해 자신의 인생철학이나 원칙으로 삼는 것도 좋다. 자신이 롤 모델이라고 생각하는 인물과 인생철학을 묶어 큰 꿈을 안고 대학을 졸업해 나가서 평생 지침으로 삼고 살아라.' 이런 발상을 하고 살아가는 인물이 우리나라엔 없는가? 개인적으론 있을 수 있다. 대학에서 이런 교육을 본격적으로 하는 곳은 찾기 힘든 것 같다.

이 배경에는 국민 독서 수준이라는 문제가 깔려 있다. 앞 장에서 언급한 김형석 교수는 노벨상을 가장 많이 받은 미국과 영국 그리고 독일, 프랑스, 일본은 백 년 이상 인문고전 독서를 해왔다. 이런 문제를 제기한 바 있다. 고전 독서로 인문학 정서를 바닥에 깔고 창의성을 길러 나가야 노벨상이 나올 가능성이 많아진다.

노벨과학상은 인문학적 내공을 갖춘 지적인 인재들의 과학에 대한 집요함의 결과물이다. 고전 독서와 인문학은 창조의 기반이다. 인식전환을 통해 질문과 사유의 지평을 넓혀주기 때문이다. 교육이 단편적이고 단기적인 교육만으로 해결되지 않는다. 과학을 과학만으로 해결할 수는 없는 노릇이다.

구체적 사례를 보자. 최근 어느 신문에 나온 사례다. 2019년 노벨화학상 수상자 요시노 아키라(71. 吉野彰) 아시히카세이 명예 펠로는 젊은 시절 고고학 동아리에서 많은 활동을 해 또 다른 관심을 받고 있다. 고고학을 배우면서 여러 가지 과학적 사실을 배웠고 이번 연구에 큰 도움이 됐다고 한다. 과학만 공부해서 노벨과학상이 나오지 않는다. 우리나라도 어느 곳에선 대학 안에 고전인문 독서만을 지도하는 대학이 나와야 한다. 대학 시절 인문고전 백 권을 8학기에 걸쳐 읽는 프로그램이 생겨야 한다. 그 과정에서 우리 후손들이 평생 자신의 롤 모델을 만나야 한다. 인생철학이나 가치를 만들어내야 한다. 그 위에 자신의 꿈을 만들어 나가야 한다. 이런 롤 모델 인생 가치 꿈을 바탕 삼아 위의 요시노 아키라같이 31년여 정도 과학 공부에 매진해야 노벨상이 나오기 때문이다. 노벨상만이 인생 목적이거나 목표일 순 없다. 누구든 롤 모델이 있으면 삶에 등대(?)가 있기에 헤매지 않게 된다. 인생철학이 분명하면 흔들리지 않는다. 만약 노벨상이 목표라면 적어도 31년여 정도 한 과제에 집중할 수 있다. 이런 삶은 젊은 시절 고전 인문독서가 만들어낸다. 지금 0대 24라 해도 앞으로 100대 24로 바꾸기 위한 이런 인문고전 독서를 지원하는 국가적 정책도 있어야 한다. 앞 장에서 언급했다시피 그 바탕엔 국민적인 고전 독서 붐이 일어나야 하지 않을까? (일부 과학계는 짧은 시간 많은 논문을 내는 것 등을 기준으로 지원하는 정책 등 구조 결함이 걸림돌이라는 문제를 제기하기도 한다.)

노벨상은 인문고전 독서로 창의성을 길러내면서, 롤 모델을 찾고 인생 가치를 발견하며 꿈을 갖고 30여 년 이상 노력해서 만들어진 산물이다. 일본을 능가하려면 인문고전 독서를 대학의 기초과목으로 지금보다 더 본격적으로 다뤄 우리 후손들의 창의성의 수준을 높여야 한다.

11

내 안의 4년제
인생고전독서대학 만들기

세인트존스대가 롤 모델(?)

책을 쓰면서 나름 책 쓰기 방법에 다시 점검하는 과정을 거쳤다. 그중 하나가 책 쓰기 관련 책 읽기다. 첫 번째 책을 쓰면서 책은 알아서 쓰는 것이 아니라 더 알기 위해 쓴다는 원칙에 마음의 중심을 잡기로 했다. 『내 인생의 첫 책 쓰기』[8])에는 '지식과 경험이 부족하니 어떻게 책을 쓰냐'는 어느 학생의 책 쓰기 하소연이 나온다. 거기에 저자들 대안이 인상적이다. 먼저, 스승을 만나는 것이 좋다. 만약 스승을 만나지 못하면 나름 '마음 안에 자신만의 개인 대학을 설립하라'라고 충고한다. 4년간 커리큘럼을 만드는 것부터 시작한다. 먼저 큰 방향과 대강의 윤곽을 그리라고 한다. 방향과 원칙을 먼저 잡으라는 뜻이다. 둘째, 매년 높은 목표를 세우고 엄격한 평가 기준을 만들라고 한다. 운영은 유연하되 평가를 엄격히 하는 방식이다. 셋째, 독학을 고집하기보단 스터디그룹이나 연구 모임 또는 독서 모임을 만드는 것도 방법이다. 넷째, 일반대학처럼 개인대학도 졸업 작품이 나와야 한다. 이게 없으면 졸업이 안 된다. 마무리는 책 쓰기다.

고전 독서를 하는 데 특별한 스승이 없다. 굳이 찾아본다면 고전 독서를 위해 책을 집필한 몇 사람의 저자다. 손으로 꼽을 정도 숫자다. 그들이 본격 학원을 내서 가르친다는 말은 없다. 고전은 바다 같아 범위 규정도 어렵고 전문가도 없다면 전혀 없다. 기준을 달리하면 많다면 한없이 많다. 한국 고전을 전문으로 하는 선생이나 교수도 많다. 서양철학도 많다. 중국 고전은 어떤가? 정작 이를 모두 아우르는 프로그램은 없다. 필자도 여기저기를 기웃거려 봤다. 필자가 원하는 곳은 어디도 없었다. 필자가 원하는 곳이란 서양 고전, 동양 고전, 한국 고전을 두루 섭렵하는 곳이다. 있을 법도 하다. 아직 필자 눈엔 띄지 않았다. 마음 안의 개인 고전독서대학을 만드는 것도 좋을 듯했다. 마음 안 대학은 맘대로 설립할 수 있다. 운영은 막막하다. 필자 선택은 거기에 고전 독서 모임을 만들어 가르치는 일을 시도해 보는 것이다. 괜찮은 방법이다. 같이 읽어주는 이들이 있고, 이들을 가르치려면 더욱 공부해야 한다. 앞 장에서 잠깐 언급한 대로 필자는 2018년 초부터 구상을 해서 그해 시작했다. 광주 사직도서관이 유료로 고전공독 프로그램을 채택해 줘서 큰 힘이 됐다. 고전 독서를 같이 읽어내 보려는 심 모 주무관의 구지욕(求知欲)(?)이 원동력이었다. 거룩한(?) 욕심이다. 일 년 지나 광주 신가도서관에서도 강좌가 개설됐다. 고전공독 하는 사람이 늘어나고 있다. 필자가 마음 안에 둔 고전독서대학이 현실화되고 있다. 4년 과정을 마칠 즈음엔 고전 독서 지도자가 많이 양성되리라 믿는다. 이 책을 읽는 독자들도 전국 어디서든 시도해 볼 만하다. 자기 마음 안에 4년제 고전독서대학을 만드는 일이야 누구든 할 수 있는 일이기 때문이다. 1년 차는 고대 동서양 한국 고전을 매주 300페이지 읽는다. 읽고 정리하고 칼럼 쓰기가 따르면 좋다. 매일 30페이지 정도 읽으면 된다. 매일 어려우면 한 주 300페이지라는 개념을 갖고 한 주를 보내면 된다. 필자는 일요일 저녁 2시간, 월요일 아침과 저녁 각 2시간, 화요일 아침 2시간 정도는 고전 읽기에 투자한다. 쉽지 않다. 데드라인이 있어 기어이 읽고 한 주를 마친다. 칼럼으로 매주 한 개 정도 결과물이 나오면 더욱 좋다. 2년 차에는 동서양 한국 고전을 한 주 300페이지 읽고 정리하면서 칼럼을 쓴다. 매년 한 권의 책을 만들어 펴는 것도 방법이다. 필자는 개인적으로 그런 목표를 갖고 있다.

우리나라 대표적 건축가이면서 국회의원으로 활약했고 이번 선거에도 비례대표로 당선된 김 모 의원은 40대 초반일 때 저술이 이미 20여 권이다. 이 저자는 어떤 프로젝트든 시작할 때 책 한 권을 쓰고 중간 보고식 저술을 할 것을 권한다. 마무리 책 쓰기도 당연하다. 프로젝트 시작하며 초심을 밝히고 '어떻게 하겠다'라는 다짐과 계획을 쓰라는 권유도 한다. 그가 그렇게 쓴 책이 20여 권이 넘고 있다. 필자도 이 부분 충고를 받아들여 이 책을 쓰고 있다. 누구든 마음 안에 인생 대학을 설립할 수 있다. 개인 꿈과 비전을 담은 목표를 세울 수 있다. 실천 방법과 평가 기준을 명확하게 정리할 수 있다.

이 대학에 롤 모델이 있다면 훨씬 세우기가 편하다. 롤 모델은 우리나라에는 찾기 어렵다. 미국에는 많다. 대표적인 곳이 세인트존스 대학이다. 4년간 전공이 없다. 고전 독서 100권만 읽는다고 한다.

세인트존스 칼리지(St. John's College)는 미국 메릴랜드주 아나폴리스와 뉴멕시코주 산타페에 두 군데 있는 사립 리버럴아츠칼리지다. 서양문화와 고전문학을 읽고 토론하는 교육 과정으로 널리 알려졌다 이 대학의 표어는 '책과 균형으로 아이들을 자유인으로 만든다'다. 2018년 기준 775명 학부생이 있다. 1696년 세워졌다. 1937년부터 서양의 철학과 종교, 역사, 수학, 과학, 문학 등 관련된 글을 두고 토론하는 교육 과정이다.

앞 장에서 언급한 대로 우리나라 조한별이라는 학생이 이곳을 졸업한 후 『세인트존스의 고전 100권 공부법』[9]이라는 책을 썼다. 이 책엔 고전 독서만을 하는 세인트존스 대학의 공부가 자세하게 나와 있다. 마음 안에 개인 고전독서대학을 세우려는 뜻이 있는 사람이라면 좋은 롤 모델이 될 수 있다. 고전독서를 하는 가운데 생기는 문제들을 설명해 줘 좋은 지침서가 된다.

필자같이 60세가 넘은 사람이 세인트존스 대학이 좋다고 유학 가기는 어렵다. 아들딸들도 이미 그런 나이는 지났다. 손자 손녀들은 보내고는 싶다. 단, 여긴 한국 역사, 문학, 철학에 관한 독서나 공부는 기대하기 어려운 점이 아쉽다. 미국 가서 다양한 언어를 익히고 이런 학문을 배우는 것이 좋은 일이다. 우리 것도 중요하다. 여길 졸업한 학생들이 한국 과정도 열었으면 한다는 바람은 있다. 미국 가지 않고도 더 잘 배울 수 있어야 한다.

'누구든 자기 주변의 모든 것을 활용하여 스스로 공부할 수 있다. 책뿐 아니라 영화와 음악은 물론이고 주변에서 일어나고 있는 일, 현상, 사건을 보며 생각하고 고민한 뒤 그 과정을 정리하면서 삶을 공부하고 자기만의 가치관과 개념을 만들어 나갈 수 있을 것이다. 그리고 이 공부야말로 세인트존스에 가야지만, 고전을 읽어야지만, 인문학 공부를 해야지만 할 수 있는 게 아니라, 습관을 들이면 누구나 어디서든 해 나갈 수 있는 공부이며 평생 해야 할 진짜 공부라고 생각한다. 이런 공부를 하기 위해서는 스스로 생각하고 배움을 얻는 능력이 필요하다. 그리고 꼭 고전이 아니어도 좋은 책들을 읽고 이야기해 보고 토론해 보고 정리하는 것이 이 능력을 기르는 좋은 방법이다.' 이 책 서문에 나오는 저자의 말이다.

고전을 세인트존스 대학에서 제대로 공부한 사람이 할 수 있는 언급을 하고 있다. 고전 독서를 아무리 많이 한들 배움의 끝은 정해져 있다. '배울 것이 많구나, 이제 시작에 불과하다'라는 심정이 남을 것으로 보인다. 어느 공부든 하면 할수록 자신의 부족한 부분인 빈 구멍(?)만 많이 확인하게 된다. 공부에 끝이 없다. 공부 과정에서 새로 보는 세계는 넓다. 그곳을 만나는 순간 많은 환희를 느끼며 행복해진다. 인생 행복은 돈을 버는 것, 명예를 얻는 것, 권력을 얻는 것만큼 지식과 지혜와 만나는 곳에도 있다. 돈, 명예, 권력은 덧없이 사라지지만 지식이나 지혜는 영원히 마음 안에 남는다는 점에서 훨씬 값진 것이다. 관련 일화 하나다. 유대인 랍비가 배 안에서 큰 부자와 서로 자신이 잘났다고 자랑했다. 잠시 후 해적이 나타났다. 부자가 가진 재산을 모두 해적이 빼앗아 달아났다. 랍비의 지식과 지혜는 가져가지 못했다. 부자보다 랍비가 더 큰 재산을 가진 셈이다. 공부하면 할수록 이런 만족감이 있다. 다만 더 배워야 한다는 죄책감(?)에 시달릴 수 있다. 이 죄책감은 거룩하다. 평생 할 일을 준다. 늙어서 할 일이 없다는 사람은 현재 공부를 하지 않고 있다는 의미로 해석할 수 있다. 배움을 이어가는 사람의 할 일은 더욱 늘어난다. 과욕을 부리지 않고 죽기 전날까지 이어가면 가장 행복한 사람이 될 수 있다.

마음 안 고전독서대학을 세우고 나서 세인트존스 대학을 쳐다보면 가야 할 곳이 분명하게 보인다. 거기에 맞는 책들도 『리딩으로 리드하라』라는 책엔 잘 제시되어 있다. 실행만 남았다. 실천할 방법을 만들고 평가 기준을 세워 읽어 나가면 된다. 마음 안에 세인트존스 대학을 모두가 세워 4년 과정을 마쳐 나가는 국민이 넘쳐나길 기대해 본다.

자신의 마음 안에 4년제 개인 고전독서대학을 세운다. 세인트존스 대학이라는 롤 모델이 있다.

12

시카고대, 칭화대, 인도공대도

소크라테스와 한나절을 보낼 수 있다면
애플이 가진 모든 기술을 주겠다.

스티브 잡스가 한 말이다. 소크라테스는 서양 철학사 첫 장에서 만나는 인물이다. 철학은 인간을 가장 잘 알 수 있게 하는 학문이다. '인간이 어떻게 움직이는가?'를 연구하는 학문이기도 하다. 인간이 움직이는 흐름을 읽는 능력을 소크라테스에게 배우면 그것이 애플의 전 재산과 맞먹는 결과물을 얻을 수 있다는 것이 스티브 잡스의 확신인 셈이다.

또 스티브 잡스는 신제품 아이패드 소개 자리에서 "애플은 언제나 인문학과 기술의 교차로에 있다"라고 강조했다. 인문학이 애플 아이패드의 시작점이다. 인간에서부터 시작된다는 뜻이다. 여기서 언급한 인문학이 전 세계의 관심을 모았다. 이때부터 대한민국에도 인문학 열풍이 불기 시작했다. 인문학은 고전 속에서 시작하는 학문이다. 또 다른 이야기 하나. 만약 고전이 전부 없어진다면 세상은 어떻게 될까? 인간 세상은 처음부터 다시 시작해야 한다고 해석한 것을 어느 책에서 본 적이 있다. 고전에서부터 대부분 학문이 시작되는 것은 당연한 말이다. 이런 사실을 가장 깊게 통찰한 인물이 시카고 대학 총장이었던 허친스가 아니었을까 싶다. 앞 장에서 설명했다시피 시카고 대학은 1929년 30세 허친스(Robert Hutchins) 총장이 제5대 총장으로 부임했다. 초창기 시카고 대학은 지금처럼 명문은 아니었다. 학생들은 열등감과 패배감이 있었다고 한다. 허친스 총장은 학생들이 졸업할 때까지 백 권의 고전을 읽게 한다. 처음엔 엄청난 저항이 있었지만 오십 권을 넘기면서 큰 전환점을 맞았다고 한다. 바로 앞 장에서 고전 전문대학 세인트존스대에 대해 언급했다. 이어 고전을 전문으로 하는 대학 얘기를 이어가고자 한다. 시카고 대학교 말이다. 85명의 노벨상을 만들어냈으니 두말할 나위가 없다.

시카고 대학교와 세인트존스 대학교의 차이는 분명하다. 세인트존스대는 4년 내내 고전 읽기에 시간을 할애한다. 시카고대는 전공은 그대로 하되 4년 동안 고전을 읽으라는 시스템이다. 현재를 살아가고 취직도 해야 하니 다른 대학처럼 전공 공부하면서 고전을 겸해서 읽으라는 식이다. 현실을 고려한 처사다. 허친스 총장 의도대로 자신의 롤 모델을 찾고 인생철학을 세우며 꿈과 비전을 부단히 만들어나가고 4년을 보낸다면 실패하지 않는 인생이 될 것이라는 믿음이 든다. 미국 대학은 이처럼 몇 군데 대학이 이런 시스템을 고집하고 있다. 리드, 뉴,

말보로 대학 등이 그런 곳이다. 이뿐 아니다. 미국 아닌 곳도 있다. 중국의 칭화(淸華) 대학교도 고전 백 권 읽기가 있다. 인도공대도 하고 있다는 것을 유튜브에서 들었다. 칭화대는 시진핑의 출신 대학이다. 그는 이곳 법학박사를 받았다. 인도공대를 설명하면 재밌는 이야기가 있다. 인도공대에 응시했다가 떨어진 사람이 하버드 대학에 간다는 말이 있을 정도로 입시 경쟁도 치열하고 유명한 대학이다. 중국 칭화대나 인도공대도 이런 고전 백 권 읽기를 하고 있다는데 우리도 당연히 따라가야 하지 않을까? 유사한 프로그램들은 대부분 갖고 있다. 열심히 하지는 않는 것 같다. 현실이 간단치 않다. 왜일까?

어른들이 그렇게 읽어본 적이 없어서다. 그런 어른이 별로 없기 때문이다. 확신하지 못한다. 이런 진단이 별로 틀린 것 같지 않다. 고전 독서가 중요하다는 것엔 대부분 동의한다. '대학에서 의무적으로 읽어야 한다. 또는 읽자'라고 말하면 선뜻 동의하기 어렵다. 본인이 안 해봤으니 당연하다. 이제 이런 어른이 나올 때도 됐다. 지금 고전 독서법을 어른들이 읽고, 그동안 잠재되어 있던 의식이나 의지가 일깨워져 너도나도 나선다면 안 될 일도 없다. 고전 독서란 하루 이틀 또는 한두 달에 끝날 일이 아니라는 데 문제가 있다. 긴 안목을 가지고 적어도 사년 내지 십 년 정도 시간을 갖고 해 나갈 프로젝트라는 인식도 선행되어야 한다. 한 번 읽는 데 만족할 수 없다. 두 번, 세 번 평생 곁에 두고 습관처럼 읽어야 한다.

세인트 대학이나 시카고 대학처럼 최소 '대학 4년간 고전

100권'이라는 정도 긴 안목이 필요하다는 뜻이다. 당장 어렵겠다. 필자 생각으로는 어른들이 먼저 읽고 어린 손자들에게 말로 설명해 준다. 유치원 시절부터 귀에 익숙하게 하자. 이들이 초등학교 4학년 정도 되면 그때부터 본격 독서를 해 나갔으면 한다. 사 학년부터 중 일 년 정도까지 일회독을 같이 한다. 다시 중2부터 고교 1학년까지 읽는다. 대학 다니면서 일독을 한다면 우리나라 학생들이 창의력이 부족해서 원천기술을 개발하지 못한다는 말은 듣지 않을 것 같다.

'현실적으로 욕심이고 과욕이다. 허무맹랑한 이야기다.' 이런 비난의 목소리가 들릴 법하다. '현실감이 떨어진다. 불가능하다'라는 반박이 나올 수 있다. 필자 반론은 이렇다. '가다가 중지하면 아니 감만 못하다'가 아니다. '가다가 중지하면 간 만큼 이익'이다. 적어도 이 프로젝트만은 읽은 만큼 수확을 얻을 수 있다. 노력한 것에 비례한다는 뜻이다. 밑지지 않는 장사(?)인데 시도해 보지 않을 이유가 없다. 100% 이해한 상태가 아니라도 좋다. 자신이 소화한 만큼이어도 문제가 되질 않는다. 그 수준에서 하면 된다. 세계적 석학 수준은 아니어도 귀에 익숙하고 독서에 도움이 되면 되는 것 아닐까? 손자 손녀가 좋아진다는데 못할 이유도 없지 않은가? 만약 우리가 이런 시도라도 해보지 않았을 때 세상이 어떻게 변하겠는가?

참담한 현실이다. 지금 세상은 스마트폰으로 터치하는 세상이다. 터치도 필요 없다. 스윽 훑기만 해도 된다. 지하철이나 버스나 운전하는 중이나 모두 스마트폰만 본다. 잠시 쉬지도 않고 눈을 떼지 못한다. 심지어 걸으면서 잠들면서도 스마트폰을 놓지 못한다. 노인이나 어른들도 이런데 이런 것을 처음부터 생활 속에 안고 태어난 세대들은 말할 것도 없다. 고전은 물론 책하고는 별 인연이 없는 세대다. 그 결과는 어떤가? 책을 멀리하고 휴대폰을 끼고 산다. 사회구조가 그러니 따로 살 수는 없다. 먼저 건강이 문제가 된다. 당뇨와 고혈압을 앓는 소아들이 늘고 있다. 허리 디스크와 난청을 앓는 청년들도 매년 많아지고 있다. 갑상샘 종양에 시달리는 20대 여성들도 늘고, 노인병도 젊은이들이 앓는다. 이뿐 아니다. 기억력도 증발한다. 스마트폰이 모든 것을 기억하고 저장해 준다. 친지들 전화번호도, 사물 이름도, 생활 기본 정보조차 기억에 남지를 않는다. 자칫 알츠하이머 환자들 아닌가 싶다. 치매는 노인만의 문제가 아니다. 젊은 청년 남녀가 치매에 걸린다는 설정의 드라마가 나와도 당연하다고 여긴다. 치매가 일상화된다. 지금 성장하는 젊은이들이 독서 교육을 받지 않는 것은 아니다. 해봤자 스스로 책을 읽는 능력을 터득하지 못한다. 난독증 학생들도 매년 늘고 있다. 문해력이 부족한 학생이 늘고 있다. 논술지도를 받아도 글쓰기 기초조차 모르는 학생이 더 많다. 휴대폰과 인터넷 그리고 SNS 탓이다. 고전이나 책 읽기와는 별 인연이 없는 세대다.

각고의 노력을 하지 않으면 별 방법이 없어 보인다. 뇌세포가 급격히 퇴화하고 있지는 않은지 의문이 든다. 지금 세대는 별로 움직이질 않는다. 사람들이 하루 SNS에 허비하는 시간이 많게는 3시간 55분 적게는 2시간 40분 정도 든다는 보고서도 있다. 필자도 카톡을 하루에 얼마나 많이 보는지 스스로 시험해 본 적이 있다. 매번 볼 때마다 시간을 적는 작업이었다. 이런 노력을 의도적으로 하면서 카톡을 의미 없이 보는 시간을 줄이려고 하고 있다. 별 효과는 보지 못한다. 머리를 쓰지 않는 똑똑한 바보들이 즐비하다. 독일 교육자 만프레드 슈피처가 쓴 『디지털 치매』라는 책에 보면 대한민국 디지털 사용의 빈도수가 세계적으로 높다. 기억력 장애와 주의력 결핍 장애, 집중력 장애는 물론 감수성 약화를 겪는 어린이와 청소년들이 가장 많이 늘고 있다는 말도 나온다. 이런 질병 양상이 '디지털 치매'다. 한 보고서에 의하면 2010년 이미 대한민국 학생들의 십이 퍼센트가 인터넷에 중독되어 있다. 독서와 거리가 먼 결과치고는 치명적이다.

어린이와 청소년들이 종일 하는 일은 뇌에 흔적을 남긴다고 한다. 컴퓨터 게임은 폭력성을 키운다. 현실에 대한 감각을 무디게 한다. 이는 사회적인 고립을 낳고 교육에 대한 기회도 떨어뜨린다. 지금 세대가 후손들에게 물려준 디지털미디어는 애들을 뚱뚱하게 만든다. 움직이지 않고 TV나 인터넷을 하기 때문이다. 어리석어진다. 책을 안 보고 생각하지 않기 때문이다. 공격적으로 변한다. 싸움하는 게임 등을 즐긴다. 더 외로워진다. 교류나 소통의 방법을 모르고 해본 경험들이 점점 줄어든다. 아프게 만든다. 안 움직이니 당연한 결과다. 불행하게 만든다. 이런 모든 것들이 잠시 쾌락을 줄지 모르겠지만, 장기적으로 분명히 불행한 삶이 된다. 이들 머리에 기성세대들은 여러 가지 수단을 통해 조직적으로 쓰레기를 채우는 일을 하고 있을지 모른다. 어린이에게는 TV나 인터넷 이용 시간을 줄이는 노력을 부단히 해나가야 한다. 이것만이 그나마 긍정적인 효과를 얻을 수 있는 유일한 방법이다. 어린이가 디지털 없이 지내는 하루하루는 선물 받은 시간이 될 수 있다.

우리는 우리의 번영과 문화가 유지되고 성장되길 원한다. 이를 위해 우리가 가진 것은 후손들의 두뇌밖에 없다. TV나 인터넷 그리고 SNS 대신 고전 이야기가 자리해 나갔으면 한다. 식탁에서 아이들과 손자 손녀와 함께 고전을 읽으며 토론하는 모습이 늘어났으면 한다. 꿈같은 이야기다. 어른들이 먼저 고전 독서를 하는 모습을 보여준다면 이런 디지털 문화의 해악은 극복될 수 있을지 모른다. 소크라테스가 이 시대에 다시 태어난다면 어떤 모습일까? 휴대폰을 손에 들고 검색하면서 소피스트들과 논쟁을 할까? 검색 대신 깊은 사색을 하며 이 시대 아픔을 극복하는 방안을 찾을 것이다. '나는 모릅니다. 최소한 내가 모른다는 사실은 분명히 압니다. 당신이 알고 있는 사실이 맞나요? 같이 점검해 볼까요?' 지혜를 낳도록 자신의 '산파술'을 거침없이 전개해 나가지 않을까? 스티브 잡스 같은 사람이 소크라테스 산파술에 걸려 새로운 지혜를 얻는 모습이 그려진다.

세인트존스 대학이나 시카고 대학 그리고 중국 칭화 대학이나 인도공대처럼 고전 독서 100권 읽기가 자리 잡는 대한민국이 되도록 같이 힘을 모았으면 한다. 아들딸과 손자 손녀 등과 어른이 어우러져 하루 30분 정도 같이 고전 독서를 하면서 디지털 치매 시대 극복에 나서길 기대해 본다.

고전 독서, 읽는 만큼 이익이다. 세인트존스뿐 아니다. 시카고대, 중국 칭화대, 인도공대도 이런 고전 독서 100권을 읽는다. 우리도 나서야 한다. 디지털 치매 시대를 극복하기 위해서도 하루 30분 모든 세대가 모여 고전 독서를 해 나가는 대한민국이 되길 기대한다. 대한민국도 고전 독서 강국이 되는 날이 오기를 바란다.

13

어릴 때 각자 수준에 맞게
시도해 볼 만

그저 먹고 자라는 것만이 삶의 전부는 아닐 거야. 이런 삶과는 다른 무언가가 있을 게 분명해. 그저 먹고 자라기만 하는 건 따분해.

『꽃들에게 희망을』[10]이라는 동화에 나오는 구절이다. 이 구절을 인용하는 이유는 앞 장에서 지적한 대로 어린 나이부터 고전독서를 시작해야 한다는 대목 때문이다. 아주 어려서 시작하는 것이 좋다는 의미다. 예를 들어보면 우리 역사에 해맑은 성인이 있다. 율곡 이이다. 그의 어록 중 유독 필자의 마음에 닿는 곳은 단연 이 대목이다. '공부는 죽은 뒤에야 끝나는 것이니 서두르지도 늦추지도 않는다.' 그가 마지막 남긴 자경문 구절이다. 이를 필자가 운영하는 '빛고을100독서아카데미'의 지침으로 삼았다. 독서를 언제까지 해야 하느냐고 묻는다면 단연이 구절을 말해 준다. '독서는 죽은 뒤에야 끝나는 것이니, 죽기 전날까지 해야 할 일이다.' 서두르지도 늦추지도 말자는 말을 덧붙인다. 이런 말을 한 율곡 이이(李珥, 1536~1584)는 조선 중기의 학자이며 정치가다. 아버지는 증좌찬성 이원수, 어머니는 신사임당 신 씨다. 율곡이라는 호는 그가 살던 마을 이름을 딴 것에 유래된다. 이이는 강릉 외가에서 1536년 음력 12월 26일 탄생했다. 여섯 살 때 파주 율곡리 본집에 돌아와 열세 살 진사 초시에 합격한다. 세 살 때부터 고전 공부를 시작한다. 네 살 때 중국의 역사책 '사략(史略)'를 떼었다. 여덟 살부터 시를 지었다. 율곡의 어린 시절 공부는 특히 어머니의 영향이 컸다고 한다. 율곡은 당대 최고 학자이니 어린 시절 천재 기운이 넘쳤던 것 같다. 그렇지만 그도 인간이다. 세 살 때부터 공부를 시작했다는 점을 주의해 볼 만하다. 그 옆에는 그의 교육에 전적으로 매달린 신사임당 신 씨가 있다. 율곡 이이가 태어나기 2000년 전 소크라테스도 아버지가 당시 초등교육이었던 음악과 체육을 배우도록 했다는 말이 나온다. 당시로선 음악과 체육이 유아들에게 유일한 고등교육 과목이다. 음악가 모차르트도 누나 난네를이 일곱 살에 클라비어를 배울 때 세 살이었다. 옆에서 지켜봤지만 제법 잘 따라 했다. 다섯 살이 되자 작은 곡들을 작곡하기 시작했다. 수준 높은 작품은 아니었다. 이때부터 시작한 데 주목해야 한다. 고전이 어린 시절 공부가 가능하다는 걸 보여주기 때문이다. 이후 누이와 함께 신동 소리를 들을 정도로 뛰어난 연주 실력을 보였다는 사실도 전해진다. 어머니 마리아는 잘츠부르크 궁정 악단의 바이올리니스트였다. 역시 어머니의 영향이 컸으리라 추측된다. 골프 신동 타이거 우즈도 부친이 '체육 교사였고 골프 싱글이다'는 사실은 대부분 알고 있다. 우리 시대 최고 지성인 중 한 분으로 꼽히는 이어령 박사는 어린이들에게 고전 다이제스트본을 읽히는 것을 권하고 싶지 않다고 했다. 이 박사는 '천재 끼가 따로 있는 것이 아니다. 조기 독서교육을 시키면 된다. 내용이 어려우면 상상하게 된다. 독창성과 상상력의 원천은 어려운 책을 읽으면서 모르는 부분을 끊임없이 메우려는 데에서 생겨난다.'라며 자신의 심정을 토로한 바 있다. 르네상스 시대 천재 페트라르카의 말도 들을 만하다 "아주 어린 시절 다른 소년들이 (…) 이솝을 공부하고 있을 때 나는 온통 키케로에 빠졌다. (…) 그때 나는 내가 읽은 것을 제대로 이해하지도 못했다. 그런데도 단어들이 조화롭게 배치된 것에서 크나큰 즐거움을 느꼈다. 다른 책을 읽거나 낭송하는 것은 품위가 없고 조화롭지 못한 소리로만 들렸다. (…) 키케로를 향한 사랑이 매일매일 커가는 것을 보고 나의 아버지는 놀라워하시며 나의 미숙한 성향을 부모의 사랑으로 격려해 주셨다." 이처럼 고전 독서를 하는 데 어린 나이라고 못한다는 법은 없다. 어린 나이면 그 나이의 이해력대로 고전을 부딪치게 하면 나름의 수준에서 이해한다. 맨앞 『꽃들에게 희망을』이란 책에서 나오듯이 어린애들도 막연히 성장 자체만으로 세상을 보려고 하지 않는다. 그냥 성장하는 것 이상 뭔가 있다고 부단히 질문한다. 문제는 부모나 어른이 얼마나 자세히 알고 자녀나 손자 교육에 나설지가 문제가 될 뿐이다. 율곡의 어머니 신사임당은 당대 최고의 인문학자이고 시인 중 한 명이다. 자식 교육에 유난한 것은 당연해 보인다. 우리도 그런 부모가 먼저 되어야 한다는 것이 필자의 주장이다. 최고 수준은 아니어도 된다. 능력에 맞게 하면 된다. 부모 능력대로 하면 된다는 뜻이다. 완벽하게 다 하지 않아도 된다. 고전을 백 프로 소화한 사람은 세상 어디에도 있지 않다. 어릴 때부터 시작하는데 그것이 최고가 아니어도 된다. 부모나 선생이 수준에 맞게 정성을 다하면 그뿐이다. 시작은 어른이 해주지만 학습에 어느 정도 발동(?)이 걸리면 스스로 재미를 느끼고 고전의 바다(?)에 빠지는 것은 당연하다. 부모나 선생은 일종의 마중물 역할이다. 큰 샘에 많은 물이 나오도록 시작을 해주면 된다. 재미와 흥미를 느끼도록 유도하면 된다. 물론 어른이 시작과 끝을 알고 지도하면 금상첨화다. 부모와 선생이 고전을 제대로 공부해야 할 이유다. 고전독서란 한 만큼 이익이 될 뿐이다. 중간에 그만둔다 해도 거기까지는 분명 후손들 성장에 도움을 준다. 주저할 이유가 없다.

부모 독서 능력이 국가에 큰 영향을 끼치는 것은 물론 후손의 직업에도 큰 영향을 미친다. 이에 대한 결과 보고로 미국 뉴욕시 교육위원회 발표가 흥미를 끈다. 뉴욕시에 사는 조너선 에드워드(Jonathan Edwards, 1703~1758)와 마커스 슐츠 사례가 있다. 이들은 모두 1620년 메이플라워호를 같이 타고 미국으로 건너온다. 조너선 에드워즈는 하버드를 졸업한 아버지로부터 인문고전 독서교육을 받았다. 그리스어와 라틴어를 자유롭게 구사했다. 고작 열두 살에 예일대에 입학했고 수석 졸업

을 했다. 21세에 예일대 교수가 됐고 나중에 프린스턴 대학 전
신인 뉴저지 대학 총장이 됐다. 조너선 에드워즈는 '미국이 배
출한 가장 위대한 사상가'로 인정받는다. 미국 뉴욕 교육위원
회는 조너선 에드워즈 가문을 5대에 걸쳐 조사한다. 비교 대상
은 마커스 슐츠로 같은 시대 사람이다. 같은 곳에 살았다. 같은
경제력을 가졌고, 같은 수의 가족이 있다. 조너선이 인문고전
대가였다면 슐츠는 이와는 거리가 먼 사람이다. 책이나 독서에
무관하게 돈을 버는 데 더 많은 관심이 있는 술집 사장이었다
고 한다. 조너선 에드워즈 후손은 896명이다. 여기 1명 부통령,
4명 상원의원, 12명 대학 총장, 65명 대학 교수, 60명 의사,
100명 목사, 75명 군인, 85명 저술가, 130명 판검사 및 변호사,
80명 공무원이 나온다. 마커스 슐츠 후손은 1,062명이다. 전과
자가 96명, 알코올중독자 58명, 창녀 65명, 빈민 286명, 평생
막노동으로 연명한 사람이 460명이 나왔다. 미국 정부가 마커
스 슐츠 후손을 위해 무려 1억 5,000만 달러의 국고보조금을
지출했다고 한다.[11]

　선조의 고전독서 실력이 후손 직업에 큰 영향을 끼친다는 대
목은 소름이 돋는다. 에드워드의 부친은 하버드 대학을 졸업했
고, 자식 고전교육에 열정을 다했다. 이 시절 변변한 공립학교
가 많지 않았으니 사립학교를 보냈다. 사립학교에는 고전 독서
교육이 주류였다. 앞 장에서 말한 대로 시카고 대학은 노벨상
수상자를 많이 냈다. 허친스 총장과 에들러라는 교수가 있었
다. 고전의 대가들이다. 이들에겐 고전독서에 먼저 깨닫는 정

신이 있었다. 선각자들인 셈이다. 고전 독서가 국가와 개인에 미치는 영향은 이렇듯 클 수 있다. 부모가 고전독서에 깊은 조예가 있다면 고전독서를 아들이나 딸 그리고 손자 손녀에게 재밌게 이야기해 줄 수 있다. 특히 어린 손주가 있다면 자주 말해 줌으로써 고전에 친근감을 느끼게 할 수 있다. 본인이 원하는 기색이 있으면 풀어서 말해 준다. 책을 읽을 정도가 되면 이해할 만한 곳을 선정해 같이 읽어 나가면 된다. 필자가 진행하는 광주 신가도서관 고전공독반에는 손자 손녀를 둔 할머니 할아버지가 함께 참석해 고전을 같이 읽는다. 끝나면 사진을 찍는다. 손자 손녀에게 보여주기 위해서다. 여기서부터이다. 할아버지와 할머니가 어제 도서관에서 고전을 읽고 왔는데 내용은 이렇더라는 말은 자연스럽게 할 수 있는 것 아닌가. 부모가 또는 할머니 할아버지가 하루 30분 정도 고전독서를 하는 모습을 보고 자란 아이들은 따라 할 가능성이 높다. 그 책이 고전이라면 더 말할 나위가 없다.

미국이나 영국, 프랑스, 독일, 일본이 하는 일을 우리가 할 수 있는지에 의문을 제기할 수도 있다. '선진국이나 할 수 있는 일이 아닌가'라는 뜻이다. 『팩트풀니스』라는 책에 보면 후진국과 선진국 간격이 날이 갈수록 점점 짧아지는 것을 확인할 수 있다.12) 소득수준이 올라가면서 생각하는 것도 거의 같아진다. 책 내용에 따르면 앞으로 20년 정도 지나면 아프리카 사람들과 선진국 사이 경제 수준이 크게 차이 나지 않을 수 있다. 우리도 미국이나 일본을 못 따라갈 이유가 없다. 『팩트풀니스』

의 한스 로슬링이 조사한 바에 따르면 세계적 탈문맹이 1800
년대 10% 정도였다. 2000년엔 86%다. 탈문맹이란 기본적인
읽기와 쓰기 능력을 갖춘 15세 이상 성인 비율을 말한다. 전
세계를 대상으로 한 조사 발표이다. 초등학교 연령 여자아이
중에서 학교에 다니는 비율은 1970년도 65%에서 2015년엔
90%다. 인터넷 사용에 대해서도 1980년도 0%에서 2017년
48%가 넘는다. 하계 올림픽 참가 국가와 팀을 보면 1896년
도 14개 팀에서 2016년 207개 팀으로 늘었다. 이처럼 세계
간 격차는 생각보다 그렇게 크질 않다. 세계 어느 곳에서 뭔가
좋은 것을 하면 확산 속도도 매우 빠르다. 고전독서 문제도 누
군가 나서서 운동을 시작하고 이것이 밑거름되어 전국에 퍼져
나가는 데 별로 시간이 걸리지 않을 것으로 보인다. 미국에서
는 1940년대 고전 독서운동이 전개되어 노벨상 85개라는 결
실을 맺었다는 사실을 대한민국 국민들이 알고 있다는 사실이
중요하다. 한 사람 한 사람이 이에 대해 알고 실천하면 현실화
되는 것도 많은 시간이 걸리지 않는다. 100년 독서 전통이라
고 하지만 우리도 조선 시대에는 고전 천재들이 즐비했던 경력
이 있다. 단지 일제 시대에 잠깐 끊겼다는 점만 제외하면 얼마
든지 그런 화려한 고전 르네상스 시절을 다시 재현할 수 있다.
 사람 사는 일은 모두 생각대로 되게 된다. 1800년대 사람인
제임스 앨런은 영국 신비주의 철학자다. 그의 저서『생각하는
그대로』라는 책에서 사람 사는 모든 것이 그 사람이 생각하는
그대로 된다는 사실을 밝혔다.13) 이 책은 생각의 힘에 관한

놀라운 통찰을 담고 있다. 생각이 육체를 지배하고 생각이 환경을 지배하며 미래를 결정한다고 한다. 고전 독서도 예외가 아니다. 된다고 믿으면 된다. 어린 나이 고전 읽기도 나름의 수준에선 가능하다. 어린애들도 그저 먹고 자라는 것만을 삶의 전부로 알지는 않는다.

어린 시절 고전 독서와 친숙해져야 한다. 일찍 시작하는 것이 중요하다. 부모의 독서 능력이 선행되어야 한다. 부모 독서 능력이 국가에 큰 영향을 끼치는 것은 물론 후손의 직업에도 큰 영향을 미친다. 국가 간 격차가 심하지 않다. 고전 독서를 펼치겠다는 생각이 먼저다. 생각하는 그대로 되는 것이 세상사다. 고전 독서 교육에 뜻을 세우고 나가면 나간 만큼 이룰 수 있다.

제3장

고전 독서 어떻게 읽을까

두꺼운 고전 어떻게 읽을까

독일 문학가 괴테는 그의 나이 80에 "나는 80년 동안 독서를 해왔지만, 아직도 독서법을 제대로 알지 못한다."라고 고백했다. 더 나은 독서법을 알려는 노력은 독서인이라면 죽기 전날까지 해야 할 일이다. 지금 읽고 있는 책에 대해 더 깊이 있는 이해를 빨리하면 할수록 좋기 때문이다. 특히 그 책이 고전 책이라면 문제가 심각하다. 기존 책을 읽는 방식대로 하면 우선 두꺼운 부분 때문에 고전 책에 압도당하기 쉽다.

고전 책은 막상 읽으려고 해도 두껍다는 것이 가장 장애가 된다. 요즘 책도 두꺼운 것은 두껍다. 대부분은 300페이지 정도다. 고전 책은 둘 중 한 권 정도는 900페이지 정도 된다. 책을 보면 그 페이지 수에 겁을 먹게 마련이다. 두꺼운 고전 책 정복 방법을 설명하기 위해서 '고전 독서를 시작하자'라는 결심한 시점부터 이야기를 풀어보겠다. 독서모임을 참석하다가 독서를 더 잘하기 위해 독서법 지도를 1년 정도 서울 전문 회사에서 받았다. 서울을 일 년 동안 20회 정도 오갔고 책도 30여 권 읽고 정리해서 리포트를 보냈던 것 같다. 비용도 칠백여만 원 정도 든다. 모두 책을 더 잘 읽기 위해서다. 일 주 한 권을 간신히 읽었던 내게 하루 한 권 정도 읽을 수 있다는 말에 솔깃했다. 지도를 다 받은 후 거기서 끝나지 않았다. 독서를 더 잘하기 위해선 지도를 해봐야 한다고 했다. 모임을 만들어 지도해 나갔다. 독서교육 일선에서 일 년 정도 가르치다 보니 독서를 아무리 많이 해도 고전을 빼놓으면 모든 것이 허사(?)라는 생각이 들었다. 대부분 책에는 고전 이야기가 인용된다. 이걸 매번 지나치자니 힘들었다. 여기서 장기적으로 독서를 하려면 고전독서를 먼저 해야겠다는 확신이 들었다. 이처럼 고전독서는 독서의 기본이다. 기본이 없으면 일들이 겉돌기 마련이다.

어느 독서모임 송년회에서 앞에 젊은 회원과 합석했다. 고전독서 지도를 하고 있는 사실을 알고 있는 그는 최근 출판계에 선풍적인 인기를 끄는 전국적인 독서모임 하나를 소개해 줬다. 정보로서 도움이 될 것 같아 받아들였다. 이어지는 말이 귀를 번쩍 뜨이게 했다. 전국적인 독서모임을 이끄는 지도자인데 그분이 "자기는 고전독서 같은 것 안 한다. 그 시간 있으면 지금 가장 핫(hot)한 책을 읽겠다. 그런 책 읽기도 바쁜데 고전 같은 고리타분한 책을 읽을 시간이 아깝다"라고 말했다고 전했다. 자기도 동감한다는 말도 덧붙였다. 어떤 반박도 필요하지 않아 웃기만 했다. 책을 읽고 즉시 물어보고 즉시 정답을 말해 주는 책으로 보자면 고전이 아니다. 다음 세대로 넘어가면 그 책이 즉문즉답 한 내용은 세상이 변하면서 틀리게 될 가능성이 높다. 이런 책들은 후에 당대 최고의 고전으로 남을 책과 살아남기 경쟁에서 조용히 사라질 것이 뻔하다. 이런 책은 고전이 될 수 없다. 지금 가장 핫한 책일 수 있다. 그런 걸 원하는 사람은 고전을 보기 어렵다. 고전은 즉시 답을 주지 않기 때문이다. 그 책이 준 답이 정답인지는 알 수 없다. 그 책이 즉답을 주는 것은 주는 것이니 그럴듯하게 들릴 뿐이다. 고전은 백 년 이상 된 그 당시 가장 문제작이다. 문제 제기하는 작품이다. 그 문제가 천 년이 지나 적용해도 별반 다르지 않다. 많은 생각을 하게 한다. 사색 과정에서 스스로 답을 찾게 해주는 것이 고전이다. 전국적인 독서지도자나 그 생각에 동감하는 젊은이는 고전을 읽을 준비가 부족한 측면이 있다. 고전 무용론에 대해 대답을 해봐야 아무 소용이 없는 일이다. 고전의 가치는 그 가치를 아는 사람의 몫일 뿐이다. 속전속결형 답을 구하는 유형의 독서라는 부류를 제외하고 대부분 독서 고수라면 책을 읽으며 자신의 빈 부분이 고전이라는 깨닫게 마련이다. '다들 바쁘다. 다른 책부터 봐야 한다.' 이런 이유로 도전하지 못할 뿐 고전 독서가 부족하다는 생각은 한쪽에선 들게 마련이다. 고전독서에 본격적으로 임하면서 독서를 배우는 학생 몇 명에게 '고전 공부를 같이 해보는 것이 어떠냐'고 제안했다. 앞서 말한 대로 그중 몇 명이 따라나섰다. 일부 학생들은 단 '책을 읽어오라고 하지 말라'고 조건을 달았다. 일요일 독서학교 책도 읽기 힘들다. 매주 일요일 책 한 권을 읽는데 화요일 고전을 또 한 권 읽으러 오라고 하는 것은 무리가 된다. 주당 300페이지로 한정시

컸다. 필자도 하는 일이 있으니 부담스럽다. 혼자 하는 것보단 백번 낫겠다 싶었다. 전혀 접하지 않는 고전이니 겁이 나기도 했다. 이처럼 고전 책은 두껍다. 학생들은 그저 와서 고전공독 수업을 두 시간 진행하면 한 시간 정도 읽고 한 시간 토론하는 강의를 들으며 그 고전을 느끼고 싶다는 뜻이었다. 그 시간에 즐겁고 호기심이 동하면 집에 가서 나머지를 읽겠다는 의도였다. 그 자체만 해서도 매우 '거룩한(?) 발상이다' 싶었다. 처음 책『일리아스』는 834페이지다. 한 주 300페이지를 읽어 나가니 3주가 걸렸다. 이천오백 년이 넘은 책이다. 그리스 시대 '트로이'라는 나라와 전쟁 이야기다. 우리에게 '트로이'라는 영화로 익숙하다. 영화를 미리 보여주고 읽어야 할 책이다. 영화감독이 이 책 내용뿐만 아니라 다른 책들을 모두 읽고 현대인 입맛에 맞춰 영화를 각색해 만들었을 것으로 보인다.『일리아스』를 읽긴 했지만 어렵기만 했다. 첫 100페이지를 넘기면서부터 조금씩 적응이 되는 것 같았다. 마지막에는 책과 헤어지기가 아쉬웠다. 300페이지가 하루로 쪼개면 50페이지 읽어야 일주일에 읽어지는 분량이다. 한 페이지를 1분으로 잡으면 매일 50분이다. 하루 한 시간 투자하면 된다. 그렇게 834페이지를 보면 834분, 즉 14시간을 필요로 한다는 계산이 나온다. 21일이다. 하루 30분 정도 14시간 투자해 읽을 수 있는 셈이다.『오디세이』역시 670페이지다. 보통 책이 300페이지라면 책 2권을 조금 넘는 분량이다. 트로이 전쟁이 끝난 후 오디세우스라는 전쟁 영웅이 승리를 하고 집으로 돌아가는 과정을 그린 작품이다. 바다에서 일어난 일을 적었다는 의미에서 해양문학이다. 집으로 돌아오는 과정을 적었다고 해서 귀향문학이라고 한다. 바다에서 포세이돈이라는 신과 싸워 나가는 점에서 해양문학이다. 귀향의 과정을 그린 이 작품의 배경이 되는 그리스나 로마는 모두 에게해라는 바다를 끼고 있다. 이 바다에서 일어나는 많은 이야기 모음이라고 해석한다. 호메로스의 시로 전해지는 구전문학이다. 그 많은 인물들. 이름 자체만도 한글로 읽기도 벅차다. 외운다는 것은 불가능하다. 그저 주마간산식으로 넘어가기도 힘들다. 3주간 『일리아스』를 읽고 나서 호메로스와 헤어진다고 생각하니 서운했다. 아쉬웠다. 『오디세이』도 2주가 걸렸다. 모두 한 달 하고 한 주 더하는 5주가 걸린 셈이다. 다음 단테를 읽자는 제안이 있어 받아들였다. 단테의 『신곡』은 지옥편, 연옥편, 천국편 세 권으로 이뤄졌다. 각각 300여 페이지가 약간 부족한 두께이다. 이도 전체로 보면 900여 페이지다. 쉽지 않은 분량이다. 한 주 한 권씩 읽어 나간다. 유튜브에는 단테에 관한 대학교수들의 해설이 몇 편 있다. 이를 보면서 고전 책을 읽는 요령이 더 생겼다. 배경지식을 미리 쌓아두면 이해가 쉽다는 것이 그 방법이다. 『신곡』은 그 많은 주석을 하나하나 읽지 않으면 이해가 되질 않는다는 어려운 점이 있었다. 고전이란 '이렇게 읽기가 힘든 것이냐'는 탄식이 절로 나왔다. 3주에 걸친 장정이었다. 지옥과 연옥 그리고 천국을 처음 그렸다는 『신곡』은 깊이 있는 책이었다. 이런 고전 세계를 읽지 않고 어떻게 세상을 이해할 수 있는가 하는 성찰의 기회를 준 책이기도 하다. 사마천의 『사기열전』은 권당 840페이지 정도다. 1,600여 페이지의 책이다. 사기 본기도 있다. 우선 사기 열전을 읽어 나가는 데 한 권당 3주씩 6주가 걸렸다. 기원전 145년 정도 태어난 사람이지만 역사에 대한 애착은 대단하다는 것을 확인시켜 주는 책이다. 반드시 좋은 역사책을 쓰라고 유언을 한 사마천의 아버지 또한 얼마나 훌륭한 분인지. 앞 장에서 언급한 대로 부친 사마담은 한무제 때 사관인 태사령(太史令)에 임명된 역사가였다. 그런 부모 밑에서 큰 인물이 나올 수 있다는 생각을 확인시켜 주었다. 고전 공부 시작되기 전 필자가 읽은 『관자(管子)』라는 책은 정확히 899페이지다. 900페이지에서 한 페이지가 적다. 이 책은 중국 정치의 원전이라고 한다. 이때는 주 300페이지 개념이 약했다. 읽어도 읽어도 줄지 않는 분량에 많은 회의가 왔다. 분명 대단한 책인 것은 확실하다. 그때 같이 읽었던 동료들이 있다. 지역 구의회 의장을 했던 친구도 있다. 구의원을 하고자 했던 친구도 같이 독서를 했다. 이들의 한결같은 평가는 『관자』를 읽지 않고서는 '정치 해서는 안 된다.'라는 주장이었다. 그럴 정도로 깊이 있는 책이다. 분량이 대단하다. 같이 읽었고 나눠서 읽었기에 가능했다.

두꺼운 고전 책 읽는 방법에 대한 해결책은 이렇듯 간단하다. 사람들이 두꺼운 책을 보고 읽기를 시도하다 금방 손을 든다. 읽어도 읽어도 페이지가 줄질 않기 때문이다. 몇 번 시도하다 포기한다. 이런 부담을 덜기 위해 긴 호흡을 갖고 시간을 배정한다. 매일 조금씩 읽어 나가는 것이 답이다. 서두르지 않는 태도가 가장 중요하다. 가능하면 같이 읽는 것도 꼭 필요한 포인트다. 한 권을 붙잡고 두 달을 읽은들 어떻겠는가? 기간이 '5년이면 어떻고 10년이면 어떠하냐'는 정도의 호흡이어야 고전을 정복해 나갈 수 있지 않을까?

앞에서 잠깐 소개한 독서모임은 12년 동안 한 주도 쉬지 않고 책을 읽어왔다. 설과 추석 때도 쉬지 않는다. 매주 책을 읽으며 토론한다. 모임도 고전(?)이 되어 가는 듯하다. 고전이란 별로 재미있지 않으면서도 그 나름 깊은 맛이 있어 끊질 못하는 걸까? 매주 새로운 책을 읽게 해준다는 점에서 이 모임을 고맙게 생각한다. 일정상 못 가는 경우가 많다. 책만은 챙겨 읽으려고 노력한다. 이런 독서모임이 있다는 것은 독서를 지속적으로 이어가는 데 큰 도움이 된다. 필자는 이날 송년 모임에서 한마디도 못 하고 밥만 먹고 왔다. 왜 그런가 했더니 '책 쓸 원고를 마감하고 오지 않아서다'였다. 마음은 그곳에 있다. 고전 독서 사랑 때문이라고 스스로 위로했다.

두꺼운 고전 읽는 법, 긴 호흡으로 책 두께를 대하자. 두꺼우면 그만큼 시간을 배정하면 된다. 900페이지는 한 페이지가 일 분이라면 구백 분을 원한다. 열다섯 시간 걸려 읽으면 된다. 매일 한 시간씩 보름 읽으면 된다. 모여서 같이 읽자. 함께하면 멀리 갈 수 있다.

15

30분 끊어서 읽어라

대학원에서 석사 논문을 지도해 주는 모 교수와 자주 뵐 기회가 있었다. 논문 지도를 받기 위해서다. 수업을 받을 때는 몰랐는데 그분 목 디스크가 심했다. 온몸이 무너지는 아픔 때문에 병원이란 데를 안 가본 곳이 없다고 한다. 필자는 몇 년 전 자동차 사고로 몸 균형이 무너진 경험이 있다. 이때 교정이라는 것을 해봤고 이런 인연으로 교정을 해준 분을 찾게 됐다. 광주 김선득 세계웰니스체조협회 총재이다. 교정 관련 박사학위가 있다. 국술 9단이다. 대한민국 군인들이 하는 무술을 만드는 위원으로 활동도 했다. 국술 4단까지는 상대를 제압하기 위해 연마하고, 5단부터는 자신 때문에 상처 입은 상대를 자신이 살려내야 한다. 고단자가 되면 죽인 사람을 살리는 활기도를 수련해야 한다는 뜻이다. 일본과 미국을 드나들며 디스크 교정인 카이로프라틱을 배운 1세대의 주역이다. 이 시기 이분에게 교정을 6개월 배운 적이 있다. 이때 생긴 약간의 지식으로 골반을 바로 세우는 일이 얼마나 중요한 줄을 알게 됐다.

이때 경험으로 책을 읽으면서 골반 틀어지는 사례에 답을 찾기가 비교적 쉬웠다. 골반이 틀어지면 디스크가 흐트러진다. 디스크가 흐트러지면 연결된 근육을 압박하게 된다. 근육과 연결된 내장은 피가 제대로 통하지 않는다. 내장의 기능이 약하게 된다. 나이 들면 이런 이유로 내장 기능의 퇴화로 자연사하게 된다. 골반 건강이 흐트러진다는 것은 만병의 시작 중 하나다. 교수는 정년이 별로 남지 않았다. 골반이 약하고 이 때문에 목 디스크가 심해 책을 제대로 볼 수가 없다. 매일 논문 한 편 정도를 읽어야 하는 의무 때문에 힘들었다. 독서가 건강에 미치는 영향을 지도하는 필자는 안타까운 마음에 교수에게 물었다. "교수님, 책을 언제까지 읽으실 거죠?" 퇴직 후 지역 명사들을 모아 놓고 독서 모임을 만들어 운영해 지역 여론을 조성하고 이끌어가며 지역에 봉사하고 싶다는 포부까지 들은 터라 이렇게 묻지 않을 수 없다. "읽을 수 있는 데까지 읽어야죠." "지금 논문 한 편을 매일 읽듯이 독서를 이어가진 못할 것 같은데요?" 이렇게 반문했다. "왜요?" "지금도 그렇게 목 디스크로 고생하시는데, 조금 더 시간이 지나면 몸 때문에 책을 읽기가 힘들 것 같습니다." "하긴 그러네." "방법을 가르쳐 드릴게요." "뭐죠?" "논문 읽을 때나 독서할 때 알람을 30분 맞춰 놓으세요. 알람이 울리면 벌떡 일어나서 10분 정도 운동을 하시는 겁니다. 몸을 풀어주고 다시 논문을 읽거나 독서를 해야 합니다." "좋은 생각이긴 한데 논문 한 편 읽기 시작하면 끝은 봐야 하는 스타일이어서 될까 싶네요. 어렵지요." "그럼 지금 그 습관

대로라면 얼마 더 읽기 힘들겠는데요." 교수는 "듣고 보니 정말 그러네요." 그날 대화는 그렇게 끝났다.

김 총재를 소개했고 두 달 정도 교정받은 결과 많은 차도가 생겼다. 그게 다가 아니다. "지금 어떻게 읽으세요?" "30분 읽으면 막 몰입이 되려 하는데 어떻게 그만둡니까. 여전히 한번 읽기 시작하면 끝을 봅니다." 교수는 아직도 책 한 권 분량의 논문을 한번 잡으면 끝을 본다. 날이 갈수록 몸도 더 아파지게 된다. 젊은 시절엔 '이 정도 고통쯤이야.' 했지만 앞으로 얼마나 더 갈는지 모른다. 죽기 전날까지 독서가 목표라면 30분 읽고 몸을 풀어줘야 한다. 그 독서가 보통의 책과는 다른 고전독서 책이라면 더욱 그렇다.

독서지도를 하는 과정에서 여러 사람을 만난다. 기억에 남는 유치원 여교사가 있다. 독서모임에 몇 번 나오지 않았는데도 독서에 깊은 애정이 있었다. 칼 세이건의 『코스모스』를 읽던 주간이었다. 관련 영화가 50분짜리 열 개가 있었다. 이걸 따로 시간을 내, 보는 수업을 했다. 기존 열성 회원 참석은 당연했지만, 신입 회원이 나타나리라고는 생각지 못했다. 그녀는 두꺼운 책 특히 고전 책에 많은 관심과 애정이 있는 회원이다. 한 마디로 신입 회원이지만 취향이 수준급이다. 어느 날부터 갑자기 나오질 않았다. 한 번, 두 번 나오지 않아 그를 잘 아는 회원에게 물었다. "눈이 책을 거의 보지 못할 정도로 아프데요." "책을 너무 좋아해 남편이 책을 읽도록 한데요." 남편이 일명 '책 읽어주는 남자'가 된 셈이다. 독일 영화 '더 리더'라는 작품이 있다. 제2차 세계대전 때 조숙한 초등 고학년 남자아이와 30세 노처녀의 사랑 이야기다. 노처녀는 글을 몰라 직장에서 버스 차장직에서 행정직으로 옮기라는 전보 명령을 받고 사표를 쓴다. 자리를 옮겼다. 본의 아니게 나치의 앞잡이가 됐다. 전쟁이 끝난 후 재판과정에서 노처녀는 재판을 받는다. 동료들이 모두 이 처녀가 보고서를 꾸미는 등 주된 역할을 했다고 덮어씌웠다. 글을 읽을 줄도 모르는데, 억울한 옥살이를 하는 것을 지켜만 볼 수밖에 없는 '더 리더.' 정사 장면이 자극적이어서 인상적이었으나 내용을 새기면 슬픈 영화였다. 노처녀는 글을 몰라 못 읽지만, 유치원 교사 회원은 눈이 아파 책을 읽지 못한다. "제발 책을 읽기 전 30분 알람 설정하고, 알람이 울리면 일어나 물 한두 잔 마신 후 운동하세요." 이런 말을 해줄 기회가 없었다. 나오지 않았기 때문이다. 필자에게 독서를 배우는 회원들은 독서캠프라는 행사를 일박이일로 하면서 이런 훈련을 받는다. 다행히 이런 진심을 알고 따라서 하는 회원들이 많다. 특히 고전 독서 회원들은 공독 시간에 매번 강조하고 실제로 훈련을 시키기 때문에 '30분 끊어서 하는 독서'에 익숙하다. 900여 페이지를 15시간 읽어야 한다면 이런 습관은 필수적이다.

이처럼 고전 독서를 하는 방법은 여러 가지다. 논란의 종류도 많다. 30분 끊어서 독서를 하더라도 이 시간 중 속독이 좋을까, 정독이 좋을까, 하는 논쟁도 그중 하나다. 일반적으로 독서는 천천히 세심하게 읽는 정독보다 많은 책을 훑어 나가는 속독도 중요하다. 일본 독서의 신 마스오카 세이코는 자신의 책 제목을 '다독술이 답이다'라고 했다. 무조건 일단 많은 책을 빨리 봐야 한다는 주장이다. 많이 보다 보면 어느 정도 읽은 책이 쌓여 임계점이 온다. 이 임계점을 넘으면 화학적 변화가 생긴다. 사람이 달라진다는 뜻이다. 대개 백 권을 기준으로 삼는다. 이백여 권 독서가 쌓이면 책이 자신의 몸에 붙는다는 느낌이 온다. 속독으로 하는 다독이 필요한 이유다. 앞 장에서 언급한 바 있지만, 정독을 주장하는 책으로 우리나라 박웅현 작가의 『책은 도끼다』라는 책이 있다. 실존주의 작가 카프카는 독서에 대해 "마음 안에 꽁꽁 얼어붙은 바다가 있다면 이를 깨는 도끼가 책의 역할이어야 한다."라고 말했다. 여기서 나온 말이 '책은 도끼여야 한다'는 의미다. 자신의 의식이 얼음처럼 얼어붙어 움직이질 않는다. 이를 깨부수지 않으면 변화란 없다. 책 한 권을 읽더라도 음미하면서 마음에 새겨야 자신이 변할 수 있다는 뜻이다. 책이 도끼 역할을 하려면 정독을 해야 한다.

『정민 선생님이 들려주는 고전 독서법』[1]이란 책에는 아들에게 독서왕 이야기를 해준다. 이 대목에서 정독이란 소가 되새김하듯이 천천히 읽어 나가는 방법이라고 소개했다. 다독술이 답이라는 다독주의 견해에 대해서는 고래가 새우를 한입에 삼키듯 읽는 방법이라고 설명했다. 고전 독서를 할 때 어떤 방법이 옳을까. 고전은 많은 생각을 해야 하므로 소 되새김 독서를 해야 한다는 것은 당연하다. 두꺼운 고전을 다 읽기 위해서 고래의 새우 삼키는 빠른 속독도 필요하다. 대충 봐야 할 책은 대충 봐야 한다. 그냥 읽어도 무방한 대목이 나오면 지나쳐야 한다. 고전이란 지금 시대와는 다른 상황이기 때문에 볼 필요 없는 부분도 많다. 책 삼 분의 일 정도는 그냥 지나가도 될 대목이 많이 나오기도 한다. 그런 대목은 그냥 지나쳐야 한다. 고래의 새우 삼키기 독서도 겸해야 한다는 뜻이다.

마지막으로 정민 고전 독서법에는 농부가 밭을 갈 듯 하나하나 정리해 나가는 독서법도 소개했다. 독서를 한 다음 이를 '정리해 놓는 작업이나 과정이 필수이다'라는 설명이다. 이런 과정이 없으면 힘들게 읽은 독서가 밑 빠진 항아리에 물이 새듯 그냥 증발할 수 있다. 독서를 콩나물 기르는 과정이라고 설명하는 사람도 있다. 콩나물에 물을 주면 물이 새지만 뿌리에 어느 정도는 남아 자양분으로 변한다는 주장이다. 책을 빨리 읽어 다 사라진 것 같지만 잠재의식 어느 부분에 남으며 성장한다는 논리다. 이런 주장에도 불구하고 책을 읽으면 정리하는 과정이 남아 있다면 후일 되새김하는 데 많은 도움이 된다. 고전 독서를 하는 데는 천천히 새겨서 사색하는 과정이 있는 정독이 기본이다. 거기에 넘어갈 부분은 가볍게 넘기는 속독도 겸해져야 한다. 끝나고 나면 정리해 놓는 과정도 빠지지 않아야 한다. 이런 속독과 정독 그리고 정리 과정을 보내면서 꼭 지켜야 할 것이 있다면 '30분 끊어서 읽기'다.

인간의 체력엔 한계가 있다. 독서 지도 강의에 가면 많은 사람이 '책을 읽지만 돌아서면 잊어버리니 어찌하면 좋겠느냐'라는 하소연을 많이 한다. 또 빠지지 않는 질문이 '책을 펴면 잠이 온다'라는 넋두리다. 이분들에게 필자가 할 수 있는 말은 '30분 알람 하고 읽으세요. 그 시간 동안만 정신 차리고 읽는 방법을 권합니다'이다. 앞에 나온 교수님처럼 골반이 무너지고 목 디스크로 고생하면 어느 순간 더 이상 읽을 수 없는 상황이 찾아온다. 남편을 책 읽어주는 남자로 만드는 낭만이 언제까지 갈 수는 없지 않은가? 정독하든 속독하든 30분 정도 되면 그치고 운동하길 기대해 본다.

고전 독서 방법 중 중요한 부분은 30분 알람 하고 하는 '30분 끊어 읽기'다. 허리가 아프거나 눈이 아프지 않도록 미리 조심하는 것이다. 정독하기도 하고, 대충 넘길 부분은 속독으로 넘겨야 한다. 정리도 해주면 나중에 반복 독서할 때 큰 힘이 된다.

16

승적이익강(勝敵利益强),
읽을수록 더 건강해지는 법 찾기

승적이익강(勝敵利益强)

　손무가 쓴 『손자병법』2)에 나오는 말이다. 적에게 승리할수록 더욱 강해지는 전쟁 수행법이다.

　손자는 2장 작전편 1절에서 '무릇 전쟁을 위해 전차 천 대와 수송 차량 천 대, 무장한 병사 십만을 동원하고 천 리 먼 곳에 식량을 나르는데, 정부의 안팎에서 드는 비용과 외교사절의 접대를 위한 비용, 아교와 칠 등 장비 정비에 필요한 비용, 차량과 병력 유지에 드는 비용 등 일일 천금이 소용된다. 이러한 준비가 된 후에야 비로소 10만의 군대를 일으킬 수 있다'라고 말했다.

　손자는 십만 명 대병력을 동원해서 전쟁을 수행하는 데 드는 비용의 막대함을 말하고 있다. 지구전의 피해도 강조한다. 전쟁에 드는 비용을 준비하지 않으면 대규모 전쟁을 일으키기 어렵다는 점이 녹아 있다. 고전 독서 백 권을 읽는다는 것은 대단한 전쟁을 의미할 수 있다. 자기와 전쟁이다. 시간과 전쟁이다. 할 일이 넘치고 넘치는 현대인이 과연 '이런 시간을 들이고 전쟁을 해야 하는지'에서부터 문제 제기가 나올 법하다. 인생은 한 번이고 고작 백여 년인데 이 프로젝트는 적어도 5년에서 10여 년 공을 들여야 한다. 차라리 운동을 열심히 하면 건강이라도 더 얻을 수 있다. 건강이 많이 상할까 걱정이 되는 측면이 있다. 손자의 이 부분은 그런 점에서 많은 생각을 하게 한다.

군쟁편에는 "군대에 치중이 없으면 망하고, 양식이 없으면 생존할 수 없으며 이런 비축된 물자가 없으면 버틸 수 없다"라는 말도 나온다. 치중은 비축된 물자를 말한다. 19세기 중반 전쟁 수행 전문가 몰트케는 "군대가 생존하기 위해서는 분산하고 작전하기 위해서는 집중한다."라는 말을 남겼다. 대군이 한 곳에 집중하여 멈춰 있으면 그 도시가 거덜 나고 군대는 식량을 구할 수 없어 기아에 허덕이게 되었기 때문이다. 독서를 하는 데도 본격적으로 나서다 보면 우선 책을 사서 드는 비용만도 만만치 않다. 돈을 벌 수 있는 시간을 잡아먹기 때문에 기회비용적인 손실도 있다.

중국 마오쩌둥의 독서 역사를 이야기하면 이에 대해 재밌는 에피소드가 있다. 마오는 정상 학교생활을 육 개월밖에 한 적이 없다. 학비가 없었기 때문이다. 기간 동안 평생 잊지 못할 스승을 만난다. 쉬터리라는 분이다. 그 선생의 주된 주장이 '빨리 파산하자!'라고 한다. 재산을 모으지 못해 안달인 세상에 빨리 파산하자는 인생 목표를 갖고 있다는 것부터가 눈을 크게 뜨게 한다. 쉬터리 선생은 자신의 재산이나 급여로 책을 사서 읽고 자기 재산을 모두 탕진하겠다는 목표를 학생들에게 표명하고 살았다. 실천했다. 드디어 7년 만에 그 뜻을 이뤘다. 어떻게 됐을까? 이 소문을 듣고 중국 전역에서 강의가 쇄도한다. 일거에 파산하며 들었던 비용들이 원상 복귀되었음은 당연하다. 이런 선생을 롤 모델로 하는 마오는 첫 직업으로 도서관 사서를 택한다. 도서관 책을 모두 읽어버리겠다는 뜻을 세운다.

마오쩌둥은 독서로 중국을 정복하고 자신 뜻대로 세상을 바꿨다. 독서 시간에 모든 것을 걸고 나선 결과치고는 대단한 성과를 얻은 셈이다. 독서를 하면 할수록 더 건강해지고 성공한 사례라고 할 수 있다. 마오쩌둥 독서력을 뒤에 다시 다룰 것이다. 『손자병법』으로 돌아가자. 2장 6절에는 '(…) 적의 재물을 취하는 것은 아군 병사가 그 물건을 상으로 받기 때문이다. 그러므로 전차전을 치를 때 적의 전차 열 량 이상을 획득한 경우는 먼저 전차를 포획한 사람에게 상을 주고, 적 전차의 깃발을 우리 것으로 바꾸어 달아 전차는 우리의 전차들과 혼합 편성하여 이를 사용하고 포로로 잡은 적병은 선도하여 우리의 병사로 만든다. 이것을 승적이익강(勝敵利益强), 즉 적에게 승리하되 나날이 강해지는 것이라고 한다. 전쟁할수록 더 이익이 되는 상태를 만들어 나가야 한다는 뜻이다.

고미숙 작가가 쓴 『나이듦 수업』3)에는 정회익 물리학자가 쓴 '노년이라는 기적의 블랭크' 대목이 나온다. 멈출 줄 아는 평생 공부 습관이라는 대목에서 공자 말씀을 인용한다. 안다는 것은 좋아하는 것만 못하고 좋아하는 것은 즐기는 것만 못하다 (子曰: "知之者不如好之者, 好之者不如樂之者." 지지자불여호지자 호지자불여락지자)는 말이 나온다. 안다는 것은 머리로 안다는 것이고 좋아하는 것은 마음으로 좋아한다는 뜻이다. 즐긴다는 것은 몸과 마음이 즐기는 상태다. 공부를 좋아하는 사람의 맹점은 공부를 좋아하는 나머지 몸이 상한다는 것이다. 현명한 사람은 몸이 상하게 되면 몸이 알아서 현명하게 처신하게 된다. 현명하지 못한 사람은 몸을 망치게 된다. 고전 독서와 전쟁을 하는 데 시간과 비용이라는 충분한 물자도 준비해야 한다. 몸은 더 건강해져야 한다. 이런 뜻을 정 박사는 공부하면 할수록 더 건강해지는 방법에 대해 '멈출 때를 알고, 멈출 때 멈추라'라는 명제를 먼저 제시한다. "이건 습관이다. 공부가 재밌어지니까 즐겁고, 즐거우면 또 공부가 저절로 되니까 좋은 거죠. 그리고 몸까지 좋아져요. 그 이유는 첫째로 생각하니까요. 그래서 공부하면 몸이 나빠진다? 이건 공부할 줄 모르는 사람이에요. 공부하면 몸도 더 건강해집니다"라는 말을 했다.

『손자병법』 말대로 하면 승적이익강 상태다. 고전 독서를 하면서 몸이 약해지면 안 된다. 고전 독서를 하면 할수록 더 건강해지는 상태를 만들어 나가야 한다. 가장 먼저 해야 할 일은 '고전 독서 승적이익강'이라는 신념이 필요하다. 고전 독서를 해서 더 몸이 건강해진다고 믿는 사고방식이 선행되어야 한다는 뜻이다. 사람은 생각대로 된다. 이 반대로 생각하면 고전 독서를 하면서 몸이 망가지는 사람이 된다. 이런 독서라면 삼가는 것이 맞다.

'삶의 의미는 발견하는 것이 아니라 만들어가는 것이다'라는 말이 있다. 고전 독서를 하면 할수록 더 나아지는 방법도 어느 곳에서 발견하겠다는 식보다는 스스로 만들어 나가겠다는 자세가 선행되어야 한다. 건강이란 자신이 만들어 나가는 측면이 크기 때문이다. 건강을 위해 필요한 책이 있다면 봐야 한다. 사람들이 대부분 스스로 건강에 대해 잘 알고 있다고 착각하는 경향이 있다. 필자는 건강에 관한 책들을 읽고 있는 열 권 중 한 권꼴로 반드시 본다. 볼 때마다 느끼는 것은 건강에 대해 스스로 무지하다는 걸 확인한다는 점이다. 의대 학생들이 보는 정도는 아니더라도 건강에 관한 책이 있으면 놓치지 말고 읽어 나가는 자세가 건강을 지켜주는 가장 빠른 길 중 하나가 아닌가 한다. 필자의 경우 고전 독서를 하기 전 먼저 책상 앞엔 독서대가 세워져야 한다. 눈의 피로를 덜어주어야 하기 때문이다. 눈의 피로는 안구건조증을 유발할 수 있다. 일반적으로 안구건조증은 눈에 물이 부족하다는 뜻이다. 물을 몇 컵 마셔주면서 자신의 눈을 충분히 보호해 줘야 한다. 허리 건강을 위해서 골반을 제대로 잡아주는 것도 필자가 택한 방법이다. 집에 있는 어린이 태권도 띠 등을 동원해 발을 묶어주면 책 읽는 시간 동안 골반이 잡힌다. 골반이 잡히면 디스크가 반듯해진다. 필자가 어느 도서관 공개강좌에서 허리가 아파 책을 못 보는 사람에게 무릎을 묶어주는 띠를 사용해 잡아준 적이 있다. 띠로 다리를 묶는 동안 신기하게도 허리가 아프지 않고 책을 볼 수 있었다. 뒷장에서 더 자세히 설명하겠지만 30분 보고 쉬어주는 차례도 잊지 않았다. 이런 건강에 관한 상식이 많으면 많은 만큼 고전 독서와 전쟁에서 승적이익강을 이룰 수 있다.

> 고전 독서를 하면 할수록 더 건강해지고 부자가 되는 방법이 있다는 걸 본인 스스로 확신해야 한다. 그런 방법을 찾으면서 고전 독서를 해간다면 반드시 승전이익강 길이 열린다.

17

고전 독서 방법, 필사와 음독

조선 시대 책을 가장 좋아했던 왕 중 한 명이 22대 정조대왕이다. 정조대왕은 '보지 않은 서적이 없다.'라고 할 정도로 책을 좋아하는 군주였다. 세손 시절 '절강서목(浙江書目)'을 입수해 체계적으로 베이징의 서적을 수입했다. 절강 지역은 중국에서 가장 책이 많은 곳이다. 책의 목차를 적어 놓은 것을 입수했다. 정조대왕은 즉위 후 즉시 '사고전서(四庫全書)'를 손에 넣기 위해 사신을 파견했다. 이때 '고금도서집성(古今圖書集成)'도 수입했다. 규장각을 설치해 문신들을 선발했고 이 책 필사본을 만들었으며 경전과 역사 강의를 주도했다.

우리 역사에서 저술을 가장 많이 한 왕이 누구일까? 정조대왕이다. 누구든 책을 읽는 사람은 자신의 사상이 오롯이 담긴 책 한 권 쓰는 것이 일생의 바람일 것이다. 책을 쓰는 것은 큰 도전이다. 돈과 권력을 가진 요즘 정치인의 책은 대부분 대필이다. 정치 활동을 위해 짧은 시간에 편집한 정치용(?) 책과는 다르다. 정조대왕은 100권을 저술했다. 조선 시대 수많은 학자,

문인, 전문가들이 있다. 하지만 이들 중 소수만이 이런 업적을 남겼다. 대표적인 작품이 홍재전서(弘齋全書)다. 이 책은 1799년부터 편집해 190편으로 완성됐다가 사후 말년 저술을 덧붙여 184권 100책을 1814년 정리자로 간행했다. 정리자라는 금속활자는 원행을묘정리의궤, 화성성역의궤를 간행했던 활자다. 홍재전서는 1814년 간행되기 전 60권 60책으로 규장각에서 편집해 필사본으로 만들어졌다. 서울시 유형문화재 제316호로 지정됐다. 정조대왕은 화가 김홍도 등을 발굴하는 등 문화에도 조예를 보이며 조선 문화 르네상스 시대를 이룬다.

초장에 이런 정조대왕 업적을 장황하게 설명한 것은 필사본이라는 말을 하기 위해서다. 옛사람들은 책이 귀했다. 책이 조그만 초가집 구매 비용하고 맞먹는다. 다산 정약용은 정조대왕으로부터 매일 강독 시간에 '답변을 잘했다'라며 책 한 권을 상으로 매양 받았다고 한다. 조정에서 10여 년을 독차지하다 보니 다른 신하의 시기 질투가 모였다. 이런 것들이 모여 결국 귀양살이를 십팔 년 하게 됐다고 한다. 초가집 한 채에 해당하는 책이 주요한 요인이었다는 의미이다. 책의 가치가 중한 시절이어서 필사를 전문으로 직업을 가진 사람들이 많았다. 필경사라는 직업이 각광 받던 시절이었다. 조선 시대 모든 고전 공부는 이처럼 '필사로부터 했다'라고 말할 수 있다. 필사하면서 선비들은 공부했다는 뜻이다. 지금도 이 방법은 통한다. 사람들이 필사한다는 사실 자체에 많은 부담을 느껴 현실화되지 않을 뿐이다. 지금도 많은 소설가 등 글쟁이들은 필사를 생활 속에 해 나간다. 필자가 아는 유명 소설가는 필사에 대해 "권투 선수가 링에 올라가기 전 몸을 푸는 연습을 한다. 소설가에게 필사는 권투선수의 링 올라가기 전 몸 푸는 과정과 다름없다" 라고 설명했다. 필사하면 머릿속 활기가 돌고 소설 속으로 자 연스럽게 몰입해 들어가게 된다.

고전 공부하는 사람들도 '논어를 필사한다.'라는 과정을 통해 필사로 고전을 접하는 방법이 있음을 염두에 두어야 한다. 고 전 번역 전문가 천병희 박사는 최근 플라톤의 『국가』라는 책을 번역했는데 읽고 필사할 수 있는 공책 본으로 내놓았다. 고전 을 필사하며 읽으라는 뜻이다. 좋은 시도로 여겨진다.

필사에 이어 고전을 소리 내어 읽는 방법도 시도해 볼 만하 다. 지금 시대는 많은 학생이 '읽을 줄은 안다'라는 의미에서 문맹을 대부분 벗어났다. 문장이나 글을 소화하지 못해 책을 못 읽는 문맹률은 높다. 앞 장에서도 언급했듯이 한국인의 독 서량 연구들에 의하면 한국의 13세 이상 성인 중 4분의 1은 1 년에 단 한 권의 책을 읽지 않는다. 과학적인 문자 덕에 문자 해독률은 높다. 문맥을 이해하는 능력, 즉 문해력은 OECD 평 균 이하이다. 22.4%는 초등학교 수준 이하에 해당한다는 말이 나온다. 교과서를 이해할 수 없는 정도 낮은 수준 독해력을 가 진 학생들이 전체의 32.9%에 이른다. 스마트폰 사용 후 '독서 시간이 줄었다'라는 응답은 일본이 19.3%인데 한국은 48%다. 학생 전반적으로 독해력이 떨어지고 있다. 만 15세 학생들을 대상으로 3년마다 치르는 국제학력평가(PISA)에서 한국은 읽기 영역에서 2006년 세계 1위를 기록했다. 이후 매년 순위가 하락해 2015년에는 4∼9위에 머물렀다. 문제는 평균치가 높아 순위는 높아도 최하 수준에 그친 학생이 전체의 32.9%에 이른다는 것이다. 3분의 1은 교과서를 이해할 수 없는 정도다.

이런 점을 극복할 대안은 무엇일까? 책을 소리 내어 읽는 것이 중요한 방법일 수 있다. 인류가 소리 내어 책을 읽어오다가 묵독으로 넘어오는 시기는 불과 백 년이 못 된다. 이전 이천 년 동안 책은 소리 내어 읽는 것으로 인식했다. 그렇게 책을 읽었다. 조선 시대 책 읽는 이야기에 관한 에피소드는 넘치고 넘친다. 세상에서 가장 좋은 소리가 자식의 책 읽는 소리라는 말이 있을 정도다. 조선 시대 유명 학자는 어린 시절 매일 책을 소리 내어 읽었다. 이 소리가 듣기 좋았다. 옆집 처녀가 이 소리에 반해 밤에 담을 넘고 말았다. 자신과 혼인해 주지 않으면 '죽어 버리겠다'라고 위협했다. 학자는 처녀에게 '그렇게 하마' 하고 돌려보냈다. 이튿날 학자 일가는 소리 소문 없이 이사했다고 한다. 이런 글 읽는 소리에 관한 재밌는 이야기는 넘친다.

소리 내어 책을 읽으면 두뇌를 자극하게 된다. 집중력, 기억력, 독해력이 좋아진다. 발표력도 향상된다고 한다. 자신감도 상승한다. 다만 어려운 책은 천천히 읽어야 한다. 쉬운 책은 빨리 읽어 나갈 수 있다. 읽고 난 다음 줄거리를 자신에게 말하는 훈련도 필요하다.

이처럼 음독이란 '큰 소리 내어 읽기, 작은 소리로 읽기, 속으로 읽기' 등 다양한 행태로 진행할 수 있다. 이런 음독은 구체적으로 보면 자기한테만 들릴 정도로 작은 목소리로 읽는 음독도 있다. 작은 목소리로 음독을 계속하면 자신은 거기에 집중하므로 다른 생각을 하지 않을 수 있다. 저학년이나 그보다 어린이가 소리 내어 읽을 때는 '감정 넣어 읽기'를 하는 것도 좋다. '감정 넣어 읽기'란 글을 읽을 때 글자 읽는 데에만 신경 쓰는 것이 아니라, 머릿속으로 내용을 생각해 그 느낌을 표현하면서 읽는 것을 말한다. 주인공 기분을 목소리에 심기도 하고, 기쁜 장면에서는 큰 소리로 목청껏 읽기도 한다. 슬픈 장면에서는 가라앉은 목소리로 조용히 감정 표현을 하는 등 실감나게 읽는다.

소리 내어 읽으면 자신이 내뱉고 자신의 귀에 들어간 표현은 기억하기 쉽다. 하나의 감각을 쓰는 것보다 여러 개 감각을 동시에 쓰는 게 인간의 뇌를 더 많이 자극하게 한다. 읽은 내용을 더 오랫동안 기억하도록 한다. 소리 없이 읽으면 그냥 흘려버릴 수 있는 문장도 소리 내어 읽으면 빠뜨리지 않고 기억하게 된다.

뇌과학적 측면에서 봐도 소리 내 읽는 게 유리하다고 한다. 뇌가 그만큼 더 활성화되기 때문이다. 예를 들어 음악을 들으면 측두엽의 일부인 청각 영역만 활성화하고, 컴퓨터 게임을 하면 뇌의 뒷부분이 주로 활성화한다. 소리 내어 읽을 때는 더 광범위한 영역에서 뇌가 활성화된다고 한다. 정확하고 빠르게 혀를 놀리는 과정, 다음에 읽을 것을 보면서 준비하는 과정 등이 뇌의 이런 활성화 현상과 밀접한 관련이 있다. 음독을 해보면 자신의 읽기 능력도 점검할 수 있다고 한다. 예를 들어 영어를 음독해 보면 문장의 구조나 어법을 알고 있는지 모르고 있는지가 바로 드러난다. 모국어도 마찬가지다. 의미 단위로 끊어 읽어서 듣는 이가 쉽게 이해할 수 있도록 읽는다면 글을 완벽하게 이해했다는 뜻이다. 반면, 더듬거리면서 끊어질 듯하게 읽으면 문장을 충분히 이해하지 못했다고 해석할 수 있다. 문장의 구조에 맞춰 숨을 조절해 가면서 읽어야 훌륭한 읽기다. 물이 흘러가듯이 자연스러운 읽기가 자연스러운 사고를 키운다. 이를 고전 독서법에 적용해 보자.

고전 독서법에 적용될 음독은 신체를 전면적으로 활용하기 때문에 이처럼 얻을 점이 많은 독서법이다. 고전 책을 읽는 힘을 근본적으로 기르기 위해서는 신체의 많은 부분을 활용해야 한다. 자신의 지적 능력과 뇌 기능을 질적으로 한 단계 끌어올리는 읽기 활동을 일상적으로 벌여야 한다. '읽기가 스포츠'라고 주장하는 독서 전문가들이 있다. 읽기에도 단계별 숙달 과정이 있다는 점, 큰 소리를 내면서 오랜 시간 바른 자세로 책을 읽는 경우 신체 에너지 소비가 상당하다는 점이 스포츠와 닮았다는 의미다. 조선 시대 사대부들이 아침부터 저녁까지 노동하거나 수련을 하듯이 책을 읽는 생활을 했다는 점에서 보면 읽기가 스포츠라는 말도 틀린 말이 아닌 듯하다.

고전을 읽는 것이 힘들다 싶을 때는 필사를 해보면 크게 도움이 된다. 여기에 소리 내어 읽는 음독도 가끔 시도해 볼 만하다. 100년 전만 해도 필사로 책을 전했다. 소리 내어 읽는 것이 당연했다. 난독증이 있다고 생각되면 음독으로 고쳐 나갈 만하다. 필사와 음독으로 고전 읽기에 도전하자.

18

질문하며 읽는다

한국 기자들에게 질문권을 드리고 싶군요. 정말 훌륭한 개최국 역할을 해주셨으니까요, 누구 없나요?

2010년 9월 G20 서울정상회의 폐막식에서 버락 오바마 미국 대통령이 폐막 연설 직후 한국 기자들에게 질문을 받는다. 정적이 흐른다. 다시 오바마가 말한다. "한국어로 질문하면 아마도 통역이 필요할 겁니다. 사실 통역이 꼭 필요할 겁니다."

웃음이 순간 터진다. 한 기자가 손을 들자 오바마가 '오케이'한다. 중국 기자였다. '아시아를 대표해 질문하겠다?' 오바마는 '노'라고 말한다. "한국 기자에게 질문을 요청했다." 중국 기자는 "한국 기자에게 제가 대신 질문해도 되냐고 물어보면 어떻겠어요"라고 말한다. "아무도 없나요?" 정적이 흐른다. 중국 기자가 질문했다.

이 장면을 두고 말들이 많았다. 그중 EBS 다큐 프로 프라임 6부작이 있다. 다큐 5부 한 대목에 이 장면이 나온다. 한국 기자에게는 예상치 못한 돌발 상황이다. 기자들은 각자 질문을 고민하고 있는데 중국 기자가 끼어든 것일 뿐이다. 여러 가지 해석이 있는데 그중 '세계의 눈과 귀가 집중되어 있다. 미국 대통령에게 돌발 질문을 던진다'라는 중압감이 있다. 이로써 상황을 대개 이해했다. 영어 전문 학원가는 '영어 울렁증도 더 큰 요인이다. 입시 위주 영어교육이 초래한 병폐이다'라는 비판이 많았다. '국민적으로 영어교육에 쓰는 돈이 얼만가. 외화 쓰며 어학연수 몇 년 다녀오면 뭐 하나' 등 한국 영어교육 비판이 많았다. 이와 달리 EBS 다큐는 질문하지 않는 교육 환경을 돌아보는 내용이다. 대한민국도 초등학교 때는 누구든 열심히 질문한다. 중학교 가면서부터 질문이 줄어들고 급기야 대학에 가면 거의 질문이 사라진다. 교수가 강의하고 학생은 열심히 듣는 구조다. 철저히 주입식이다.

반면, 유대인 교육법은 다르다. 유대인 부모는 자녀가 학교 다녀오면 아이에게 물어보는 말은 항상 같다. "얘야, 오늘은 학교 가서 무슨 질문을 했니?" (마사따쉐프). 그날 학교에서 어떤 질문을 했느냐가 유대인 교육의 시작이고 끝이다. 질문 교육을 통해 아이 성장을 이뤄가는 셈이다.

고전 독서법에 웬 질문 타령이냐고 물을 수 있다. 고전이든 아니든 책은 모두 질문에서 시작된다. 저자가 세상에 대해 '왜 이런 일이 생기느냐'부터 책이 시작된다. 따라서 그 책을 쓴 저자가 '어떤 질문으로 책을 썼는지'를 제대로 알고 있지 못하면 책을 '제대로 읽었다.'라고 할 수 없다.

고전 독서의 출발도 질문에서 시작된다. 구체적 사례를 보자. 공자는 '인간이 어떻게 살아야 하는지'를 질문하며 자신의 철학을 이어간다. 노자는 '도란 무엇인가'를 부단히 질문한다. 마키아벨리의 『군주론』은 '부국강병한 나라를 어떻게 만들지'가 질문이다. 마르크스는 '노동자들이 어떻게 하면 짓밟히지 않고 잘 살 수 있는가'가 질문이다. 애덤 스미스가 『국부론』을 쓴 것은 저자가 공작 자식의 가정교사가 되어 유럽 각지를 여행하는 기회를 얻는 것이 계기가 된다. 3년 동안 세상 곳곳을 돌아다니며 견문을 넓힌다. 이 과정에서 중농주의 프랑수아 케네를 비롯한 당대 지식인들과 교류한다. 이때 '왜 소수의 양모업자만이 부를 독점했느냐'에 대한 의문을 갖는다. 『국부론』은 가난한 사람에 대한 연민과 배려에서 시작된다. 스미스는 부자편은 아니다. 국가의 부와 모든 가치는 노동으로 생산된다. 부자의 탐욕은 사회가 허용하는 규범과 도덕의 한계 안에서만 용인된다. 부자들의 이기적 욕망으로 가격이 무제한 오르지 못하도록 '보이지 않는 손'이 제어해 줄 것을 믿었다. 저자는 자유무역이 약자에게 유리하게 작용할 것으로 생각했다. 토마스 모어의 『유토피아』[4]는 '왜 인클로저 운동으로 농민들이 고통을 받아야 하는지'를 물었다. 근래 어른 동화라는 생텍쥐페리의 『어린 왕자』[5]라는 고전급 소설은 사막에 불시착한 비행기 조종사가 어린 왕자를 만났던 이야기를 우화 형식으로 들려준다. 한 어른이 자신의 내면에 사는 아이와 만나 '어떻게 살 것인가'라는 삶의 질문을 하면서 동화가 시작된다. 어린 왕자는 각각 다른 별을 방문한다. 신하 없는 왕의 모습을 보여준다. 즉 '아무도 진심으로 복종하지도 따르지도 않는데 지위나 권력만으로 사람을 대해서 되느냐'는 질문이다. 두 번째 별에 사는 왕은 '많은 허영심만 갖고 칭찬만 듣고자 해서 되느냐'를 질문하며 비꼰다. 세 번째 별에선 창피함을 잊기 위해 술만 마시는 술꾼을 향해 '그래서 되느냐'고 질타한다. 상인의 별에선 '계산에 몰두하며 자신의 이익에만 움직이는 사람에게 이런 상인 같은 인생으론 곤란하지 않은지'라고 반문한다. 그 외 '쉬지 않고 일만 하는 일 중독증 환자가 되면 되느냐?'라고 질문한다. 이런 식으로 작가는 그 작품이 고전이든 현대물이든 쉼 없이 현실에 대해 질문을 한다. 그 질문이 직접적일 수 있고 우회적일 수 있다는 차이점만 있다. 책을 읽거나 특히 고전을 볼 때 이런 저자의 질문을 잡아내고 읽어야 제대로 읽을 수 있다.

이런 질문을 잡아내면 거기에 자신의 질문을 이어가면서 저자와 대화를 부단히 하는 가운데 고전의 이해가 깊어진다. 책 속 저자에게 부단히 질문한다. 그 질문과 독자의 답이 이어지는 과정에서 스스로 배움을 얻는 것이 독서나 고전의 진정한 공부법이다. 질문하지 않으면 모든 생각이 모이지 않고 흘러나간다. 책이나 특히 고전을 읽어도 저자의 질문에 걸맞은 답이 무엇인지 모르기 때문에 어떤 답도 얻기 힘들다. 만약 어떤 학생이 고전을 읽으며 저자가 세상에 무슨 질문을 던지며 이 책을 썼다는 것을 분명하게 알면 거기에 맞는 학생의 답도 유추해 볼 수 있다. 거기서 현재 자기가 처한 문제, 즉 질문에도 답을 얻을 수 있다. 이런 질문이 없이 고전을 읽으면 저자 따로 놀고 독자 따로 겉돌 수밖에 없다. 같은 책을 여러 사람이 같이 읽어도 어떤 사람은 이런 질문을 새기면서 읽고 다른 사람은 무언지 모르고 읽는다면 그 차이는 분명하다. 이런 질문, 즉 문제의식이 고전 독서 이해를 심화시켜 준다. 소크라테스도 질문을 통해 깨우침을 얻게 했다. 이처럼 소크라테스는 질문으로 대화한다. 자신이 알고 있는 것을 그냥 직설적으로 설명하는 과정이 소크라테스에게는 없다. 상대방에게 끊임없이 질문한다. 대답하면서 상대방이 자기가 그 주제를 제대로 모르고 있다는 것을 인식하게 한다. 스스로 깨닫게 한다는 뜻이다. 이런 과정을 소크라테스는 '산파술'이라고 했다. 즉 아이를 잉태해 낳게 하는, 즉 정신적 아이를 낳아서 키워 나가는 것이라고 비유했다. 산파란 아이를 낳은 사람이 아니다. 그저 출산에 도움을 주는 역할을 할 뿐이다. 소크라테스는 스스로 학생들이 지혜를 낳게 하는 것을 도와준다고 표현한다. 그런 그가 도움을 주는 방법은 그저 '질문하기'뿐이다.

고전공부를 전문으로 하는 세인트존스 대학에서도 선생 역할을 하는 튜터는 부단히 학생에게 질문한다는 대목이 나온다. 이 과정에서 설명에 답하며 학생은 알아간다는 뜻이다. 이 중엔 꼬리물기 질문형이 있다. 학생이 한마디 하면 질문에 꼬리에 꼬리를 물고 늘어지는 식이다. 고전을 읽으며 끊임없이 자신과 물어보고 답하는 과정을 이어가며 그 진정한 의미를 깨쳐가는 방법이다. 또 핵심질문형도 있다. 핵심이 무엇인지를 보고 그 질문을 물고 늘어지는 식이다. 본질에서 벗어난 이야기를 하는 경우 짚어내는 식이다. 가끔 고전을 읽고 토론을 한다면서 모여 있는 사람들이 본질에 벗어난 지엽적인 문제를 가지고 시간을 보내는 경우가 있다. 같은 수준의 사람들이 모여서 하는 토론이란 자칫 그저 그런 수준에서 놀고 수다 떨 경우도 있다. 이런 경우는 거기에 함몰되어선 곤란하다. 혼자 많은 질문을 해보고 되새겨 보면서 자신의 고전 공부 깊이를 더해야한다. 독서 모임 안에 튜터 역을 하는 사람이 있다면, 이런 현상을 잡아내고 본질 문제를 잡아준다면 공부가 훨씬 쉬워질 것으로 보인다.

필자는 올 연초 모 연구소에서 '코아 리딩'이라는 독서법 과정을 배운 바 있다. 자신이 어떤 문제를 해결하기 위해 거기에 맞는 책을 고른다. 독서는 반드시 성과창출로 이어져야 한다. 자신이 해결하기 위한 질문과 저자 책 질문이 일치하는 책을 고르라는 뜻이다. 첫 질문이 자신에게 어떤 큰 의미가 있으면 더욱 좋다. 그래야 오래간다. 이렇게 먼저 질문을 통해 본인이 이 책에서 얻고 해결하고자 하는 주제를 설정해 놓고 핵심을 골라내 읽는다. 책 분량 중 자신이 만든 주제와 일치하는 부분 삼분의 일을 설정해 핵심만 읽는 방식이다. 짧은 시간에 읽고 핵심을 정리한다는 식이다. 속독이나 정독, 정리를 위한 독서와는 차별화된다. 질문을 찾아내고 해결하는 독서에서 마지막에는 지식을 융합하고 창조하는 지식카드를 만들면서 지식 소비자에서 지식 생산자로 나아가는 방법을 가르치는 프로그램이다.

이를 고전 독서에 대입해도 좋다. 고전 독서 책 저자의 질문을 알아내고 핵심에 가까운 부분을 중점적으로 토론하며 익히면 된다. 세인트존스 대학도 학생들에게 전부를 읽히지는 않는다. 주요 부분을 골라 읽게 하고 토론하는 식이다. 필자는 이런 부분을 골라낼 실력이 되지 못한다. 현재로서는 담담히 읽어 나간다. 다만 저자의 질문이 무엇인지를 항상 스스로 찾아내고 이를 화두로 잡고 고전을 읽으려 노력한다. 이른바 '코아 고전 독서법'이다.

> 고전 독서를 하면서 그 저자가 무슨 질문으로 책을 썼는지를 파악하고 읽는 것이 매우 중요하다. 질문을 놓치면 독서 자체가 표류할 수 있다. 일반 독서든 고전 독서든 읽는 사람은 자신이 저자의 질문을 제대로 잡고 있는지를 항상 되물어야 한다.

19

토론 하브루타 고전 읽기

고전 독서가 아니더라도 어떤 책을 읽든 읽고 나서 토론을 해보는 것은 당연하다. 혼자 읽고 나름 소화하며 덮기보다는 다른 사람과 대화하면 자신이 발견하지 못한 점이 많이 나온다. '이런 관점에서도 이해할 수도 있다, 혹은 내가 놓친 부분이 있다' 등 깨우침은 넘친다. 특히 앞서 누누이 말했던 대로 혼자 읽고 덮으면 자칫 '내가 본'에 빠진다. 혼자 책을 읽다 보면 내가 보고 싶은 곳만 보고 거기에만 꽂혀 있기 마련이다. 이 글을 쓰고 있는 시기인 2019년 빛고을100독서아카데미 모임 선정도서는 『은퇴 후 8만 시간』[6]이다. 책을 보고 토론했다. 필자는 독서를 가르친다. 대충 읽기는 어렵다. 그런 주말이 벌써 4년째여서 이제는 대충 보고 토론을 유도한다. 토론 중 놀라는 대목이 많다. 돌아보면 내가 보고 싶은 부분에만 꽂혀서 그 지점에서 집착하고 있는 자신을 발견하고 놀랐다. 언젠가 어떤 독서모임에서 책을 보고 한 사람 한 사람 말하는 시간이었다. 지난주 읽었던 책과 이번 주는 책이 달랐다. 마지막 어떤 적용을 할 것인가에 대해 말하는 차례였다. 20여 명의 참석자다. 상당 사람들이 지난주와 이번 주 적용할 것이 똑같았다. 깜짝 놀랐다. 이후 이 독서모임 토론에 참여하는 것에 거부감이 들었다. 이런 일이 있는 후 독서모임 토론 참석을 꺼렸던 적이 있다. 그렇지만 다른 회원들 앞에서 필자도 '아니다'라는 보장은 없다. 늙은 사람이란 대개 자신 생각 안에서 맴맴 돌고 있을 수 있다. 책이 달라도 생각은 변하지 않고 그 범위 안에서 놀고 있다. 토론해도 이런 현상이 많은데 토론을 하지 않는 경우 어떻게 될까?

너무 자명한 이야기다. 그저 자기가 보고 싶은 사실 또는 인상적인 부분 몇 곳이 기억에 남을 뿐일 수 있다. 고전 독서는 더욱 그렇다. 고전이란 적어도 백 년 전 이야기인데 우선 언어틀이 다르다. 아주 생소하다. 사고방식도 같은 부분도 있지만 다른 부분도 많다. 같은 부분은 어쩌면 이렇게도 같을까 하는 부분도 있다. 하지만 전혀 다른 부분은 거의 받아들이기가 쉽지 않다. 어렵게 읽는 고전 독서에 토론이 필요하다는 것은 분명하다. 다만 어떻게 토론을 해야 할까가 문제일 뿐이다.

이 부분을 위해 필자는 처음 고전 독서를 지도하기 전 회원들과 디베이트와 하브루타란 수업을 석 달 정도 받은 적이 있다. 토론을 잘해 보기 위해서다. 토론이라는 단어에 대해 기성세대는 낯설다. 학교 교육을 내내 주입식으로 받아왔다. 선생이나 교수가 명강의를 하면 그 강의 질에 감탄하며 받아 적고 시험을 치르는 식이다. 배운 것에 대해 치열하게 토론하는 것은 언감생심이다. 그렇지만 카이스트 모 교수는 세인트존스 대학의 토론식 공부에 대해서 자신의 주장을 이렇게 썼다. 자신은 일체 강의하지 않으며 학생들이 스스로 공부해서 발표하도록 한다. 이걸 토대로 질문을 하고 답하는 토론이 주 수업이라고 한다. 총체적인 지도만 하는 형식이라고 말하는 걸 본 적 있다. 우리 사회도 깨인 교수나 선생 일부는 이런 수업을 하고 있다. 대부분은 거리가 먼 것이 문제다.

토론해야 한다면서도 막상 토론하려면 어떻게 해야 하나로 고민스러울 수 있다. 디베이트 강의를 통해 토론이라는 개념을 실습하며 배우고 싶었다. 이런 방법을 고전 독서 강독 시간에 적용하면 더욱 좋겠다는 뜻이 담겨 있다. 이 수업에선 하브루타도 일부 적용하고 강의를 했다. 여러 가지 점에서 고전강독 시간과 맞아떨어졌다. 고전 읽기도 그냥 혼자 읽거나 강사가 정리하는 형식은 부족한 점이 많을 것 같아 이 방법 도입을 적극적으로 검토했다.

고교생들이 주로 하는 디베이트 대회를 가끔 국회방송이나 공영방송에서 중계를 해주는 걸 본 적이 있다.

어떤 주제를 놓고 제한된 시간에 치열하게 토론하는 과정인데 흥미로웠다. 기성세대와 자라는 세대가 이런 토론을 모두 할 수 있으면 공부과정에 큰 도움이 될 것이다. 디베이트 대회는 디베이트 형식을 일정하게 규율을 정해 놓는다. 일반적으로 형식은 다음과 같다.

디베이트 핵심 과정은 처음엔 입론(입안)이 있다. 입장 표

명, 자기 팀의 논점(주장)을 펼치는 과정이다. '말로 쓰는 에세이'라고 할 수 있다. 입안의 내용은,

① 서론: 논점을 둘러싼 배경 설명, 용어 및 개념 정리, 주장의 방향
② 본론: 논점을 3~4개 항목으로 정리하여 전개(논거+근거)
논거(논제에 대한 찬성과 반대의 이유를 한 문장으로 간략하게 말한다)
근거(논점을 지지할 수 있는 근거 자료를 제시: 신문 기사, 통계 자료, 전문가 의견, 일반적인 사실 등)
③ 결론: 기대효과 및 발언의 마무리(논거의 타당성과 현실성을 받아들이도록 유도) 등이다.

두 번째는 반론(반박): 우리 팀이 상대의 주장에 대해 어떤 이유로 동의하지 않는지 설명하는 과정으로 본격적인 논쟁의 시작이다. 반론(반박)의 요령은 다음과 같다.

① 상대의 논점이 논제에서 벗어나지 않았는지 검토한다.
② 상대의 근거가 타당한지 검토한다.
③ 상대의 주장이나 근거를 활용하여 반박(되돌려주기)한다.
④ 상대 팀의 입안에 대해 논리적으로 반론을 제기하는 것으로 상대방이 입안에서 제시한 이유와 근거에 대해 하나씩 조목조목 반론을 제기한다.

⑤ 나의 주장을 논리적으로 탄탄하게 만들고, 상대방 주장의 허점을 지적함으로써 내 주장을 더욱 강하게 한다.

세 번째로 반박과 교차 질의가 있다. 비슷한 것 같지만 엄연히 다르다. 반박은 논리적인 이유와 근거로 상대방 주장이 그름을 증명하는 것이고, 교차 질의는 질문을 통해 상대방의 논리적인 허점이 드러나도록 하는 것이다.

네 번째로 요약이 있다. 말이나 글의 요점을 잡아서 간추린다. 단순히 글의 분량을 줄이는 것이 아니라, 핵심을 짚어내는 것이 중요하다. 부각된 쟁점을 중심으로 하는 것이 좋다. 쟁점을 정확하게 파악하기 위해서는 우리 팀의 주장뿐 아니라 상대 팀의 주장과 이유, 근거도 정확하게 이해해야 한다. 마지막 발언 기회다. 시간이 없다. 가장 중요한 한 가지만을 강하게 부각하자. 가장 중요한 요점 한 가지만을 설득력 있게 호소한다.

다섯 번째는 교차 질의다. 교차조사, 상호질문, 심문, 상대의 발언을 잘 듣고 문제점을 파악하여 그것으로부터 상대의 논점이나 논거의 허점을 찾아내는 과정이다. 질문은 답변을 강요하는 힘이 있다.

이런 디베이트를 고전공독 시간에 적용했다.
『오디세이』 책 정리 토론을 하면서 주제를 정해 봤다. 페넬로페는 오디세우스의 처다. 그녀는 아들 텔레마코스와 남편을 20여 년간 기다린다. 페넬로페의 정절에 대한 찬사가 이 책의 주요 내용 중 하나다. 이것이 옳은지에 대한 논쟁이다. 페넬로페가 오디세우스를 기다리며 다른 청혼자를 물리치는 것이 아름답게 보인다. 합당하다. 현대적으로 해석해 보면 나올 이야기는 많다. 성을 억압하고 금지하면 성폭력을 유발한다.

사회 분위기가 성에 집착하게 된다. 당사자 건강이나 행복을 위해 바람직하지 않다. 남자든 여자든 모두 불행하다. 이런 페미니즘적 발언이 나올 수 있다. 이런 토론을 통해 쟁점 되는 부분을 다시 인식하는 방법으로 토론한다. 말이 잘되지 않는 저급한 토론일 수 있다. 일반인 수준에서는 고전공독이 지루하지 않도록 하는 재밌는 토론이 될 수 있다.

하브루타가 국내에 들어온 지는 얼마 되지 않았다. 유대인에겐 생활이지만 질문이 드문 한국 사회에는 낯선 교육법이다. 질문을 통해 배운다는 사실을 생각해 보면 여러 가지 가능성이 있다.

질문을 많이 해본다는 의미에서 이도 괜찮을 듯하다. 하브루타는 대개 일대일로 하게 되어 있다. 영화나 시를 읽거나 그림을 보고 하는 여러 가지 하브루타가 있다. 그중 독서토론 하브루타가 가장 돋보인다. 『하브루타 일상수업』이라는 책에 따르면(유현심, 서상훈 지음, 성안북스, 2018) 진북 하브루타 독서토론은 일곱 가지 키워드와 일대일 찬반 하브루타가 있다.

첫 번째로 낭독 하브루타는 묵독과 달리 우리 몸 기관 중

눈, 입, 귀를 활용한다. 낭독만 잘해도 기억 효과가 4배 이상이고 뇌세포가 70% 활성화된다. 역할극처럼 낭독하면 라디오극처럼 재미있다. 고전 독서도 이런 방법을 적용할 만하다. 앞장 음독과 다른 점을 둘이 함께 읽는다는 것이다.

두 번째로 경험 하브루타가 있다. 고전 책을 읽고 경험을 이야기하는 것이다. 작가가 직접 경험이나 간접 경험을 확인해 보고 우리의 경험을 이야기하면서 책을 이해하는 과정이다. 고전을 읽고 자신의 경험 이야기를 비교해 보며 대화를 나눈다.

세 번째는 재미 또는 감동 하브루타다. 책 속에서 재미있는 부분(기발하거나 독특한 부분, 표현이 좋았던 부분, 우스운 부분) 또는 감동적인 부분을 찾는 방법을 고전 독서에 적용해 본다.

네 번째는 궁금 하브루타다. 책 내용 중 궁금했던 부분을 나눈다. 작가에게 궁금했던 점, 주인공에게 묻고 싶은 것, 등장인물에게 묻고 싶은 것, 시대 배경이나 기타 궁금한 것을 질문해서 나눠 보는 방법이다. 하브루타의 하이라이트다.

다섯 번째가 중요 하브루타다. 마따호세프(너의 생각은 무엇이니?) 작가의 주제를 생각해 보는 것이다. 앞 장에서 언급한 것처럼 우리는 질문을 잃어버렸다. 자기 생각도 없어졌다. 고전 독서를 하면서 내 생각에는 주제가 뭐라는 걸 서로 나눠보았으면 한다.

여섯 번째는 메시지다. 작가의 메시지를 찾는 것이다. 이 책 작가가 우리에게 해주고 싶은 말이 무엇인가. 이 책을 통해 나에게 어떤 말을 걸어오는지 찾아보는 것이다.

일곱 번째로 필사다. 손은 제2의 뇌다. 디지털이 생활화되면서 점차 손으로 글씨 쓰는 일이 줄어들고 있다. 앞 장에서 말한 대로 필사는 좋은 기억 방법이다.

일대일 찬반 하브루타도 있다. 찬성과 반대 입장을 정해 놓고 토론을 벌인다. 이기기 위한 토론이 아니라는 점에서 디베이트와 다르다. 역지사지해 본다는 의미다. 내가 찬성하더라도 역할을 바꿔 반대 측이 되어 보면서 토론을 한다. 하브루타 토론 중 생각을 바꾸면 안 된다. 찬성과 반대 측을 교대해 두 번 반복해 본다.

이 외에도 하브루타는,

1. 사실확인 하브루타(사실, 행간 읽기, 느낌)
2. 상상 하브루타(만약에 나라면)
3. 적용 하브루타(현실에 적용해 본다)
4. 종합 하브루타(교훈, 의미)
5. 비교대조 하브루타
6. 반박 하브루타

등으로도 표현된다. 전문가가 보면 이런 디베이트나 하브루타 독서토론은 한심한 논의일 수 있다. 일반인은 하나씩 짚어가면서 시행하는 과정에서 고전공독의 깊이가 더할 수 있다.

토론하며 하브루타를 나누는 고전공독 시간이 되도록 하는 것도 고전을 깊이 읽는 중요한 방법 중 하나다. 이론으로 설명하기는 어렵지만 해보면 우리가 평소 해왔던 방법일 수 있다. 고전공독에 토론과 하브루타를 통해 깊은 이해를 도모해 보는 방법도 추천할 만하다.

20

몰입, 사색 시간 보내기

이전 필자의 졸저『액티브 시니어의 깊이 있는 독서법』중 독서 후 잊지 않기 위해 하는 여러 가지 방법을 언급한 적이 있다. 그 대표적인 것이 333독서법과 1124독서법이다. 333독서법이란 일명 홈쇼핑 호스트 독서법이다. 홈쇼핑에서 상품을 파는 쇼호스트처럼 자신이 읽은 것에 대해 3일 안에 3명에게 3분간 말로 해보는 것이다. 짧은 시간에 설명해 보면 기억에 오래 남는다. 1124란 하루 후, 일주일 후, 이주일 후, 한 달 후 읽은 책을 새겨보며 기억을 놓치지 않고 잡아 뇌에 새기라는 뜻이다.

고전 독서에도 이를 적용하면 좋을 듯하다. 고전 독서에는 여기에 특히 덧붙일 것이 있다. 많은 생각을 해보는 시간을 갖는 방법이다. 다른 책도 그렇지만 고전은 혼자 생각하는 시간이 많아야 얻는 것이 많다. 새겨보기도 하고 유추해 본다. 그런 과정을 통해 저자와 만나고 미래 자기 일과 연결도 가능하다. '생각해야 한다.'라고 지금 세대에게 말하면 이성적으론 고개를 끄덕일 수 있다. 본능적으로 '그런 거 잊은 지 오래다'라고 답할 수 있다. 뭔가 잠깐 '검색하고 터치'해 보는 시대다. 휴대폰 검색을 위해 터치 한 번 하면 끝이다. 자기 생각이 비집고 들어갈 공간이 없다. 오히려 '멍' 때리는 시간을 가져보자는 것이 구호인 시대다. 여러 가지 정보들이 순식간 '왔다 갔다' 하는 세상이니 지나치게 머리가 혼잡하다는 말도 맞다. 생각은 하되 온갖 잡생각을 하며 시간 대부분을 보내는 것이 문제다.

TV 보는 시간을 줄인다면, 인터넷에 홀려 있는 시간을 줄인다면, SNS를 보는 시간이 하루 3시간 넘는다, 이를 줄인다면 할 일이 많다. 노인은 대개 뭔가 시작하기 전 머뭇거리는 시간도 많다. 노인이 날이 갈수록 시간이 빨리 지나간다고 생각하는 것은 뭔가 시작하기 전 머뭇거리는 시간이 많아서라고도 해석하는 견해가 있다. 필자는 이 부분을 충분히 인정한다. 생각을 한 가지에 집중하는 시간은 별로 없다. 혼자 어느 한곳에 집중적으로 생각하는 시간이 부족하면 자기 생각이 성숙되지 않는다. 자신만의 생각이 없으니 성장이 어렵다. 성공은 관심거리고 목표이고 목적이다. 성숙과 성장은 별 관심이 덜하다. 성숙과 성장이 적으면 성공이 얼마나 갈까? 성공을 이루려면 성숙과 성장이 필수 요건이다. 성숙과 성장의 시간이 길어지면 성공도 빠르고 그 성공이 계속 이어져 간다.

성숙과 성장엔 집중적인 생각이 필요하다. 고전 독서로 여러 가지 옛사람의 지식과 지혜를 받아들인다. 이를 자신의 성숙과 성장으로 숙성시키기 위해 필요한 것은 고요히 집중해 생각하는 시간을 확보하는 것이 아닐까? 생각 없이는 아무것도 익어지지 않는다. 이런 것을 머리로는 알고 있다. 실천은 갈수록 어려워지는 세태가 되는 것 같아 안타깝다. '검색해 보랴, TV 보랴, SNS 하느라' 남의 생각을 받아들이기에 급급해 자기 생각을 키우는 시간이 부족해진다는 뜻이다. 따라서 자신을 성숙시키는 생각에도 시간 배정이 필요하다. 이를 실천하는 좋은 방법을 필자에게 가르쳐준 책이 있다. 황농문의『몰입』이라는 책이다.7) 여기서부터는 그 책 내용을 발췌한 대목이다. '몰입은 우리가 쓰레기통에 던져 놓았던 먼지 낀 시간을 순도 100%의 황금빛 삶으로 바꾸어 놓을 것이다'로 이 책은 시작된다. 필자가 '고전 독서 후 하는 몰입 사색'은 고전 독서에서 읽은 내용을 가지고 사색할 때 몰입 방법을 쓰라는 의미다. 머리 안에 든 생각의 물을 많이 끌어 올리려면 펌프 작용이 필요하다. 펌프로 처음 물을 끌어 올리려면 마중물이 필요하다. 그 마중물이 몰입이다. 몰입이란 한 가지 목표를 위하여 자기가 할 수 있는 최대한 능력을 발휘하는 '비상사태 돌입'으로 비유하기도 한다. 자신을 초긴장 상태로 만들어 모든 것을 잊고 오로지 한 가지 일에 집중해 잠재된 능력을 최대한 발휘한다는 뜻이다.

고전 독서 몰입뿐만 아니다. 심지어 놀아도 몰입하지 않으면 재미가 없다고 한다. 돈이 아무리 많아도 몰입하지 않으면 행복을 경험하기 힘들다. 이처럼 행복을 원하면 뭔가에 몰입해야 한다. 해야 할 일을 남보다 더 잘하려면 몰입은 피할 수 없다. 이 책에서 황 작가는 몰입의 4가지 단계를 제시했다. 이를 소개하자면 다음과 같다.

제1단계 생각하기 연습은 20분간 생각하기다. 풀리지 않는 문제를 20분간 생각한다. 하루 5회 2주 이상 연습한다. 의미는 몰입 준비 단계로 생각하는 습관을 들인다. 목표는 자신의 능력에 대해 자신감을 갖게 하는 것이다.

제2단계는 천천히 생각하기 단계다. 2시간 천천히 생각하기다. 방법은 풀리지 않는 문제를 2시간 동안 생각한다. 하루에 한 번 2주 동안 연습한다. 의미는 힘들이지 않고 오래도록 생각하는 방법을 터득하는 과정이다. 목표는 생각하는 바가 전혀 힘들지 않고 하루 내내 생각할 수 있는 상태에 도달하는 것이다.

제3단계는 최상의 컨디션을 유지하며 하루 내내 생각하기다. 방법은 좋아하는 운동을 규칙적으로 매일 한 시간씩 한다. 풀리지 않는 문제를 매일 2시간 동안 생각하고 일요일에는 하루 내내 생각한다. 의미는 며칠이고 생각할 수 있는 최상의 컨디션 유지과정이다. 목표는 자신의 능력을 최대한 발휘하기 위해 규칙적인 운동이 필수임을 깨닫고 습관으로 만든다.

제4단계는 두뇌활동의 극대화다. 칠 일간 생각하기다. 방법은 풀리지 않는 문제를 칠 일간 생각한다. 의미는 고도의 몰입 체험이다. 목표는 하루 내내 그 문제만을 생각하게 되어, 문제에 대한 생각과 함께 잠든다. 문제에 대한 생각과 함께 잠에서 깬다.

고전 독서는 어려운 시간을 내서 읽은 책이다. 옛날 위대한 천재들을 만난다. 이들은 이런 몰입적 사색을 통해서 자신의 사상과 철학을 가다듬었다. 중력의 법칙을 발견한 뉴턴의 경우 어떻게 발견했느냐는 질문에 "한 가지만을, 그것 한 가지만 생각했다"라고 대답했다. 아인슈타인은 "몇 달이고 몇 년이고 생각하고 또 생각한다. 그러다 보면 99번은 틀리고 100번째가 되어서야 비로소 맞는 답을 찾아낸다"라고 말했다. 과학자만이 아니다. 300년 후 자신의 기업 미래를 놓고 현재 자기 일을 찾아내는 소프트뱅크의 손정의 회장도 몰입적 사고를 통해 헤아릴 수 없는 사업 아이디어를 창출했다는 것은 알려진 사실이다. 투자의 귀재 워런 버핏도 몰입적 사고를 한다. 버핏의 회사 버크셔의 직원은 "버핏은 하루 24시간 버크셔에 대해 생각한다"라고 말했다. 이제 WORK HARD가 아니다. THINK HARD 시대다. 이런 사실에 비춰 고전 독서를 한 것을 제대로 소화하기 위해선 이들처럼 몰입적 생각을 해야 한다. 이를 위해 고전 독서를 하고 난 후로 이에 대해 몰입적 생각을 위한 시간을 각별하게 작심하고 배정해야 한다.

위에서 몰입사고 훈련 4단계를 제시했다. 고전 독서 후 20분 정도 생각해 보도록 하자. 생각을 정리하고 고전을 쓴 저자의 심정을 느껴보도록 노력해야 한다는 뜻이다. 이후 자신의 삶에 어떻게 투영되어야 하는지도 20분 정도 배정해서 따로 생각해 보는 시간을 보내야 하지 않을까. 앞 장에서 말한 대로 저자는 자신의 질문에 대해 어떤 과정의 고민을 했는지를 되새겨야 한다.

필자는 어제 고전 독서 하브루타에 관한 글을 쓰고 고전강의 시간 『손자병법』에 대한 하브루타 수업을 진행했다. 손자는 어떤 메시지를 보냈나. 손자는 나에게 어떤 말을 하고 싶었는가를 토론해 봤다. 손자는 싸우지 않고 이기는 전쟁을 주장했다. 이기더라도 이익이 되는 전쟁을 논했고 전쟁 이후 어떻게 될 것인지까지 길게 고민했다. '전쟁은 안 된다'라는 말을 결국 길게 한 듯하다. 전쟁하기 전 그쪽 고향인 사람을 찾아 동태를 정확히 알아내야 한다. 용간술에 나오는 말이다. 간첩을 사용하라는 뜻이다. 그 많은 재산과 인명을 소요하는 전쟁이기에 간첩들을 활용해 상대를 아는 것은 중요하다. 용간 하는 데 돈을 아끼지 말라는 충고도 해줬다. 적 내부에 내 편을 만드는 내간, 이중간첩을 만드는 반간, 틀린 사실을 흘리는 사간, 돌아와서 보고하는 생간 등 듣기 생소한 개념들이 있다. 이를 내 삶과 연결해서 생각해 보면 주변 많은 사람과 관계에 많은 정성을 들여 관리해야 함을 느낄 수 있다. 이런 일은 주변에 얼마든지 있다. 나는 얼마나 이런 일을 냉정하게 받아들이고 있는 사람인지도 돌아보게 했다. 이런 과정을 통해 다시 생각해 보는 고전 독서 시간이 됐다.

각자가 혼자서 20분 이상 생각하는 시간을 권하고 싶다. 그것이 잘되면 천천히 생각하는 2시간을 보내 본다. 자신의 컨디션을 조절해 가면서 하루 내내 생각해 보는 단계 등을 훈련해 나간다. 이런 수련을 통해 모처럼 읽은 고전 독서를 제대로 소화하기를 기대해 본다.

고전 독서 후 333 말하기와 1124 되새기기 그리고 20분 이상 혼자 몰입해 생각하는 시간을 보내기가 필요하다. 고전 독서 후 몰입 생각 과정을 대입시켜 스스로 해보면서 자기 생각을 키워 나가야 성숙되고 성장하는 삶을 보내는 행복을 누릴 수 있다.

21

에세이로 마무리하기

지성인으로서 삶의 핵심은 질문하는 것과 생각하는 것 그리고 실천하는 것이다. 이를 위해 읽고 토론하고 글을 쓰는 훈련이 선행되어야 한다.

이 모라는 천문학자이며 과학저술가가 고전 관련 책 추천의 말에서 한 내용이다. 지성인의 핵심 교양으로 글쓰기가 빠질 수 없다. 저자는 '쓰기는 배움의 꽃'이라고 했다.[8] 필자도 독서의 마지막은 글쓰기라고 생각한다. 글쓰기의 종점은 '책 쓰기'라는 믿음도 갖고 있다. 이런 이유로 이 책을 쓰고 있다. 배웠으니 책 쓰기로 정리해 나가야 한다는 생각 때문이다. 작가는 '고전을 읽고 여러 의견을 듣는 것이 '정보 습득의 과정'이고, 내 의견을 말하는 것이 '정보 공유의 과정'이라고 한다면, 쓰기는 '정리의 과정'이기에 글쓰기가 배움의 꽃이라고 설명했다. '글을 쓰면서 우리는 자신의 의견, 다른 이들의 의견을 총체적으로 정리할 수 있다. 정리하는 과정에서 우리는 자신만의 가치관을 만들 수 있기 때문이다'라고 주장했다.

고전 책을 읽는 것은 단순히 요약하기 위해서가 아니다. 생각하기 위해서다. 생각하기는 자신 이외에는 할 수 없다. 앞 장에서 몰입해서 생각해 보기라는 설명을 했다. 몰입해서 생각하는 것으로 끝나면 그 생각이 흘러 나갈 수 있다. 이걸 마무리하기 위해 글쓰기가 필요하다. 글 쓰는 과정에서 하나의 정리된 생각이 탄생한다.

　글쓰기를 위해 전체적으로 읽었던 책을 훑어본다. 주제를 생각한다. 주제 부분이 나오면 자세히 꼼꼼하게 짚어본다. 자신이 주제를 제대로 선정했는지를 알아보기 위해 브레인스토밍 과정을 진행해 본다. 흥미로운 부분도 체크한다. 개요를 짠다. 글을 쓴다. 작가의 이런 에세이 쓰는 과정을 보고 일반인에게 이 부분이 해당될지를 생각해 봤다.

　공식적인 학술 에세이를 일반인에게 요구하기란 어렵다. 그럴 필요도 느끼지 않는다. 글쓰기는 피할 수 없다. 고전 독서 후 글쓰기로 마무리한다는 걸 명심하고 매일 실천해 나가는 것이 필요하다. 필자는 글을 쓰는 데 다른 특별한 방법을 주장하지 않는다. 글은 글을 쓰면서 배운다. 처음부터 좋은 글을 기대하면 안 된다. 그저 오늘 쉬지 않고 쓰면 된다. 오죽하면 오늘 글을 쓰면 작가요, 글을 쓰지 않으면 작가가 아니라는 말이 나오겠는가?

　고전 독서를 하는 사람들도 마무리 글을 쓰지 않으면 '헛것 읽은 것'이라고 생각하며 글쓰기에 임해야 할 것으로 보인다. 필자가 쓰고 있는 글쓰기 방법은 별스럽지 않다. 글은 하루도 빼지 말고 써나가는 가운데 는다. 아침에 일어나며 무조건 한 페이지 정도 글을 쓰면서 하루를 시작한다. 줄리아 카메론이라는 작가는 『아티스트 웨이』[9]라는 책을 통해 '나를 위한 12주간의 창조성 워크숍'을 설명했다. 이 책은 늘 영감과 창조성에 목말라하며 헤매는 작가들에게 매일 아침 흰 노트에 나만의 이야기를 두서없이 써 내려가라고 충고한다.

작가는 "매일 아침 시계를 30분 일찍 울리게 맞춰 놓는다. 일어나자마자 떠오르는 생각을 의식의 흐름에 따라 편안하게 세 쪽 정도 쓴다. 써 놓은 것을 다시 읽으면 안 되고, 다른 사람이 읽게 해도 안 된다. 다 썼으면 큼직한 서류봉투에 넣어 보관하거나 비밀스러운 곳에 숨겨 둔다. 그것들은 당신을 변화시킬 것이다. 매일 저녁, 모닝페이지에 무심코 써 놓은 내용들은 긍정적으로 바꾸어 생각한다"라고 주장한다.

모닝페이지를 12주 동안 하루도 쉬지 말고 쓰라고 한다. 작가는 이와 함께 내면의 자신과 단둘이서 산책을 하기도 주문한다. 20분 산책이 의식을 극적으로 바꾼다는 말도 덧붙인다. 여기서 주목할 것은 모닝페이지다. 글을 쓰는 사람은 아침에 일어나 생각나는 대로 이렇게 써보는 훈련이 가장 긴요하다. 고전독서 후 글쓰기가 괴롭다고 느낀다면 우선 이런 시도를 매일 해보길 권한다. 잠자기 전 일기도 필요하다. 잠들기 전 필자는 단전호흡 10분과 일기 쓰기 5분을 하려고 노력한다. 이렇듯 글쓰기가 몸에 배면 고전 독서 후 글쓰기도 당연한 일과가 된다.

고전 독서 후 글쓰기, 즉 에세이 쓰기에 대해 많은 어려움을 토로하는 학생들을 봤다. 모든 종류 글쓰기는 각자 자신의 틀을 가지고 있다는 생각을 하면 문제는 달라진다.

에세이 기본 틀은,

서론: 논점을 둘러싼 배경 설명, 용어 및 개념 정리, 주장의
　　　방향

본론: 논점을 3~4개 항목으로 정리하여 전개(논거+근거)
　　　논거(논제에 대한 찬성과 반대의 이유를 한 문장으로
　　　간략하게 말한다)
　　　근거(논점을 지지할 수 있는 근거 자료를 제시: 신문
　　　기사, 통계 자료, 전문가 의견, 일반적인 사실 등)

결론: 기대효과 및 주장의 마무리(논거의 타당성과 현실성을
　　　받아들이도록 유도)

이런 정도이다. 이것을 고전 독서에 적용하면 책 내용 중 서
론에서 주제를 둘러싼 배경 설명과 용어 및 개념 정리 주장의
방향을 정한다. 본론에서 논점을 서너 개 정도 정리해서 전개
한다. 주로 논거와 근거를 말한다. 논거와 근거를 하나씩 정리
해 나가면 된다. 결론은 기대나 전망으로 쓴다. 이런 정도 에세
이 기본 글 틀을 염두에 두고 정리해 나가면 된다.

　에세이가 부담스러우면 간단한 독후문이나 서평도 좋은 방
법이다.

　서평에 대해서는 『서평의 이론과 실제』[10]라는 책에 잘 정리
되어 있다. 이를 인용하자면(398페이지 발췌),

　어차피 글쓰기는 작가들조차 부담스러워한다. 쉽게 글을 쓰려면
　일정한 틀을 이용해야 한다. 구체적으로 보면,

1. 작가는 왜 이 책을 썼을까: 저술 목적을 적어본다.
2. 작가는 무엇을 말하는가: 핵심적인 내용을 쓴다.
   세 문장 정도로 요약한다. 전반부 내용 요약, 중반부 후반부 내용 요약하는 형식이다
3. 나에게 어떻게 적용할 것인가: 실천사항을 정리해 본다.
4. 고전 독서 후 자기 생각을 써본다: 나는~라고 생각한다. 주장과 평가를 써보는 것이다.
5. 이유: 왜냐하면 / 내 생각에 대한 이유 3가지를 쓴다.
   왜냐하면~세 가지 논거로
6. 결론: 그래서 나는~라고 생각한다.
7. 평가: 2% 해당하는 한마디 정도 서평은 어떤 경우도 평을 한마디 이상 남겨야 한다. 일방적 칭찬이나 비판만 들어 있는 글은 평이 아니기 때문이다.
8. 마지막으로 내 마음속에 한 문장을 적어본다.
   정해진 글 틀은 없다. 자기 스스로 만들어가면 된다. 이런 정도를 서평의 순서로 잡고 대입시켜 보는 것도 권할 만하다. 이런 글이 마음대로 되면 활용하는 방법도 많다.

1타입으로는
1문단에 작가와 작품을 소개한다.
2문단에는 줄거리와 주요 내용을 요약한다.
3문단은 발췌 및 해석
4문단에 전체 느낌과 추천 대상 / 추천 이유를 쓰는 형식이 있다.

2타입은
1문단 발췌
2문단 작가 및 작품 소개
3문단 줄거리 주요 내용 요약
4문단 전체 느낌 / 추천 대상 / 추천 이유

3타입
1문단 줄거리 / 주요 내용 요약
2문단 작가 및 작품 소개
3문단 발췌 및 해석
4문단 전체 느낌 / 추천 대상/ 추천 이유

4타입
1문단 읽게 된 배경 단상
2문단 줄거리 / 주요 내용 요약
3문단 발췌 및 해석
4문단 전체 느낌 / 추천 대상 / 추천 이유

5타입
1문단 전체 느낌 또는 평, 간단한 작가 및 작품 소개
2문단 줄거리 / 주요 내용 요약
3문단 발췌 및 해석
4문단 추천 대상 / 추천 이유 / 마무리
등 다양한 서평을 쓸 수 있다. 독후감을 쓰려면 평을 하는 이유 대신 자신의 감상을 쓰면 된다(『서평 글쓰기 특강』, 김민영, 황선애, 북바이북, 2015, 131페이지 발췌).

지성인이라면 어떤 상황에서든 질문하고 생각하며 실천하는 것이 생명이다. 이를 위해 읽고 토론하고 글을 쓰는 훈련이 선행되어야 함은 당연한 일이다. 글쓰기로 마무리할 것!

고전 독서 후 마무리는 에세이를 쓰는 것이다. 자기 생각을 분명히 하기 위해서다. 글은 틀을 가지고 쓰면 비교적 가벼운 마음으로 쓸 수 있다.

제4장

고대 서양 고전

이제 본격 고전 읽기로 들어가자. 지금부터 쓰인 글은 고전을 읽고 난 다음 정리한 글들이다. 모든 고전을 전부 옮겨야 하지만 지면 관계상 곤란했다. 지면이 허락하는 데까지 옮겨보았다. 이 글을 정리하는 과정에서 독서할 때보다 더 많은 공부가 됐다. 고전 읽기 대상 책은 앞에서 언급한 대로 서양 고전, 동양 고전, 한국 고전 134권이다. 첫 일 년 동안 읽은 책 중 일부가 주로 언급됐다. 이번 책은 입문편이지만 앞으로 계속 이어 나갈 생각이다. 134권을 한 번 보려면 적어도 5년은 걸린다. 한 주 삼백 페이지이니 당연하다. 2회, 3회 읽다 보면 10년은 훌쩍 지날 터이다. 필자의 노후는 이런 일이 있어 외로울 틈이 없다. 행복하다. 아무쪼록 고전 읽기 일회독이 끝나고 이회독, 삼회독 하면서 더 깊이 있게 이해할 수 있기를 기대하고 있다. 필자는 전문적인 인문고전학자가 아니다. 아래 책을 대학에서 강의하는 전문가들이 보기엔 어설픈 글이 될 가능성이 있다. 시도했다는 데 큰 의의를 두고 적어 나갈 예정이다. 처음 읽는 글이어서 이해도가 깊지 않은 점에 대해 독자에게 양해를 구한다.

22

철학은 국가 발전의 기초,
플라톤의 『국가』[1)]

공자 출생 연도가 기원전 550여 년 즈음이다. 석가모니는 기원전 563년경이다. 추정 연도로 보자면 불과 13년 차이가 있다. 플라톤은 130여 년 후인 기원전 428년경 태어났다. 이 시대는 인류에게 큰 영향을 준 성자 탄생이 시기였던 것 같다. 소크라테스가 사형당한 것은 기원전 399여 년이고, 그의 나이 70세였다. 이때 플라톤의 나이 28세 정도다. 플라톤은 기원전 347년 (80세)까지 산다. 이 책 제목인 '국가'의 의미는 고대 헬라스인에겐 폴리스(polis)다. 기원전 425년 아테네 인구는 시민 십일만 육천여 명, 거류민 이만 일천 명, 노예 팔만 명, 모두 이십일만 칠천여 명 정도로 추정되고 있다. 플라톤이『법률』을 쓰며 구상했던 나라 인구가 오천사십 세대, 즉 이만 명이 조금 넘는다. 당시 아테네에서 코린토스까지 팔십 킬로미터를 가는 사이에 네 개 나라가 있다. 우리나라 육가야 정도 크기의 나라들이다. 이들 나라 정체(政體), 즉 정치체제 관련해 써진 책이다.

플라톤은 세상에서 가장 존경하는 스승 소크라테스가 소위 민주정이라는 정치체제에서 억울하게 사형당한 것을 목격한다. 소크라테스의 죄목은 '젊은이들을 타락시키고 나라가 믿는 신을 믿지 않는다.'라는 정도다. '코에 걸면 코걸이 귀에 걸면 귀걸이'식의 논리로 그날 재판정 분위기에 따라 사형이 내려지는 행태를 보고 플라톤은 깊은 회의를 느낀다. 말은 민주정이지만 우민들이 분위기에 휩쓸려 중요 결정이 무책임하게 정해지는 당시 아테네 정치에 소크라테스라는 거인이 희생당한 것이다. 지금 세계에서 가장 인정받는 정치체제인 '민주정'에서 생긴 일이다. 다수결에 의한 민주정에서 소수의 의견은 매몰된다. 집단지성이라고 하지만 반드시 옳지 않다. 지금도 인터넷 또는 대중매체의 판단이 시간이 지나고 나서 보면 옳지 않은 경우가 많다. 플라톤은 민주정을 가정한 중우(衆愚)정치에 깊은 회의를 품는다.

플라톤의 『국가』라는 책은 세상에 어떤 정치체제가 가장 좋은지에 대한 질문에서부터 써졌다. 플라톤은 지성이 지배하고 지성이 실현되는 나라를 꿈꾸었다. 국민이 어려서부터 철학을 공부하고 익히며 수련한다. 그 결과 철학이 몸에 배는 사람들이 사는 세상을 그렸다. 그 과정에서 '인간이 어떻게 사는 것이 가장 즐겁고 행복한지'를 밝혀낸다.

부자는 많은 사람한테서 존경을 받고, 용감한 사람도 지혜로운 사람도 존경을 받으니까요, 그래서 명예를 누림으로 인한 즐거움이 어떤 것인지에 대해서는 모두가 경험이 있습니다. 그러나 실재(實在)에 대한 관상(觀想)이 어떤 즐거움을 지니고 있는지는 지혜를 사랑하는 사람 이외에는 다른 누구도 맛볼 수 없습니다(586페이지).

지혜를 사랑하는 사람, 즉 철인만이 세상에 가장 큰 즐거움과 진정한 행복을 갖는다고 플라톤은 주장한다. 부자와 용감한 무인들이 철학을 갖춘다면 그 부나 무용(武勇)이 더 많은 품격이 더해질 것은 분명하다.

이런 의미에서 정치하는 철인을 플라톤은 길러내고자 '아카데메이아'라는 학당을 만들었다. 이는 아리스토텔레스가 플라톤 사후 20년이 지나 만든 '리케이온'과 함께 후에 중세 스콜라철학을 다루는 수도원이나 대학의 첫 효시가 된다. 우리나라도 서강대 최진석 교수가 소개한 건명원이 있다. 『탁월한 사유의 시선』[2]이라는 저서를 통해 최 교수는 '나라발전의 근간은 철학'이라는 믿음을 갖고 인재를 길러낸다는 점에서 공통점이 보인다. 우리나라가 선진국으로 가기 위해서는 지금처럼 철학을 수입하는 선에 그쳐서는 안 된다. 철학을 나름대로 만들어내는 나라만이 선진국이 될 수 있고 선도국이 될 수 있다고 최 교수는 주장한다. 새 장르를 만들 줄 알고 시를 쓰고 미술과 음악을 사랑하는 예술가와 철학자가 나라를 선진국으로 끌 수 있다는 점엔 필자도 동의한다. 대한민국은 '건국파, 산업파, 민주파' 들 갈등과 싸움을 더 이상 이어가서는 안 된다. 이제 그 너머로 가야 한다는 뜻에 저절로 고개가 숙여진다. 당시 최고 지성 국가였던 아테네마저 중우정치로 기울어갈 때 플라톤은 아이들이 10살이 되면 격리된 학교로 들어가 체육과 시학을 배우는 교육을 주장한다. 육체적으로 힘을 기르고 시학을 통해 영혼을 맑게 해야 한다는 뜻으로 이런 교육을 주장한다. 20세가 되면 이들을 대상으로 시험을 보게 해 떨어지는 학생들은 국가의 상업이나 농업 등을 주로 맡게 한다. 여기에 합격한 학생들을 대상으로 5년간 수사학을 교육한다. 5년 후 다시 시험을 통해 탈락한 학생을 군인이 되도록 한다. 국가의 방위를 책임지게 한다. 남은 사람들은 50세까지 논리학을 비롯해 수학, 기하학, 문학, 천문학 등을 배우게 해 이를 현장에서 연마하게 한다. 50세가 되면 정치에 임하게 한다는 교육 과정을 제시하고 있다. 건명원이나 아카데메이아나 철학이 국가 발전의 기초라는 믿음에선 같아 보인다. 중국이 1870년대 서양에 난징조약, 베이징조약 등 아편전쟁을 지면서 치욕을 당한다. 양무운동과 변법자강운동을 통해 중국을 구해보려 하지만 번번이 실패한다. 1914년 진두슈와 마오쩌둥은 마르크스와 레닌주의라는 새로운 철학으로 공산당을 만들고 1949년 중화인민공화국을 세운다. 이전 있었던 양무운동과 변법자강운동은 열강에 대항하기 위한 배를 만들고 함대를 만드는 운동이었다. 정치제도도 새롭게 하는 움직임이었다. 모두 서양을 극복하지 못했다. 공산주의라는 새로운 철학으로 중국 인민을 구했다. 플라톤도 당시 아테네 정치체제로는 새로운 세상을 열지 못한다는 것을 깨닫고 철인정치의 나라를 세우려 했다. 플라톤의 시도는 당시 아테네를 구하진 못했지만 지금도 세상에 큰 울림으로 남아 있다.

플라톤 철인정치 지도자들은 재산을 사유하지 못하도록 한다. 마음 안에 보석이 있으니 '다른 재물이 필요 없다'라는 식이다. 사유 재산을 가지면서 사익을 추구하게 되면 정치지도자로서 의미가 없다는 뜻이다. 과두정치나 참주정치는 사유 재산을 탐하면서 생기는 일이라고 풀이한다. 특이한 것은 여자도 지도자가 될 수 있다는 점이다. 남녀평등을 이때 플라톤은 이미 제시했다. 능력만 있다면 여자든 남자든 상관없다.

더 재미있는 것은 플라톤은 섹스에 대해 '섹스보다 더 크고, 더 강렬한 쾌감을 주는 것은 없다'라고 말한다. 더 눈길을 끄는 것은 이런 섹스를 전쟁에서 이긴 사람에게 전승 선물로 주자고 주장한 점이다. 전쟁을 열심히 해 나라에 영광을 안기게 한 사람은 어떤 여성과도 섹스를 허용한다. 이는 좋은 씨앗이기 때문에 더 널리 퍼지게 해야 한다는 논리가 근거가 된다. 고전을 읽다 보면 이런 재밌고 자극적인 부분(?)도 만나게 된다. 시대가 다르다 보니 다양한 사고방식, 인생관, 사는 모습 등을 만나게 된다.

> '글라우콘, 사냥개들과 새들을 보게. 비록 이것들이 혈통이 좋은 종인 것들이긴 하나, 바로 이것들 중에서도 어떤 것이 최선인지 쉽게 드러나지 않는다네. 그렇다면 자네는 모두한테서 똑같이 새끼를 얻는가, 아니면 최선의 것들한테서 최대한의 새끼를 얻으려 열심인가. 인류에게도 사정은 역시 마찬가지라면 통치자들이 최상급이어야만 할 필요성이 우리에게 있어서 얼마나 크겠는가?'

『플루타르코스 영웅전』3)에는 스파르타의 뤼크루쿠스전이 나온다. 여기엔 이런 내용이 나온다. 당시 스파르타는 국가 목표가 오직 최상의 전사를 만들어내는 것이다. 좀 더 건장한 여자나 남자가 서로 만나야 한다. 어떤 여자가 건강한 아이를 낳아 기르면 '텃밭이 좋다'며 이웃의 다른 남자가 여자를 빌려달라고 한다. 당연하다는 듯이 빌려준다. 여자 역시 좋은 남자 씨앗을 갖는 데 주저하지 않는다. 이런 것들은 지금 우생학의 논리와 일치한다. 좋은 텃밭과 좋은 씨앗을 인간에 적용하는 사례다. 이런 것은 후일 나치스의 히틀러가 주장하는 것과 일치한다. 나치스는 인류에게 많은 해악을 끼쳤다. 서구 유럽의 전쟁을 위한 전체주의도 여기서 파생된다. 이런 사례들은 서구 문명 중 그리스 문명에서 비롯된다는 말을 확인시켜 준다.

유럽의 유명 철학자 알프레드 노스 화이트레드는 '지금까지 서양철학은 플라톤의 주석에 불과하다'라고 말했다. 유럽의 철학적 전통을 가장 확실하게 일반적으로 특징짓는다면 그것은, 그 전통이 플라톤에 대한 일련의 각주로 이뤄져 있다는 것이다. 그뿐만 아니라 버트런드 러셀도 『서양철학사』에서 "어쩌면 '철학'은 플라톤의 방법으로 추구하는 탐구 활동의 총합으로 정의될지도 모른다"라고 말했다. 플라톤의 『국가』라는 책이 갖는 무게를 드러낸 플라톤 평가들이다. 당시 플라톤과 소크라테스가 벌였던 연역법과 귀납법, 변증법 논증 등이 진리 탐구의 큰 토대가 됐다. '진리는 하나다'라는 절대 진리론도 중세기독교와 이슬람 등 종교나 학문에 큰 영향을 끼쳤다. 지금까지도 사람들 마음속에 남아 있다.

플라톤은 이상 국가 안에 여러 가지 눈에 띄는 주장을 한다. 남녀는 평등하다. 남자나 여자들을 일부일처가 아닌 공유체제로 만들자는 것들이 있다. 개인 소유욕이 탐욕을 부추기면서 과두정이나 참주정을 만들어낸다는 우려를 나타낸다. 플라톤은 이데아론을 전개한다. 사람들은 동굴 안에 손발을 묶인 채 한 구멍을 통해 빛을 받아들이고 여기서 보이는 것만으로 세상을 보고 안다. 자기 안 동굴에 모두 갇혀 있다. 자기가 보는 것만 실재이고 진리라 여긴다. 그중 어떤 사람이 손발이 풀려 나가 보니 진실은 그렇지 않았다. 실상이나 본질을 제대로 보게 된다. 영혼은 죽어서 심판을 받는다. 좋은 일을 한 사람은 하늘로 올라가고 나쁜 일을 했다고 판단되는 사람은 지옥으로 내려가 심판받는다는 식의 신비주의 인생관을 플라톤은 가졌다. 후일 기독교 교리의 토대가 된다.

진리는 위의 이데아처럼 실재하는 하나다. 영혼은 심판을 받는다. 영혼은 불멸이다. 플라톤의 기하학은 피타고라스학파를 받아들인다. 자신의 아카데메이아에 '기하학을 모르는 사람은 들어오지 말라'고까지 써 놓는다. 진리는 하나라는 것을 확신시킨다. 이렇게 주장하는 플라톤식 사고는 진리의 절대성을 주장하는 것과 일치한다. 서양철학사에 진리의 절대성을 밝히려는 노력은 오늘도 지속 중이다. 진리의 상대성이나 불가지성 또는 실용성을 주장하는 학파도 있다. 이들과 진리를 밝히려는 노력은 지금도 지속되고 있다. 현재까지 '모든 서양철학은 플라톤의 각주에 지나지 않다'라는 주장의 근거가 된다.

　우리나라 유명 철학자 중 어느 분은 대학 시절 내내 플라톤의 『국가』라는 책만 원문으로 읽었다고 한다. 플라톤의 『국가』는 서양철학의 효시이고 세상 모든 학문의 시작점이라는 해석도 있다. 플라톤의 『국가』라는 책의 비중을 느끼게 해주는 대목이다. 고전 독서를 하면서 플라톤의 『국가』는 몇 번 읽어도 모자람이 없는 귀한 책 중 하나다.

2500여 년 전 플라톤 시대 그리스 민주정은 소크라테스를 희생시켰다. 플라톤은 철학을 평생 공부해 나가는 국민과 지도자만이 온전한 민주정을 이룰 수 있다고 주장했다. 『탁월한 사유의 시선』이라는 책을 통해 최진석 교수는 국가 발전의 기초가 철학이라고 주장한다. 현재 인류 모두의 지성이 높아지고 있다고 필자는 믿고 싶다. 인류의 영적 진화는 물론 세계 평화를 위해 이보다 더 중요한 일이 있을까. 모든 인류가 철학을 배우고 수련하는 자세로 자신의 삶을 살아가는 세계가 되기를 기대해 본다.

23

인류 문학 첫새벽 연
『일리아스』4)

트로이인들은 떼 지어 불길처럼 또는 태풍처럼 사기충천하여 아우성치고 고함을 지르며 프라아모스의 아들 헥토르를 따르고 있었으니, 그들은 적의 장수들을 모조리 죽일 수 있으리라고 믿었던 것이다(13권 39~43).

『일리아스』는 전쟁 서사시다. 기원전 800여 년경 책으로 대개 추정하고 있다. 트로이 전쟁은 기원전 1200여 년 일어났다. 400여 년 후 써졌다는 뜻이다. 『일리아스』는 톨스토이『전쟁과 평화』의 롤 모델이 된 작품으로도 유명하다. 둘 다 인류사에 남을 대단한 고전들이다. 톨스토이는『전쟁과 평화』를 기획하면서『일리아스』를 읽기 위해 그리스어를 배웠다고 한다. 톨스토이의『전쟁과 평화』는 나폴레옹의 러시아 침공을 소재로 하는 전쟁 소설이다. 톨스토이는『전쟁과 평화』를 쓰는 과정에서 전쟁 분위기를 시종일관 유지하며 쓰고자 했다. 위 첫 구절처럼『일리아스』를 보면 '둥둥둥' 하는 소리가 끊이지 않고 들리는 듯하다. 불길처럼 태풍처럼 사기충천한다. 아우성치고 고함 지르고 달려오는 분위기가 이어진다. 전쟁터를 그려나가는 이 분위기를 톨스토이는 『전쟁과 평화』에서 살리고 싶었다. 톨스 토이는 이를 위해 『일리아스』를 『전쟁과 평화』를 쓰는 내내 반복해서 읽었다고 한다.

『플루타르코스 영웅전』에 보면 알렉산더 대왕 편이 있다. 알렉산더 대왕은 기원전 334년 아시아 원정을 떠난 사람이다. 호메로스의 『일리아스』가 써진 지 500여 년 후 시대 알렉산더 대왕은 전쟁을 일으킨다. 이때 알렉산더 대왕도 호메로스의 『일리아스』를 베개 삼아 베고 갔다고 한다. 몸에서 떼지 않고 갖고 다니며 수시로 읽었다는 뜻이다. 알렉산더 대왕은 『일리아스』를 통해 전쟁 이론을 배웠고 전략 전술도 여기서 알고 응용했다고 한다. 『일리아스』는 이처럼 전쟁 이론서로도 쓰일 수 있다.

트로이가 강성했던 시절, 그리스는 도시국가들이 연합해서 트로이와 10년 전쟁을 하며 결국 트로이를 무너트린다. 그리스 시대를 연다. 그리스는 로마가 융성하기 전까지 아테네와 스파르타를 중심으로 한 도시국가로 한 시대를 주름잡는다. 그리스 시대 종말을 고하고 새로운 강자로 들어선 것이 로마다. 로마는 자신의 시조를 트로이 왕족 일가 '아이네이스'에서 찾는다. 로마가 그리스를 넘어 새로운 시대를 여는데 그리스 신과 영웅을 그대로 로마 국가 선조 신화로 삼고 이어받을 수는 없었지 않을까? 이런 이유로 그리스보다 더 컸던 트로이. 그 왕족이 세운 나라의 후손 국가로서 '로마'였으면 했다. 로마 최대 시인 중 한 명인 베르길리우스는 『아이네이스』라는 작품을 썼다. 로마 최고 전성시대로 불리는 아우구스투스 시대에 써졌다. 기원후 일 년부터 백여 년간에 해당되는 시기다. 주로 '로마가 어떻게 세워졌는지'를 밝히는 용도의 책이다. 로마 황제 아우구스투스는 당대 최고 시인 베르길리우스에게 로마 신화를 시로 써 달라고 요구한다. 우리로 말하면 조선 건국 '용비어천가'를 만들라는 요구인 셈이다. 베르길리우스는 황제의 뜻에 따라 『일리아스』와 『오디세이』를 들고 그 속에서 로마 신화를 만들어 나갔다. 완성작은 아니었다. 베르길리우스는 죽기 전 『아이네이스』가 다소 억지스럽다고 여겼는지 지인들에게 없애 달라고 유언을 남기고 명을 달리했다.

　『일리아스』 시작은 당시 최대 왕국인 트로이 왕자 헥토르와 파리스가 스파르타 왕 메넬라오스 초대로 연회에 참석하면서부터다. 연회 기간 중 파리스는 메넬라오스 왕비 헬레네와 사랑에 빠진다. 트로이로 돌아가면서 헬레네를 데리고 간다. 나중에 이를 안 메넬라오스는 화가 났다. 마누라를 탈취당한 복수를 해야겠다고 결심한다. 형인 아가멤논 왕에게 도움을 청한다. 야심가인 아가멤논은 이를 계기로 그리스를 한데 묶고 트로이까지 넘보게 된다. 그리스 연합군을 꾸려 트로이를 상대로 헬레네를 구실로 전쟁을 한다. 전쟁은 10여 년 걸린다. 그리스군 주력 장군인 아킬레우스는 전쟁 초 자신이 잡은 브리세이스라는 전쟁 포로 여자를 사랑하게 된다. 아가멤논은 브리세이스를 아킬레우스에게 빼앗는다. 아킬레우스는 이를 이유로 전쟁에 임하지 않는다. 9년여 동안 그리스군이 밀린다. 전쟁 막바지에 패트라클로스라는 아킬레우스의 남자 애인이 전쟁에 나서 트로이 헥토르에게 죽는다. 당시 그리스 세계는 남색이 대세다. 자신의 한 부분 같은 애인을 헥토르가 죽였다며 아킬레우스는 신발 끈을 묶고 복수에 나선다. 아킬레우스는 결투해서 헥토르를 죽인다. 아킬레우스는 죽은 헥토르를 마차 뒤에 매달고 패트라클로스의 무덤을 돈다. 헥토르 부친이며 트로이 왕인 프리아모스 왕은 아들 시신을 아킬레우스에게 돌려받기 위해 목숨을 걸고 밤에 적진으로 아킬레우스에게 찾아간다. 아킬레우스가 적국 왕이 아들 시신을 위해 직접 찾았다는 사실에 감동해 헥토르를 돌려주면서 『일리아스』는 끝이 난다. 이 시대는 신들의 시대이고 영웅의 시대다. 사랑, 자존심, 명예, 영광을 위해 영웅들이 목숨을 걸고 전쟁을 하는 시기다. 이런 일을 당연하고 영웅시하는 시대에 호메로스는 이들의 찬가를 불렀다.

모든 일은 신들이 정한다. 인간은 아무리 영웅이라 해도 결정권이 없다. 뭐든 결론이 나오면 신들이 하는 것으로 마무리된다. 『일리아스』의 시작도 신화에서부터다. 신 중의 신인 제우스가 자신의 여자인 헤라와 아테네 그리고 아프로디테로부터 질문을 받는 데서부터 시작한다. 세상에 누가 가장 아름다운가? 제우스는 파리스라는 그리스 최고 미남으로부터 사과를 받는 여신이 가장 아름답다고 말을 돌린다. 아프로디테는 몰래 파리스를 만나 황금 사과를 건네며 자신에게 주면 그리스 최고 미인을 선사하겠다고 한다. 파리스는 아프로디테를 선택한다. 아프로디테는 최고 미의 여신이 된다. 파리스는 대신 아프로디테로부터 헬레나를 선물로 받는다. 여기서부터 문제가 생긴다. 헬레나는 그리스 스파르타 왕 메넬라오스의 처이기 때문이다.

그리스 시대는 예수나 모하메드가 없는 세상이다. 다양한 신들이 인간 세상을 좌지우지한다. 신들은 예수님이나 모하메드처럼 점잖은 신들이 아니다. 변덕스럽다. 전쟁을 좋아한다. 매양 성폭력 성희롱을 일삼는다. 도덕적으로 배울 점이 별로 없다. 플라톤은 이런 이유로 호메로스 작품 속에 나오는 신을 싫어했다. 아리스토텔레스는 그럼에도 호메로스의『일리아스』나『오디세이』가 작품성과 창조성이 높다고 평가한다. 호메로스의 두 작품은 어느 한 구절만 없어도 이야기 구성이 성립되지 않을 정도로 정교한 플롯을 가진 작품이다. 지금부터 3000여 년 전 작품이 그 정도 구성력을 가졌다는 것은 후세 사람들이 믿질 못한다. 이 작품은 로마 시대 널리 알려진다.『일리아스』와『오디세이』를 모두 줄줄 외우는 것이 당연했다. 대단한 베스트셀러인 셈이다. 고전이란 이렇듯 웅대하고 재미있다. 아름답다. 이 작품은 중세 기독교 시대에 잠들어 있다가 동로마 제국인 비잔틴 제국이 오스만튀르크에 망한 이후 1455년경 이탈리아 피렌체에서 출간된다.

그때나 지금이나 성애 문제는 모든 인간의 관심거리고 흥미롭다. 이 중 신들의 섹스 장면을 묘사하는 대목도 유명하다.

헤라여, 신들이나 인간 중 누가 볼까 두려워 마시오. 그만큼 큰 황금 구름으로 내가 그대를 덮을 테니 말이오. 그러면 보는 눈이 가장 날카로운 태양조차도 그것을 뚫고 우리를 볼 수는 없을 것이오. 이렇게 말하고 크로노스의 아들은 아내를 품에 안았다. 그러자 그들 밑에서 신성한 대지가 이슬을 머금은 클로버며 크로커스며 히아신스 같은 싱그러운 새 풀들을 두껍고 부드럽게 돋아나게 하니 이것이 그들을 땅 위로 높이 들어 올려주었다. 그곳에 그들이 누워 아름다운 황금 구름을 두르니, 그 구름에서 반짝이는 이슬이 방울방울 떨어졌다(14권 349~350).

제우스와 헤라의 정사 장면을 이처럼 그렸다. 천하의 아킬레우스가 아가멤논 왕에게 자신의 여자 브리세이스를 빼앗기는 부분도 있다.

"브리세이스는 마지못해 발을 질질 끌며, 뒤처져 따라간다. 아킬레우스는 울었다. 회색빛 바닷가에 홀로 앉아 끝없는 바다를 바라보고 있었다."

천하의 가장 강자가 이렇게 가슴 아파하는 장면을 보이다니 믿기지 않을 정도다. 신들 사랑도 아름답고 아킬레우스의 마음도 이렇듯 여자 때문에 힘들어하는 장면이 보인다. 그때나 지금이나 인간 본성은 다르지 않다. 고전은 이런 면에서도 후대 사람의 마음에 오래 남는다.

이 작품을 보는 동안 다양한 비유가 나와 눈길을 끈다. 예를 들어 '사자 주위의 개떼처럼 몸을 사린다. 그의 두 눈은 어둠이 내리덮었다. 둘 다 땅 밑으로 들어가고 말았다. 마치 흰 우유에 무화과즙을 섞어 저으면 젓자마자 흐르던 우유가 금세 굳어지듯 상처가 낫게'

잠자는 모습을 '두 눈에 어둠이 내리덮었다'라고 표현한다. 죽는 걸 '둘 다 땅 밑으로 들어가고 말았다'라고 표현한다. 고전에서나 볼 수 있는 품격 있는 표현들이다.

이 작품은 음송 시인들에 의해 말로 전해진 작품이다. 그리스 사람들이 『일리아스』와 『오디세이』를 기록으로 적고자 페니키아어에 자음을 만들어 남겼다고 한다. 그 가까운 지역에는 여러 가지 작품이 있었다. 『일리아스』는 중세 시대 가볍게 대우받다가 르네상스 시대에 이르러 그 창조성과 천재성 등을 인정받아 부각된다. 서양 문학의 첫 작품으로 인정받는다. 3000여 년 전 작품이다. 베르길리우스의 『아이네이스』는 로마 이야기이니 민족성이 묻어 있는 작품이다. 반면, 『일리아스』는 세계성을 인정받을 만하다. 당대 최고 나라 트로이와 그리스 연합군 전쟁 이야기이기 때문이다. 트로이 목마는 『일리아스』엔 한마디도 언급되지 않는다. 『오디세이』 작품 말미에 한 줄이 나온다. 이를 로마 시대 베르길리우스가 『아이네이스』에서 구체적으로 언급해 우리에게 '트로이 목마'라는 것을 전하게 됐다는 점도 독특하다.

『일리아스』를 읽다 보면 호메로스를 통해 품격 있는 시구를 접한다. 다양한 인간을 만난다. 세상의 오래전 사람 사는 모습

을 보게 된다. 인류 문학의 새벽을 여는 이 작품을 보지 않고
고전의 세계를 논하긴 어려워 보인다.

『일리아스』, 인류 문학의 시원, 톨스토이 『전쟁과 평화』의 롤 모델 작품.
알렉산더 대왕의 전략전술 지침서.

24

바다와 방랑 그리고 귀환.
해양문학 시조, 『오디세이』[5]

"모든 나그네와 걸인들은 제우스께서 보내신 것이니까. 작은 보시(布施)라도 소중한 법이지. 자 시녀들아, 너희는 나그네에게 먹을 것과 마실 것을 주고 바람을 피할 수 있는 곳에서 강물에 목욕을 시켜주어라"(145 8권 205~210).

고매한 알키노오스의 딸 나우시카아는 걸인 오디세우스를 이렇게 대접한다. 요정 칼립소의 동굴에서 나온 오디세우스는 파이아케스족 나라에 간신히 도착할 때 걸인 차림이었다. 길가에서 우연히 오디세우스를 만난 공주는 걸인을 이렇게 대접한다. 이처럼 그리스 사람을 비롯한 고대인들은 걸인이나 나그네를 제우스가 보낸 것으로 믿었다. 지금 같으면 혹시 도둑인지 모르니 먼저 경계를 하고 못 본 척하기가 십상인 것이 세상인심이다.

이와 비교되는 고전의 다른 대목을 살펴보자. 약 이천 년 후 중국 상황이다. 우리나라 최부 선생이 쓴 『표해록』[6]을 보면 그가 43여 명 수하를 데리고 제주에서 태풍을 만나 표류하게 된다. 1487년 때다. 14일간 천신만고 끝에 중국 절강 연해에 표류해 도착했다. 해적을 만나 겨우 탈출해 상륙했으나 왜구로 오인되어 고생한다. 갖은 고초를 겪은 뒤 비로소 조선관인 대우를 받아 호송받는다. 임해 도저소에서 출발해 영파, 소흥을 지나 항주, 소화, 강남을 거쳐 북경에 도착한다. 요동반도를 거쳐 6개월 만에 압록강을 건넌다. 한양 도착 후 성종은 이를 책으로 남기라는 명을 내린다. 일종의 보고서다. 이 시절 중국 사정을 안다는 것은 국가 기밀에 해당한다. 교류를 쉽게 못 하는 당시 사정으론 당연하다. 최부 선생이 표류하면서 얻은 중국에 관한 정보는 귀중했다. 일주일간 견문기를 일기체로 써 바친 것이 『표해록』이다.

다시 오디세우스로 돌아가자. 오디세우스는 소설 속에서 이천 년 전, 최부 선생보다 긴 세월 바닷가에서 모진 고생을 하고 걸인 차림으로 간신히 도착해 첫 구절에 나오는 대접을 받는다. 이천 년 후 최부가 중국 임해 도저소에 처음 도착했을 때 중국 관원들은 무조건 죽이려 든다. 그리스 사람과는 대조가 된다. 중국 관원은 이들이 왜구일 염려도 있지만 살려두려면 상부에 보고서를 써야 한다. 그런 것이 귀찮아 이방인을 쓰레기 취급하고 죽여 없애려고 몇 번 시도한다. 다행히 필담이되는 중국인을 만나 최부는 이런 분위기를 바꾼다. 다 그런 것은 아니지만 『오디세이』와 『표해록』이란 고전에 나타난 모양새로만 보면 이천 년 전 오디세우스를 대접하는 서양 사람과 최부를 대접하는 중국 관리 입장은 이렇듯 대조가 된다. 『오디세이』는 소설이지만 『표해록』은 견문기라는 점은 다르지만.

『신의 위대한 질문』[7]이라는 책을 쓴 종교학자 배철현 저서에는 '낯선 자가 곧 신이다'라는 대목이 나온다(108페이지). 성경 속 아브라함의 나이 99세 때 일이다. 사막 한가운데서 자신을 해칠지 모르는 낯선 자를 맞이한다. 아내 사라와 아브라함은 특히 어려움에 있는 사람들의 처지를 자기 일처럼 여기고 처음 보는 사람들을 아무런 거리낌 없이 맞이한다. 한순간 조건 없이 이방인인 상대방과 하나가 되는 분위기다. 성경에 따르면 이방인은 하느님이 다른 모습을 하고 아브라함과 사라에게 나타난 것이다. 지나가는 걸인으로 나타나 큰 대접을 받고 하느님은 이들 부부에게 이삭이라는 자식을 준다.

"거룩하다는 것은 바로 '다름'이다. 나와 다르거나 익숙하지 않은 것을 배척하지 않고 그것을 성찰의 기회이자 섬김의 대상으로 만들 때 그 다름이 바로 신이 된다는 것을 그들은 발견한 것이다." 종교학자가 내린 결론이다. 전혀 모르는 타인을 잘 대접하는 자세를 『오디세이』라는 고전에서 서양인들은 배우게 된다.

호메로스가 『일리아스』와 『오디세이』를 노래하던 시절에 살았던 고대 사람들은 신은 말을 잘 듣는 인간에게는 상을 주고, 그렇지 않으면 벌을 주는 그러한 상벌을 내리는 신에게는 관심이 없다. 자신이 창조한 피조물을 다시 심판하는 그러한 신을 믿지 않는다. 또는 우리가 의식적으로 만들어낸 그러한 유형의 신도 믿지 않는다. 고대 사람 중 귀족이나 왕들은 나그네나 걸인 그리고 탄원자를 제우스가 보낸 것으로 믿는다. 전혀 알지 못하는 사람을 이처럼 대할 수 있다면 세상은 평화로워지지 않을 수 없다.

『오디세이』는 호메로스가 『일리아스』를 쓰고 나서 만든 다음 작품이다. 트로이 전쟁을 승리로 이끌고 바다를 통해 고향 이타카를 가는 도중 오디세우스가 온갖 고초를 겪으며 귀향하는 과정을 그렸다. 『일리아스』는 전쟁역사이며 서사시다. 트로이 전쟁은 기원전 1200여 년 전 일이다. 호메로스는 기원전 800여 년 전 『일리아스』를 만들었으니 과연 트로이가 어디며 그런 전쟁이 있었는지 지금도 논란이 많다. 터키 이오니아 지방 어느 곳에서 독일 고고학자가 트로이라는 곳의 유물을 발견했다고 했지만 반신반의한다. 반면, 『오디세이』에 대해서는 이런저런 논란이 없다. 소설일 뿐이고 그 인물 중 한 사나이의 이야기이기 때문이다.

『일리아스』는 젊은 전쟁 영웅 아킬레우스를 그린 작품이다. 아킬레우스는 사납고 자제력 없고 굽힐 줄 모르며 오직 불멸의 명성만 추구한다. 호메로스는 그런 인간형을 이상형으로 그렸다. 오디세우스는 중년이다. 참을성이 많다. 임기응변에 강하다. 어려움을 유연하게 극복한다. 입만 벌리면 자기 자랑뿐이다. 실제 일은 모두 여신 아테나가 한다. 이런 점에서 사기꾼(?) 기질도 있어 보인다. 『일리아스』는 아킬레우스의 분노가 주된 키워드다. 오디세우스는 바다 사나이의 방랑과 귀향이 주된 키워드다. 그리스인들은 지중해 에게해 등 주변 바다를 통해 식민지를 넓혀가고 상업을 하면서 자신의 영역을 넓혀갔다. 바다 사나이들은 바다에서 많은 일을 겪는다.

『오디세이』 이야기 중 여자가 나오는 이야기로 가장 먼저 요정 칼립소가 있다. 오디세우스는 이 요정에게 7년을 묶이게 된다. 칼립소는 남신이 여자를 농락한다면 여신도 남자를 취할 수 있어야 한다고 주장하는 최초 페미니스트적 발언을 한 여신으로도 인정받는다. 이 여신은 오디세우스에게 "내가 고향에 있는 페넬로페보다 아름답다. 영원히 늙지 않는다. 더 잘살게 해주겠다."라며 부단히 유혹한다. 오디세우스는 기어이 귀향한다. 인간도 연어 못지않게 귀소본능이 있는 것을 오디세우스는 증명한다.

오디세우스는 포세이돈의 아들 외눈박이 폴리페모스, 즉 키클롭스에게 자신의 부하가 잡아먹히자 그의 외눈에 창을 꽂아 죽인다. 이 때문에 포세이돈의 복수를 자초해 귀향이 운명적으로 늦어진다. 매혹적인 키르케라는 여신은 오디세우스의 수하를 동물로 만든다. 온갖 어려움과 유혹 가운데서도 오디세우스는 키르케와 살다가 간신히 바다로 나가 고향을 향한다. 세이렌이라는 소리 여신에게 유혹당하지만 지혜롭게 피한다. 오디세우스의 고난은 여기서 멈추지 않는다. 카립디스와 스칼라라는 사람을 잡아먹는 지점에서 선택해야 하는 운명의 고초를 겪는다. 모두가 죽는 것을 대신해 수하 몇 명을 희생하며 스칼라를 택해 빠져나간다. 인간은 이런 시련과 고난 속에 선택하며 성장하는 것 같다.

『오디세이』에서 빼놓을 수 없는 것은 아내 페넬로페의 정절이다. 페넬로페는 남편이 없는 20여 년 세월을 감당한다. 페넬로페는 자신과 결혼을 원하는 수많은 남자들과 집안에서 20여 년을 줄다리기한다. 그런 유혹을 이겨내고 참고 견디어 사랑하는 낭군을 만난다는 스토리다. 요즘 같으면 가당치 않은 이야기다. 오히려 페넬로페의 인생을 불쌍하게 생각하는 페미니스트들이 넘쳐나는 세상이다. 이런 정절을 억지스러워하는 해석도 있다. 여성 행복을 빼앗는 잘못된 생각이라는 것이 일부 페미니스트적 현대인들의 생각이다. 2500여 년 전에도 이런 정절은 있었다. 아름다울 수 있지만 요즘 정서와는 맞지 않는 것 같다.

아들 텔레마코스는 20여 년간 성장하며 아버지의 귀환을 기다린다. 리비아 소설가 하샴 마타르[8])도 텔레마코스처럼 평생 아버지를 기다린다. 그의 부친은 카다피 독재정권에 맞서 반체제 활동을 하다 1990년 이집트 카이로에서 납치되어 리비아의 악명 높은 아부살림 교도소에 갇힌다. 작가 하샴은 1996년 교도소 내 대학살 이후 20년이 넘는 시간 동안 소식이 끊긴 아버지의 생사를 확인하는 데 매달린다. 이 세상의 모든 아들이 마침내 겪어야 하는 아버지를 잃은 아들의 이야기다. 『오디세이』에 나오는 텔레마코스의 이야기이기도 하다.

텔레마코스는 이렇게 말한다. "나는 적어도 그런 어떤 행복한 남자가 있었으면 하고 바라노니 자기 집에서 서서히 나이를 먹어가는 아버지처럼. 그러나 밝혀지지 않은 죽음과 침묵은 그의 운명이리니…"

작가 하샴 마타르는 그의 소설 『귀환』에서 지속적으로 텔레마코스를 언급한다. 아버지의 귀환을 바라는 마음이 일맥상통해서다. 『오디세이』는 인류 최초의 해양문학서이며 귀향문학서이기도 하다. 바다 사나이의 풍랑의 고난을 이기는 분투기이기도 하다. 귀소본능이라는 인간의 본질적인 부분은 문학의 영원한 주제이기도 하다. 그걸 처음 다룬 작품이다. 지금도 고향은 누구에게나 좋은 것이고 마음 안에 살아 있다.

> 『오디세이』는 해양문학서이며 귀향문학의 원조다. 신앙이란 다름을 인정하는 이방인에게 친절을 베푸는 것일 수 있다.

25

역사의 아버지,
헤로도토스 『역사』9)

유명 인사들 대부분 서재에는 좋은 책들이 꽂혀 있다. 장식용이다. 거기엔 대부분 호메로스의 『일리아스』와 『오디세이』 그리고 헤로도토스의 『역사』 세 권이 있다. 천병세 번역자가 쓴 책이고 숲이라는 출판사가 냈다. 비단 유명 인사들만 아니라 조금 직함이 있고 반듯한 사무실 책장을 가진 사람들 책장엔 장식용으로 이 책들이 있다. 있어 보인다. 한 권당 두께가 천 페이지에 가깝다. 양장본이다. 『일리아스』와 『오디세이』만 있는 경우도 많다. 헤로도토스의 『역사』가 들어 있으면 '구색이 맞다'라는 생각이 든다.

잠깐 책을 들어 펴보면 읽은 사람은 거의 없다. 대부분 보이기 위해 꽂혀 있을 뿐이다. 이 책 세 권을 고전 독서 지도를 하며 간신히 본 필자는 '좋은 책인데 꽂혀만 있구나' 하는 생각이 든다. 필자 책장에도 사만 놓고 안 본 책들도 많다. 책을 사 놓고도 만날 기회가 없는 책도 있기는 하다. 이 세권 중 헤로도토스의『역사』는『일리아스』와『오디세이』두 권을 합해 놓은 두께 정도 된다. 994페이지다. 두께가 두 배가 되니 읽기가 더욱 어렵다. 읽을 엄두가 안 난다. 대중 접근성이 떨어진다는 의미다. 서양 고전을 공부하면서 가장 처음 만나는 이 세 권은 읽어보면 고전의 맛을 제대로 보게 해준다. 처음 시작이 서구적이어서 우리와 정서가 맞지 않아 들어가기 힘든 점이 있지만, 한마디로 재미있다.

로마 시인이며 정치가인 키케로는 저자 헤로도토스를 '역사의 아버지'라고 칭했다. 헤로도토스는 기원전 484년 소아시아 카리아의 할리카르나소스에서 태어났다. 기원전 425년경 마케도니아 펠라 또는 칼라블아의 투리이 지역에서 사망한 것으로 알려졌다. 헤로도토스는 서양문화의 근원인 그리스에 대해 본격적인 역사 기술의 장을 연 인물이다. 동양 한무제 시절『사기열전』을 쓴 사마천보다 700여 년 앞서 역사라는 방대한 저술을 했으니 역사의 아버지라는 칭호도 충분히 어울린다.

2500여 년 전 인물이지만 헤로도토스는『역사』서술 작업이 '시간 증인'임을 과학적으로 입증하려고 노력했다. 역사 서술 이전 고대인의 비과학적이며 비역사적 사고방식을 극복하려 했다. 인류 역사를 신화적 입장을 넘어서려고 시도했다. 역사 서술을 인간적 입장에서 탐구하기 시작했다는 점이 높이 살 만하다. 엄격한 증거에 근거하며 과학적이고 객관적인 역사 서술을 최초로 했다는 뜻이다. 구승(口承), 전승(傳承) 등의 수많은 자료를 정리했다. 놀랍게도 무질서한 사료들 속에서 통일성과 일관성 그리고 과학성과 객관성을 근거해 사료 선택을 하고 있다.

헤로도토스는 지금 흑해를 중심으로 다레이오스라는 왕이 스키타이 원정을 한 것을 설명했다. 10여 종족이 넘는 각각 스키타이족의 이름과 각 종족의 문화와 특징을 일일이 직접 보고 들으며 경험한 내용을 기록했다. 지금 리비아지역인 아프리카 북구 이집트 나일강에서 알제리에 이르는 각 종족에 대해서도 기록했다.

천여 페이지 정도 책이니 두께만 봐도 사람이 질린다. 겁을 먹는다. 책을 읽겠다는 의지가 미리 꺾인다. 한번 빠져들면 정신없이 읽게 되어 있다. 우리가 알고 있는 문학작품이나 역사서 등에 나오는 대부분 일화나 에피소드는 거의 원전이 헤로도토스 원전에 담겨 있다고 보면 된다. 원전을 보면 다른 것들은 모두 가벼워 보인다. 실례를 들어보자. 책에는 유럽과 아시아 이름 유래도 나온다. 여러 가지 설이 있다. 그중 하나. 유럽이란 이름의 주인공은 에우로페(EUROPE)다. 페니키아 티레의 공주다. 아시아는 프로메테우스의 아내인 아시아에서 유래되었다. 모두 그리스 신화 속 인물들이다. 유럽과 아시아가 하나라는 의미에서 쓰는 유라시아라는 표현이 더 맞는 듯하다. 유럽과 아시아는 둘이 아닌 하나라는 뜻이다.

헤로도토스는 동서양 갈등의 시작을 아시아 페니키아인이 자행한 그리스 아르고스 여인 '이오'의 납치에서부터 시작됐다고 기술한다. 아테네를 만든 테세우스나 로마를 건국한 로물루스 역시 이웃 지역 여자를 납치해 부족을 키워 나간다. 도시 발전

을 시작한다. 뮈케나이의 아가멤논과 아르고스의 메넬라오스가
주도한 트로이 전쟁도 여자 문제다. 서양만 그런 것이 아니다.
동양 몽골족들도 주로 여자를 납치해 아내로 삼는 문화가 있다.
여자 납치만 아니라 로마처럼 몽골도 늑대를 숭배한다. 뿌리가
한 종족일 수 있다는 해석도 가능하다. 중앙아시아 카자흐스탄
을 단군의 나라라고 설명한 한 학자는 몽골인들이 서양으로 넘
어갔다는 이론을 전개한다. 이들은 말을 잘 타고 활을 잘 쏘았
다. 그리스 신화엔 켄타우로스족이 나온다. 얼굴은 사람이되 몸
은 말이다. 이 종족이 몽골에서 넘어간 종족이라는 논리다. 이
런 점에서 보면 인류의 시원은 하나인지도 모른다.

　헤로도토스는 어찌 됐든 인류 최초 역사가다. 더 먼저 쓴 역
사서는 아직 없다. 헤로도토스는 인류가 태어난 이래 현재에
이르기까지 생활해 온 과정 그 자체를 쓰려고 다양한 지역을
탐험했다. 미지의 땅에 대한 경이로움과 흥미진진한 동서 문명
의 첫 대결을 기록했다. 그는 끝없는 지적 호기심과 고난을 두
려워하지 않는 모험심을 가진 인물이다. 그는 그리스 중심의
편견이나 오만함을 극복했다. 민족적 배타심이 없다. 페르시아
인을 비롯해 바벨론, 이집트, 스키타이 등 이민족 풍습과 습관
을 기술하면서 공정하고 객관적 입장을 주장했다. 헤로도토스
는 서문에 인류의 업적이 후세가 잊지 않도록 그리고 그리스인
과 그 밖의 민족의 훌륭한 발자취가 길이 남겨지도록 자신의
탐구 기록을 펴낸다고 적었다.

　헤로도토스 『역사』에는 페르시아 전쟁사가 잘 기술되어 있

다. 이 과정에서 정확성과 공정성을 곳곳에 밝히고 있다. 자신이 수집한 자료 중 그 자신이 직접 보고 들어 확인한 사실은 전체 일부분에 불과하고 대부분은 구비 전설이라든지, 풍문(風聞), 전승 등에 기초를 둔 것이라는 점도 분명히 짚었다. 그는 "이 책을 쓰면서 내 원칙은 각각의 사람이 말하는 바를 들은 그대로 서술하는 것이다. 내 의무는 전해지고 있는 것을 그대로 전하는 것이지만, 그렇다고 해서 그것을 전적으로 믿어야 할 의무가 내게 있는 것은 아니다. 이러한 나의 주장은 본서 전체에 걸쳐 적용될 것이다"라고 못 박고 있다.

헤로도토스는 본래 지리학자였지만 역사가로도 변모했다는 주장이 있다. 실제로 지리적 조사나 기술이 단순히 실용적이나 이국(異國) 풍물(風物)에 대한 호기심 충족에 그치지 않았다. 역사 기술 속에 각각의 유기적 관계를 보면서 전체를 구성하고 있다.

그리스 솔론의 이야기도 나온다. "운이 좋으면 그러한 일을 방지할 수 있습니다. 몸에 결함이 없고 병을 모르며 불행한 일도 당하지 않고 자식 복이 있는 모습도 아름다울 것입니다. 게다가 훌륭한 죽음을 맞이할 수 있다면 그 사람이야말로 왕께서 바라시는 인물, 즉 행복한 사람이라고 할 수 있습니다. 인간은 누군가가 죽을 때까지 행운이 있는 사람이라고 부를지언정 행복한 사람이라고 부르는 것은 삼가야 합니다." "어떠한 일에 대해서나 그것이 어떻게 되어 가는가, 그 결말을 끝까지 보는 것이 중요합니다. 선에 의해 울타리 너머로 행복을 잠깐 보았으나, 결국 나락으로 떨어진 사람은 얼마든지 있습니다"(클레이오 28, 32페이지).

솔론이 이곳에 왔을 때 가장 잘나가던 크레이오스 왕은 솔론에게 자신이 최고 행복한 왕임을 확인하고 싶다. 솔론은 간접적으로 부정한다. 크레이오스 왕은 처음에는 언짢게 생각하지만 이후 어려움에 처해서야 솔론의 지혜를 인정한다. 인간의 행복 추구는 2500년 전이나 지금이나 별반 다르지 않다는 것을 확인시켜 준다.

이에 대한 평도 재밌다. 솔론은 자기 일을 말했다고 하느니보다는 일반적인 인간사에 대해서 말한 것으로, 특히 자기 멋대로 행복하다고 생각하는 인간에 대해서 말한 것으로 생각한다는 것 등을 언급했다.

클레이오 64쪽엔 '리디아 아가씨들이 모두 몸을 팔아 시집을 갈 때까지 자기 지참금을 벌었다'라는 말이 나온다. 과거 일본에서나 들을 만한 이야기가 그리스에서도 있었다니 재밌다.

87쪽엔 이런 이야기도 나온다. 아들 부자들에게는 해마다 국왕으로부터 선물이 하사된다. 페르시아인은 수가 많다는 것은 힘이 세다는 것이라고 간주되기 때문이다. 아이에게는 5세에서 20세까지 사이에 단 세 가지 것만을 가르친다. 승마, 궁술 그리고 정직이 그것이다. 아이가 5세가 될 때까지 아버지를 만나지 않고 여인들 슬하에서 생활한다. 그 이유는 아이가 양육 중에 사망했을 경우 아버지를 슬프게 하지 않기 위해서다. 이 시절 아이들이 커가는 과정에서 쉽게 죽는 세태가 매양 있었던 것으로 보인다.

에우테르페 168페이지에도 재밌는 대목이 나온다.

'이집트 부유층 연회엔 식사가 끝나고 주연으로 들어가려고 할 때 한 사람의 남자가 나무로 인간 시체를 본떠 만든 것을 관에 넣어 가지고 돌아다닌다. 이 나무 시체는 그것을 그린 솜씨나 판 솜씨가 실물과 똑같고 키는 일 페키스 내지 이 페키스다. 이것을 회식하는 사람들에게 보이면서 이렇게 말하는 것이다. "이것을 보면서 즐겁게 술을 드시기 바랍니다. 당신도 돌아가시면 이와 같은 모습이 될 테니까요."'

지금 사람들로서는 이해가 가지 않는 대목이다. 즐거운 자리에 죽은 사람을 생각하게 하기 때문이다. 이집트 사람들은 이처럼 종교적이기도 하고 교훈을 준다는 의미에서 철학적이기까지 했다.

이천오백 년 전 그리스 사회는 다신교가 지배하는 사회다. 모든 것은 신에게 신탁이라는 형식을 통해 묻는다. 이때는 그리스도 예수가 나오기 500년 전 사회다. 공자나 석가, 소크라테스 등 성인이 그즈음 각기 다른 지역에서 활약하던 시기이기도 하다. 그리스 사람들이 공자나 석가를 알았을 리 만무하다. 각기 자신의 지역에서 다양한 생각을 하고 살아갔다. 헤로도토스는 그런 모습을 우리에게 알려준 최초 역사가다. 『헤로도토스 역사서』를 읽다 보면 수많은 사람들이 다르게 사는 모습을 보게 된다. 이 때문에 다른 종교나 다른 생각을 받아들이게 된다. 고전은 인간들 사고를 이처럼 유연하게 한다. 다양한 다른 사람 생각을 인정하게 한다. 시야가 넓어진다. 사람이 다르다거나 다양한 사고방식을 갖고 산다는 것을 인정하게 한다. 도량이 큰 사람이 되게 한다. 고전의 힘이다. 책꽂이 장식용으로 꽂혀 있기엔 헤로도토스의 『역사』는 너무 재밌다. 그 재미를 몰라서 읽지 않겠지만….

헤로도토스의 『역사』, 이천오백여 년 전 인물이지만 헤로도토스는 『역사』 서술 작업이 '시간 증인'임을 과학적으로 입증하려고 노력했다. 『역사』 서술 이전 고대인의 비과학적이며 비역사적 사고방식을 극복하려 했다. 인류 역사를 신화적 입장을 넘어서려고 시도했다. 역사 서술을 인간적 입장에서 탐구하기 시작했다는 점이 높이 살 만하다. 엄격한 증거에 근거하며 과학적이고 객관적인 역사 서술을 최초로 했다는 뜻이다. 구승(口承), 전승(傳承) 등의 수많은 자료를 정리했다. 놀랍게도 무질서한 사료들 속에서 통일성과 일관성 그리고 과학성과 객관성을 근거해 사료 선택을 하고 있다.

26

서양철학의 시작을 알리는 책,
『소크라테스 이전 철학자들의 단편 선집』10)

'신분이 높은 자와 결혼하는 것은 주인을 얻는 것이지 가족을 얻는 것이 아니다. 건강과 부, 명예가 있어도 지성과 분별력이 약하면 의미가 없다. 나를 행복하게 하는 것은 부, 명예, 건강보다 올바름과 폭넓은 분별력이다. 할 일이 없는 것은 괴롭다. 알지 못하는 것은 무거운 짐이다'(클레오블루스 잠언 중에서).

고전 중 역사와 문학작품들보다 철학 관련 책은 양적으로 적은 것 같다. 찾기가 힘들다. 소크라테스와 플라톤 그리고 아리스토텔레스가 우리가 흔히 만날 수 있는 고대 서양철학자들이다. 2020년 1월 터키를 다녀왔다. 동로마 제국 수도이며 오스만 제국의 고도(古都) 이스탄불이 있다. 지도를 보면 동양과 서양이 만나는 지점이다. 지도상 바로 아래 트로이가 있다. (좀 더 말하자면 트로이가 정확히 어느 장소인지는 알 수 없다. 그곳을 트로이로 추정하고 있다.) 눈을 조금만 아래로 돌리면 호메로스가 나고 살았다는 스미나르가 있다. 호메로스는 『일리아

스』와 『오디세이』의 저자다. 좀 더 내려가면 철학자 탈레스가
나서 평생 활동했던 밀레토스가 있다. 밀레토스는 우리에게 익
숙한 수학자 피타고라스와 의학자 히포크라테스의 고향이기도
하다. 플라톤은 밀레토스로 유학 가서 피타고라스학파가 운영
하는 학교에서 기하학을 배웠다고 한다. 그는 이집트에도 가서
당시 이집트에서 유행했던 이데아론을 수학했다는 말도 들린
다. 앞서서도 언급한 바 있다. 플라톤의 아카데메이아 학당 문
앞에 '기하학을 모르는 자 들어오지 말라'는 문구가 플라톤 혼
자 생각만은 아니었다는 뜻이다. 당시 기하학을 중심으로 철학
을 전개한 피타고라스학파의 주장을 문 앞에 걸어 놓은 것일
가능성이 높다.

소아시아에는 소크라테스 이전 철학자들이 많았다는 뜻이다.
이들의 노력이 모여 소크라테스, 플라톤, 아리스토텔레스의 고
대 서양철학으로 이어졌다는 의미다.

『소크라테스 이전 철학자들의 단편 선집』은 철학 전문가들
책이 아닌가 하는 냄새가 난다. 일반인들이 접근하기엔 생경하
다. 낯설고 일반인과 아무 관련이 없어 보인다. 책을 사 놓았지
만 보는 것 자체가 부담스러웠다. 965페이지다. 실제 읽어야
할 페이지는 810. 쉽지 않은 두께다. 고전을 다 읽겠다고 생각
한 이상 피해 갈 수 없다. 2020년 3월 코로나가 극심했던 시기,
고전반 교재로 채택했다. 무조건 읽어 나갔다.

회원 중 일부는 도저히 못 읽겠다며 '디폴트(포기)'를 선언하
기도 했다. 자기와 관련이 없어 보이는 책이 어떤 인연으로 자

기 앞에 놓이면 피하지 않아야 한다. 눈을 더 크게 뜨고 낯선 책과 맞짱(?)을 떠야 한다. 자신을 성장시켜 줄 기회이기 때문이다. 자신이 전혀 모르는 분야를 알게 될 계기다. 며칠 전 야마구치 슈의 『철학은 어떻게 삶의 무기가 되는가(부제: 불확실한 삶을 돌파하는 50가지 도구)』라는 책을 봤다. 그는 경영컨설팅 전문가였다. 서양철학을 일본인의 실용 중시, 프래그머티즘 시각으로 해석했다.

책에는 철학 공부가 왜 어려운지부터 설명한다. 첫 대목에 이런 논리가 나온다. 철학을 배우는 사람들이 철학 공부를 포기하는 이유가 고대 철학을 애써 공부하며 질려버리기 때문이라는 부분이다. 고대 철학 공부를 위해 라틴어를 배우고 그리스어를 알아가며 고대 철학자를 만난다. 이름부터가 생경하고 낯설다. 아낙시만드로스, 아낙시메네스, 아낙시고라스, 크세노파네스, 헤라클레이토스 등. 읽기도 힘든 이름의 철학자에 대한 자료는 희귀하다. 어렵게 구한 자료들을 어떻게 꿰맞춰 추정하는 과정이 고대 철학을 공부하는 것이다. 그들이 낸 철학과 과학적 사실이라는 결과만 보면 지금 초등생 과학상식 수준이다. '지구는 평평하다.' 고대 철학자들은 지구가 물에 떠 있다고 생각했다. 고대 철학은 한마디로 어렵게 공부하지만 결과물은 초등생 수준의 과학상식보다 못하다. 여기서 힘이 빠져 철학 공부를 대부분 포기한다. 인풋은 많은데 아웃풋은 저급하고 황당하다. 야마구치 슈는 고대 철학은 결과보다는 그 사유과정을 중시해야 한다고 주장한다. 논리적 추론 과정 등을 알아야 철학 공부가 본격 시작된다고 한다.

『소크라테스 이전 철학자들의 단편 선집』, 이 책은 이런 의미가 있다. 소크라테스는 기원전 오백 년경 사람이다. 지금 터키지역인 소아시아나 이집트 문명은 이전 삼천 년 내지 사천 년이라는 긴 세월에 걸쳐 이어진다. 이때 내려온 철학들이 소크라테스와 플라톤 그리고 아리스토텔레스대에서 꽃을 피운다. 이 과정을 나름 추적해 나가는 것이 이 책의 주된 내용이다. 말 그대로 소크라테스 이전 철학자들의 이야기다.

대부분 플라톤이나 아리스토텔레스 그리고 플루타르코스 등 저술에서 나온 내용을 모아 놓았다. 본문 내용은 군데군데 나오는 속담 몇 마디가 와 닿았을 뿐 잘 모르는 내용이다. 어느 부분은 한마디도 알 수 없는 낱말들의 나열이어서 철학 공부의 어려움을 실감할 수 있었다. (필자의 짧은 견해 탓일 것 같다.)

다행히 초장 중간 즈음(98페이지)엔 린도스 사람 에우아고라스 아들 클레오블루스의 말이라는 잠언이 나온다. 그중 한두 구절을 옮긴다.

> 민중의 적을 적대자로 생각할 것./ 같은 신분의 사람과 결혼할 것. 더 나은 신분의 사람과 결혼하면 주인을 얻는 것이지 가족을 얻는 것은 아닐 테니까.
> 탈레스의 말, 할 일이 없는 것은 괴롭다./ 배우지 못함은 무거운 짐이다./
> 지금 새겨도 전혀 손색없는 말들이다. 이천 년 전이라 할지라도 그때나 지금이나 인간들은 이처럼 별반 다르지 않다.

584쪽에 보면 잠언들이 나온다. 사람들을 행복하게 해주는 것은 몸도 재물도 아니고, 올바름과 폭넓은 분별력이다. 자신보다 더 열등한 사람의 다스림을 받는 것은 견디기 힘들다.

이 책 후미(672페이지)엔 해제편이 나온다. 마지막(822페이지)까지 소크라테스 이전 철학자 13명을 설명했다. 철학 지식이 짧은 필자로선 앞의 난해한 자료 전시 부분을 보다 샘물같이 느껴지는 이 부분을 읽으며 책의 참맛을 느꼈다. (무식하지만 어쩔 수 없다.) 간단히 요약하자면 다음과 같다.

피타고라스는 기원전 580년에서 500년도 사모스섬 사람이다. '우주가 아름답다. 조화가 있기 때문이다. 조화는 수학적 비율에서 나온다.' '3:4:5 비율'은 피타고라스가 바빌론 수학에서 가져온 것으로 추정한다. 인간 삶의 방식에 관심을 가진 최초의 철학자다. 어떻게 살 것인가를 철학의 주 화두로 올려놓은 철학자다.

크세노파네스는 엘리아학파로 이오니아 콜로폰 사람이다. '신은 하나다'며 일신론적 신관을 갖고 있다. 신을 신화적 관점에서 벗어나 자연현상으로 봐야 한다며 신을 의인화하는 서사시인들을 비판했다. 플라톤의 시인비판론과 일치한다.

헤라클레이토스는 밀레토스 자연학파 계승자로 에페소스 출신이며 기원전 504년경 사람이다. 에페소스는 로마 시대 이집트 클레오파트라와 안토니우스가 만나 밀회를 자주 즐겼다는 휴양지이며 큰 도시다. '만물은 흐른다'라는 만물유전설을 주장했다. 로고스로 하느님 말씀과 불로써 최후 심판을 받는다는 불변 이데아론도 펼쳐 기독교 교부 클레멘스 등에 영향을 끼쳤다.

필롤라오스는 피타고라스주의자였다. '한정되지 않는 것들이 수적 비율로서 한정하는 것들에 한정되어 음계와 같은 조화로운 음악적 구조가 이뤄질 때 우주와 만물이 생긴다.'라고 주장했다. 그는 플라톤 우주론에 영향을 끼쳤으며 우주를 수학적 관점에서 보고 지구가 우주 중심이 아니라는 주장을 처음으로 한 철학자다.

아낙사고라스는 이오니아 클러조메나 출신으로 기원전 500년에서 428년까지 살았다. 운석의 추락을 처음 예견했다. 페리클래스와 친분이 있다는 이유로 정치적 신념을 같이하다 추방당했다. 정치적 신념이 다르다는 이유로 탄압받은 첫 철학자로도 평가받는 이 철학자는 '우주적 지성은 모든 것을 안다.'라고 생각했다. 혼에 대해 배우고, 이를 지배하기 위해 교육이 필요하다고 주장했다. 교육론을 처음으로 주장했다. 아무리 신체가 아름답고 부와 평판이 있어도 지성과 분별력이 없으면 별 소용없다'라는 말을 남겼다.

이 책은 루크레티우스(기원전 99년에서 55년)가 한 말로 끝을 맺는다. "나는 페르시아의 왕국을 얻기보다 오히려 하나의 원인 설명을 찾아내길 원한다."

위의 철학자들의 치열한 사색이 있었기에 소크라테스나 플라톤 그리고 아리스토텔레스 철학 시대가 생겼다. 저술을 많이 남긴 플라톤이나 아리스토텔레스는 이들 철학자 생각을 정리하고 해석하며 자신의 철학과 사상을 키워 나가며 생애를 바쳤다고 해도 과언이 아니다.

이들 고대 철학자들은 기존 신화적 신비주의 사고방식에서 탈피해 논리적 사고를 추구했다. 논리학은 철학의 중요 요소다. 논리를 말로 표현하는 수사학은 후에 아리스토텔레스의 합리주의의 연역법을 포함해 경험을 중시하는 귀납법 등을 가지고 철학적 사유를 이어 나간다. 신의 근원을 찾아가며 '우주란 무엇이고 인간은 누구인가'를 깊이 생각한다. 이 과정에서 철학은 수학적 사고와 과학적 사고를 알게 된다. 여기에 '어떻게 살 것인가'에 답을 찾아가는 과정으로서 철학은 소크라테스 시대로 이어져 간다. 철학은 우주와 인간에 논리적 탐구를 찾아가며 어떤 것이 행복한 삶인지를 묻고 답을 찾는 과정으로 안착된다.

이런 과정을 찾아가는 길을 보여주는 것이 이 책의 의미이며 읽는 보람이다. 『소크라테스 이전 철학자들의 단편 선집』은 필자에게 많은 생각과 질문을 준다.

철학의 신비화에서 인간화, 수학화, 과학화의 시작점을 보여주는 작품이다. 이들의 철학적 고뇌에 서양철학과 중세 철학의 근간이 됐다는 점에서 이 책의 깊이가 보인다. '신분이 높은 사람과 결혼하면 주인을 얻는 것이지 가족을 얻는 것이 아니다. 건강과 부 그리고 명예가 있어도 지성과 분별력이 없으면 의미가 없다. 나를 행복하게 해주는 것은 건강과 부보다 올바름과 폭넓은 분별력이다.'

27

아테네 지성인의 자존심
'무엇을 위해 어떻게 살 것인가?', 『소크라테스의 변명』11)

『소크라테스의 변명』은 소크라테스가 무엇을 위해 살았는지 보여준다. 특히 '어떻게 죽어갔는지'를 보여주는 책이다. 그렇게 길지 않은 분량이다. 290페이지 정도이니 읽기가 만만하다.

4년 전 보긴 했는데 도무지 생각나는 대목이 없다. 철학이라는 것이 바쁜 일상 속 별 생각 없이 살아가는 현대인이 이해하기엔 난해하다. 많은 시간을 들여 혼자 곱씹는 시간이 필요하기 때문이다. 이런 이유로 인공지능 시대를 이기기 위한 유일한 대안 중 하나가 철학 하는 것이라고 주장하는 입장이 일각에 있다. 필자는 사색하는 시간을 보내는 것이 철학 하는 것이라고 본다. 인간이 기계와 차별화되는 지점이 철학하는 것이기 때문이다. 인공지능 시대의 예를 들어보자. 미래 자율 전기차는 만약 자신의 눈앞에 어린애가 서 있는데 그 어린애를 치지 않으면 차 안에 든 다수 승객이 다쳐야 할 때 어떤 선택을 할까? 한 어린애를 죽일 것인가, 다수 승객을 죽일 것인가? 이런 윤리 철학적 딜레마에 빠지게 된다. 이런 경우 인간은 인공지능을 대신 선택해야 한다. 이런 일에 대해 인간이 인공지능에게 자리를 빼앗기지 않으려면 철학 공부를 해야 한다고 하고, 철학은 현대인 체질에 맞질 않으니 난감하다.

소크라테스는 기원전 399년경 죽었다. 기원전 470년경 태어나 70세 생을 마감한 것으로 알려졌다. 이 시기 아테네는 수많은 소피스트로 가득 채워져 있었다고 한다. 웅변이 자신의 인생을 정치가로 만드는 중요한 수단 중 하나였다. 어떤 경우든 말을 잘해서 사람들에게 관심을 모아야 한다. 그가 한 말 안에 든 논리가 맞든 틀리든 판단하기는 어렵다. 수단 방법을 가리지 않고 이기는 방법을 소피스트들은 돈을 받고 가르쳤다. 여기에 단 한 사람 소크라테스는 맞는지 틀리는지를 가려야 한다고 생각하는 철학자였다. 그는 옳고 그름을 논리적으로 따져보려고 노력한다. 자신의 말에 집중하고 추종하는 학생들은 아테네 부자 자제들이었다. 비용을 받지 않았다. 맞든 틀리든 말하는 재주를 가르치고 고액 과외비를 챙기는 소피스트들 입장에선 매우 거북한 인물이다. 눈엣가시 같은 존재에게 결국 소피스트들은 억지 죄목을 씌워 사형 선고를 받게 한다. 소크라테스의 죄목은 '아테네의 신을 믿지 않는다. 젊은이들을 타락시킨다.'이다. 이때 재판정에서 소크라테스가 배심원 시민들에게 한 연설이 『소크라테스의 변명』이라는 책의 내용이다. 크리톤과 파이돈이 사형선고를 받고 난 다음 독배를 마시기 전까지 소크라테스와 한 대화를 기록해 놓은 것이다. 마지막 향연은 이 죽음과 무관하게 예전 어느 곳에 모여 사랑 에로스에 대해 토론한 것을 적어 놓은 내용이다.

소크라테스는 자신의 죄명에 대해 변명한다. 소크라테스는 자신이 아테네 신을 독실하게 믿는다고 증언한다. 그 사례 중 하나가 아테네 신전에서 신탁을 받았다는 사실이다. 신탁을 받은 사제는 "이 세상에 가장 현명한 사람이 누구냐"고 신에게 물었다. 신은 사제에게 "소크라테스다"라고 답한다.

소크라테스는 이 신탁이 틀렸음을 확인하기 위해 아테네에서 가장 현명하다는 현자들을 찾아다닌다. 나름 전문가인 이들이 잘 알고 있다는 사실을 소크라테스는 이들과 하나하나 토론을 해본다. 이 과정에서 '그들이 제대로 알지 못한다.'라는 것을 밝힌다. '틀리다.'라는 것을 증명해 낸다. 한마디로 무술을 하는 사람이 각 동네 무술 고수들과 겨루어 이겨서 이뤄내는 '도장 깨기' 정도 행위다. 소크라테스를 만나기만 하면 소문난 현인들이 '지혜가 짧음'이 들통난다. 창피를 당한 셈이다. 차라리 소크라테스에게 '자신이 아는 것은 이것에 지나지 않는다.'라고 인정해 버리면 별일이 아니다. 처음엔 대부분 현인으로 소문난 선생들은 소크라테스 앞에서 '세상에서 가장 많이 안다.'라고 말한다. 그 부분에 대해 소크라테스는 논리적으로 반박한다. 실제 소크라테스는 본의 아니게 '도장 깨기'를 하게 된다. 여기서 소크라테스는 자신은 '알지 못한다는 사실은 안다.'라고 주장했다. 지(知)에 대해 겸허한 자세를 갖는다는 뜻이다. 이것이 그 유명한 소크라테스의 '무지(無知)의 지'다. 지금도 이런 주장은 설득력 있어 보인다.

필자가 몇 년 전 들은 통계에 의하면 하루 미국 책 시장에서 발간된 책은 일천 권 정도다. 1년이면 36만 권 정도가 나온다는 의미다. 정확하진 않지만, 한국 책 시장도 일 년 6만여 권 책이 나오는 것으로 알고 있다. 유명 독서가가 매일 책 한 권을 읽는다 해도 365권에 지나지 않는다. 365권 외 내용을 모르는 것이 당연하다. 자신이 읽은 책 내용이 아니라면 모를 수 있다. 당연하다. '공부한다.'라는 행위는 이처럼 '자신이 모른다.'라는 사실 자체를 아는 과정에 지나지 않는다. 아테네 시절도 많은 현인이 있다. 플라톤도 터키 등 소아시아로 유학 가서 피타고라스 학교에서 기하학을 배우고 온다. 아프리카 이집트에 가서 영혼불멸론 등을 수학하고 올 정도로 주변엔 당시 앞선 학문을 가르치는 학교가 많았다. 그때나 지금이나 세상에는 많은 지식이 있고 현인들이 있다. 누구든 많은 것을 제대로 알기 힘들다. 소크라테스는 논리학에 나오는 모든 기술을 동원한다. 소크라테스는 토론을 통해 깨우침을 얻어낸다. 소위 영혼의 산파술이다. 지금 학문을 하는 사람들도 소크라테스의 논리나 토론술은 이기기가 힘들 정도로 깊이가 있다. 소크라테스는 한번 사색에 빠지면 한나절이 너끈히 걸리는 일이 다반사였다고 한다. 몰입해서 사색하는 버릇이 있다.

소크라테스는 철학의 관심을 자연학에서 인간학으로 바꾸어 놓은 최초의 철학자이기도 하다. 이전 철학자들은 주로 우주나

자연의 발생 원인 내지는 원리를 밝히는 것이 철학의 주요 관심사였다. 소크라테스는 인간의 행복과 이성 그리고 양심을 자신의 철학적 화두로 삼았다. '진정한 행복이란 무엇인가'라는 소크라테스의 질문은 '어떻게 살 것인가'로 이어진다. 아테네에서 이성보다는 감성에 휘둘리는 격정의 시대를 소크라테스는 살았다. 소크라테스는 학문을 돈으로 환산해 가는 소피스트들에게 양심이라는 잣대를 들이댔다. 철학이라는 학문을 성공을 위한 궤변으로 만들어가며 돈을 받아가는 소피스트들의 비이성과 비양심에 대해 소크라테스는 온몸으로 저항했다. 이런 것을 고쳐 나가기 위해 한평생을 보냈다고 해도 과언이 아니다. 현대 대학들이 학생들 취직을 위해 또는 현실 속에서 살아남기 위해 학문을 팔아 나가는 세태는 예나 지금이나 별반 다르지 않다. 소크라테스의 철학 정신이 더욱 현대에 절실한 이유이기도 하다. 이성, 양심 그리고 자유라는 단어는 인공지능에게 찾기 힘들다. 요구하기도 힘들다. 정보나 지식을 쌓아 나가는 과정을 인간은 인공지능에게 따라갈 수 없다. 앞으로 세대는 인공지능에게 직업을 빼앗기지 않기 위해 부단히 노력해야 할 것으로 보인다. 인공지능이 세상을 이끌어 나갈 것이기 때문이다. 이런 인공지능을 이겨 나가기 위해선 소크라테스의 이성과 양심 등이 필요하다.

소크라테스는 마지막 변명에서 자신에게 배워서 피해를 본 학생의 증거를 대라고 주장한다. 아무도 증거를 내세우지 못한다. 재판 과정에서 다른 죄인들은 자신의 죄를 면하기 위해 저

자세로 배심원들에게 '살려달라'고 빈다. 처나 자식까지 나서 울고 불면서 사정한다. 이런 과정을 거쳐 대개 사형을 면하고 유죄를 면하기도 한다. 소크라테스는 이런 방법을 단호히 거절했다. '증거를 대라'고 윽박지르기까지 한다. 배심원들은 마음이 상하게 된다. 사실이 옳고 그르고는 다음 문제로 치고 소크라테스의 이런 행태를 참지 못하고 유죄를 내리게 된다. 이에 대해 소크라테스는 '소위 아테네 유명 철학자가 목숨을 구걸할 수는 없다. 배운 사람의 체면이 있지 어찌 그런 저자세로 비굴하게 목숨을 살려달라고 하겠냐.'라고 사형이 구형된 다음 날 말한다. 지성인으로서 품위가 자신의 목숨보다 중요하다는 뜻이다. 자신의 억울한 죄목도 자존심 상하는데 '살려달라'고까지 할 수 없다는 자세다. 소피스트들의 비이성적 행태에 논리적으로 반박한 것이 무슨 죄가 되느냐. 젊은이들이 올바른 판단을 하도록 토론을 통해 유도하는 것이 학생들을 타락시키는 것이 아니라는 항변이다. 지금 세상도 자신의 목숨을 구하기 위해서라면 어떤 일도 서슴지 않는다. 비이성과 비양심에 맞서 비굴하지 않게 기꺼이 목숨을 내걸고 자신의 자존심을 세운 지성인 소크라테스는 어느 시대에 나 있다. 이천오백 년 전 아테네에서도 이런 일이 벌어진 것이다.

소크라테스는 마지막에 "이제는 우리가 헤어질 시간이 됐다. 나는 죽기 위해 여러분은 살기 위해 떠나야 한다. 죽음 뒤가 행복할지 사는 것이 행복할지는 신만이 알고 있다"라는 말로 끝맺는다. 소크라테스는 '영혼 불멸'을 믿었다. 착한 일을 한 영혼은 더 좋은 곳으로 가고 나쁜 일을 한 영혼은 그만큼 벌을 받는다고 확신했다. 평생 죽음에 대해 고민했던 철학자로서 소크라테스는 기꺼이 사후 세계로 갈 것을 선택했다. 이런 사상은 기독교로 이어졌다. 좋은 일을 하면 천당 가고 나쁜 일을 하면 지옥 간다는 식의 기독교 사고와 일치한 점이다. 소크라테스는 서양 기독교 사상의 근간을 제시한 셈이다. 철학적 사고로 종교에 접근한 경우다.

소크라테스 '향연' 부분에서 참석자들은 사랑, 즉 에로스에 대해 다양한 의견을 나누는 내용이 나온다. 향연의 장에서 에로스를 자유롭게 논하는 옛 철인들의 모습을 그대로 보여준다. 조선 시대 문인들이 모여서 그림을 그리고 거기에 시를 적어 산수화를 만드는 것을 향연처럼 즐기는 모습이나 별반 다르지 않다. 지(知)를 사랑하는 사람들 놀이 문화를 그대로 느낄 수 있어 감동적이다.

『소크라테스의 변명』이라는 책은 지성인이 죽음 앞에서도 어떻게 처신해야 하는지를 분명히 보여준다. 자신의 양심을 어떤 법도 구속할 수 없다며 자신의 자유를 구가한 소크라테스는 행복한 지성인이다. 지성인은 언제든 시대를 초월해 이런 처지에 놓일 경우가 많다. 지성인은 어떤 경우든 이성적으로 맞는지를 판단해야 한다. 양심에 맞는지를 자문해 봐야 한다. 비굴하지 않아야 한다. 자율과 함께 책임을 다하는 자유를 구가해야 한다. 이런 조건을 갖춰야 제대로 된 지성인이다.

『소크라테스의 변명』은 이런 인간 소크라테스를 보여주면

서 롤 모델로 삼기를 권하고 있는 플라톤의 주장이 담긴 고전
이다.

인간은 무엇을 위해 어떻게 살아야 하는가를 보여주는 소크라테스의 죽음. 어느 시대든 지성인은 자신의 이성과 양심에 따라 행동하기를 원한다. 죽음의 위협이 있더라도 소신을 지키려 한다. 소크라테스는 죽음 앞에서도 자신의 이성과 양심을 그리고 자존심을 지키길 원했다. 『소크라테스의 변명』은 아테네 지성인이 무엇을 위해 어떻게 죽어갔는지를 분명하게 보여준다.

28

로마는 병참으로 전쟁에서 이겼다, 『군사학 논고』[12]

왔노라, 봤노라, 이겼노라.

율리우스 카이사르가 지금 터키의 앙카라 지역인 폰투스 지방에서 한 전쟁에서 이기고 남긴 말이다. 이 구절이 또렷이 들어오는 것은 일본 작가 시오노 나나미가 쓴 『로마인 이야기』 4편에서다. 이 문구가 귀에 익은 것은 대학 시절 운동 시합 응원가 등에서 보았기 때문이다. 승리를 확신하는 격려 문구용 정도로 많이 사용된다. 예전에는 확실히 그 말뜻을 이해하지 못했다. 그저 카이사르가 한 말 중 유명 문구 가운데 하나였을 뿐이다. 코로나가 생기기 직전인 지난 1월 터키 여행을 간 적이 있다. 수도 앙카라를 지나면서 가이드로부터 이 말을 듣고 귀가 쫑긋해졌다. '왔노라, 봤노라, 이겼노라'는 카이사르가 기원전 47년 폰투스에서 행해진 젤라 전투에서 승리하고 원로원에 보고서를 보낸 전문이다. 내전 막바지 소아시아의 젤라 전투를 이기고 나서 카이사르는 로마로 귀국한다. 다시 집정관에 선출된다. 이후 탑수스 전투에서 승리하고 로마 유일 최고 권력자로 등극한다.

이 문구를 여기에 옮긴 이유는 그 배경이 재미있어서다. 당시 로마 장군은 매일 전투 일지를 써서 원로원에 보고한다. 장군은 전쟁도 힘들다. 본국에 매일 보고서를 써서 보낸다는(물론 장군은 불러주고 부관이 쓰겠지만) 사실 자체가 재미있다. 로마 장군들은 매년 선거로 자신의 장군 자리를 확인해야 한다. 로마인들로서는 원로원에 전쟁 보고를 매일 하는 것은 당연하다. 카이사르는 이 전투를 끝내고 기분이 아주 좋았다. 내전 종식이 눈에 보였기 때문이다. 내전 종식은 영구집권을 의미한다. 폰투스엔 앙카라가 있다. 앞서 지적한 대로 앙카라는 지금 터키 수도다. 앙카라에는 외곽에 대형 소금농장이 있다. 지금도 존재한다. 소금은 영어로 salt로 불린다. 오늘날 봉급쟁이를 뜻하는 샐러리맨(salary man)의 어원이 된다. 로마 병사들은 월급을 소금으로 받았다. 황금이나 다름없다. 그 소금이 있는 곳을 점령했으니 카이사르는 기분이 매우 좋았을 것은 자명하다. 카이사르는 그날따라 승리를 자축하고 싶은데 보고서 쓰기가 귀찮았다. 이날 카이사르는 잠깐 아이디어가 생각났다. 부하에게 보고서를 '왔노라' 한마디만 써서 보내라고 했다. 다음 날 보고서 문구는 '봤노라' 마지막 날은 '이겼노라'라는 말로 대신했다. 놀고 즐기기 바쁜 나머지 간략히 한 문장으로 보고서를 대체했다는 뜻이다. 올해가 2020년이다. 정확히 2067년 전 일이다.

전쟁 보고서를 자세히 쓰기 싫어 한 말이 지금까지 전 세계 사람들 가슴속에 남아 있다. 승리의 기쁨이 그대로 전해진다. 로마 장군은 이처럼 매일 본국에 전쟁 보고서를 보낸다. 전쟁 기록이 된다는 뜻이다. 우리나라 전쟁사 기록은 이순신 장군의 난중일기가 가장 돋보인다. 전쟁하기도 바쁜 장수가 전쟁 중 일기를 써서 기록했다는 점이 특이하다. 한산도대첩이 명량대첩보다 나은 것은 더 자세히 남은 기록 때문이다. 전승의 크기나 내용은 후대에 남지 않는다. 이 기록으로 우리는 이순신 장군을 지금도 잘 알게 됐다. 이순신 장군은 난중일기로 전 세계 해전사 교과서의 주인공이 될 수 있었다. 이순신의 해전 승리기록이 생생하게 남아 있어 가능한 일이다. 고대 시대 유목민은 농경민족을 상대로 많은 전쟁에서 승리했다. 농경민족이 이긴 경우는 별로 없다. 유목민족은 전승했으나 기록이 없다. 후손들이 알지 못한다. 전쟁을 기록한다는 것은 이처럼 중요하다. 로마가 고대 로마 천 년 후기 로마 천 년을 이어간 것은 전쟁에서 이겼기 때문이다. 전쟁에서 이긴 요인 중 하나가 이처럼 전쟁 승리 기술이나 방법을 기록한 습관이다.

로마인들은 군사를 다루는 전쟁 기술조차도 기록으로 남겨 후손에게 물려주고자 했다. 전쟁에서 이기는 것보다 전쟁 기술을 후대에 물려줘야 한다는 신념이 굳었다. 『군사학 논고』는 로마 전쟁 기술을 담은 책이다. 동양의 『손자병법』이 있다면 로마엔 『군사학 논고』가 있다. 180여 페이지밖에 안 되는 문고판이다. 이 짧은 고전을 보고 나면 로마의 중요한 부분을 접하게 된다. 로마 군사 실정을 잘 알게 해주는 고전 중 고전이다. 많은 이들이 『군사학 논고』라는 책 이름 때문에 하찮게 간주하며 읽지 않고 패스하는 경우를 봤다. 읽을 고전이 많은데 군사학 책까지 볼 필요가 있겠느냐는 의미가 포함되어 있다. 고전은 매권마다 천년 베스트셀러다. 빼놓을 책이 없다. (구하기 힘들어서 문제인 경우는 있다.) 필자 경험으로 어떤 고전 책이든 감동적이고 재미있으며 의미가 깊었다. 이런 이유로 고전으로 살아남는 것이다. 가장 잘된 베스트셀러만이 고전으로 남을 수 있다.

저자 베게티우스는 4세기 로마 군사저술가다. 콘스탄티노플 백작으로 불린 그는 대략 378년에서 392년 사이 이 책을 썼다. 『군사학 논고』를 보면 로마를 제대로 이해할 수 있다. 로마가 얼마나 강한 군사력을 갖췄던 나라인지를 알 수 있다. 로마군은 용병이 아니다. 모두 국가로부터 직접 급여를 받는다. 직접 고용된 셈이다. 특히 이들은 병참으로 전쟁 승리를 만들어내는 특이한 구석이 있다. 병참은 전쟁을 준비하는 과정이다. 그 과정을 생생하게 그려 놓았다. 짧아서 좋다. 이런 책 부피의 고전 같으면 매일 한 권씩 볼 수 있을 텐데. 부담이 없이 볼 수 있어 좋다. 『플루타르코스 영웅전』이 이천 페이지다. 이 책 한 페이지당 세 배 정도 작은 서체와 글 양이 있다. 『플루타르코스 영웅전』은 이 책 기준 육천 페이지 정도 된다. 육천 페이지 한 권이나 백팔십 페이지 한 권이나 고전 한 권이라는 점에선 같다.

내용적 측면에서 로마 사회를 이해하는 데는 이 책도『플루타르코스 영웅전』못지않다. 훌륭한 팩트를 갖추고 있다는 뜻이다. 이 책은 로마 사회를 이해하는 데 매우 유용하다. 로마의 전투력을 알면 이천 년 로마가 어떻게 지탱됐는지를 아는 첩경이기 때문이다.

작가 베게티우스는 아드리아노플 전투에서 로마군단이 패배하는 것을 목격했다. 로마군단을 개혁하지 않으면 로마제국은 망하겠다고 생각했다. 로마군단 패배는 선발, 훈련, 군기, 전술 등 여러 가지 면에서 극도로 쇠퇴했기 때문이다. 저자는 과거 로마의 영광과 로마군단의 승리가 하루아침에 이뤄지지 않았다는 사실을 일깨워 주고 싶었다. 로마가 전쟁에 패한 원인을 분석할 목적으로 이 책은 써졌다. 당시 부실하고 부패한 로마군대를 바로잡기 위해서다. 후세 군인들에게 고대 로마 군사제도의 좋은 점을 알리기 위해서다. 제국 명운은 군사제도에 달렸다. 전성기 로마 군사제도를 재조명하고 체계적으로 분석했다. 당시 발렌티니아누스 2세는 이 책을 헌정 받고 지속적 집필을 하도록 했다고 한다. 정책 자료로도 의미가 깊다. 전쟁의 중요한 노하우는 후손에게 꼭 필요할 것이라는 판단에서다. 중요한 역사 자료로 그 가치를 높이 평가했기 때문이기도 하다.

당시 고트족에게 로마가 패한 원인을 황제는 기병이 약했기 때문이라고 생각했다고 한다. 소수 귀족 엘리트 중심 기병 군대를 양성코자 했다. 중세로 가는 길목에서 이런 생각은 당연해 보인다. 저자의 보병 강화 조언을 흘려들었다. 후대 유럽 개

혁적 지도자는 이 책을 최고 지침서로 활용했다. 베게티우스의 저술은 마키아벨리를 비롯한 후대 석학들에게 군사학에서 가장 중요한 자료로 활용해 온 고전 중 고전이다.

제1, 2, 3부는 군대의 편성, 훈련, 군기, 인사, 작전 등으로 군사학의 기본 원리를 논의한다. 제1부는 신병의 모집, 훈련, 군기 등에 관한 것이다. "군인들은 행진과 대열에서 정확히 줄을 맞추도록 하는 훈련보다 더 중요한 것은 없다"로 시작한다. 기본적인 부분들도 세세히 설명한다. 제2부는 로마군단의 조직과 장비 및 인사관리 제도, 제3부는 전략 전술과 전투 대형을 취급한다. 오늘날에도 중요하게 고려되는 훈련과 군기의 중요성, 지휘관의 임무, 예비대의 운용, 지형의 활용 등 핵심 원리를 포함하고 있다.

논지는 '군대의 생명은 부단한 훈련과 엄격한 군기에 달려 있다'라는 뜻이다. 특히 전쟁에서 승리는 전적으로 숫자나 단순한 용기로 결정되는 것이 아니다. 기술과 군기만이 승리를 보장한다는 지적도 돋보인다.

이 책은 군사 금언집(金言集)이기도 하다. "평화를 원하는 자는 전쟁을 준비해야 한다", "용맹은 숫자보다 우월하다", "지형의 특징은 때때로 용기보다 더 중요하다", "피아 전력을 제대로 평가하는 장군은 쉽게 굴복하지 않는다", "선천적으로 용감한 사람은 거의 없다. 대부분이 훈련과 군기를 통해서 용감해진다." 이런 금과옥조 같은 군사 금언으로 가득 채워졌다.

겸손한 베게티우스는 이 책이 '고대 저작들과 규정으로부터 터득한 내용일 뿐이고 로마를 위대하게 만든 관습과 지혜를 집대성하고 종합한 것이다'라고 고백한다. 주요 자료로 대 카토, 코르넬리우스 켈수스, 파테르누스, 프론티누스의 저작들과 아우구스투스, 트라야누스, 하드리아누스 등 법규와 법령 등이 있다.

흔히 로마는 병참과 공병으로 이긴다는 말이 많이 나온다. 전쟁을 수행하는 군사도 중요하지만 도로를 만들고, 강이나 물을 지나가는 다리를 놓는 기능을 모두 갖추었다는 뜻이다. '로마 가도'란 지금 말로 하면 고속도로다. 로마 군인들은 전쟁 승리 이후 가도를 만드는 데 최선을 다했다. '모든 길은 로마로 통한다'라는 말은 여기서 비롯된다. 세계 최대 제국인 원나라도 우편제도 같은 것이 발달된 적은 있으나 로마처럼 가도를 만들지 않았다. 이 길은 유리할 때는 좋지만 침략받을 때는 악용되기 때문이다. 로마는 모든 곳에 길을 만들었다. 물자를 수송하며 그곳 지역경제를 살렸다. 로마 가도는 안보용도 되지만 경제 활성화용이기도 했다. 이것을 만드는 데는 로마군의 공병 능력이 크게 작용했다. 앞서 말한 대로 로마는 용병이 아니라 징병제를 택했다. 군인들에게 봉급을 줬다. 로마병은 전시가 아닌 평시에는 훈련에 열중했다. 봉급 값을 해야 하기 때문이다. 평소 훈련 집중은 전쟁 승리를 보장받는다.

『손자병법』을 보면 상대편 국가로 지나는 변방지역에서는 빨리 지나가야 탈영병을 막을 수 있다는 구절이 나온다. 여기에도 이런 문구가 나온다. 병법 전문가는 동서양 가릴 것 없이 거의 같은 생각을 하는 것 같다. 『손자병법』도 훌륭한 병법서이고 고전이다. 베게티우스의『군사학 논고』를 보면『손자병법』에 나오지 않는 아주 구체적인 군사 관리 이야기가 들어 있다. 『손자병법』이 숲이라면 베게티우스의『군사학 논고』는 나무들이다. 이들 두 책을 합해서 읽어보면 군사학 고전을 얼추 거의 보게 될 것 같다는 생각이 든다. 이순신 함대의 전쟁 배치 모형에는 학익진이나 일자진 등이 있다. 베게티우스 전투 대형은 장방형이 주류를 이룬다. 패자에게 도망갈 구멍을 만들어줘야 한다는『손자병법』이야기가『군사학 논고』에도 나온다. 패자에게 희망을 주고 도망할 길을 열어줘야 아군 피해를 막을 수 있다는 식이다. 도망가는 적을 무조건 따라가지 않는다. 아군 전열이 흐트러지면 역습을 당할 수 있기 때문이다. 사자의 용맹성보다는 여우의 지략을 손자나 베게티우스는 충분히 보여준다. 군사 전문가가 아닌 고전 애독자가 군사 고전을 만나는 것은 쉽지 않다. 군사 고전을 군사용으로만 보지 않고 생활에도 적용해 보면 얼마든지 깨우침을 얻을 수 있다. 베게티우스는 '피아 전력을 제대로 평가하는 장군은 쉽게 굴복하지 않는다'라고 말한다. 지피지기면 백전백승이고 지지 않는다는 말과 일치한다. 훌륭한 장교는 호기를 잡거나 꼭 필요할 때가 아니면 결코 전면적인 전투를 벌이지 않는다. 전투 배치는 철저히 적에게 숨겨야 한다. 그렇지 않으면 적은 반격하고 적절한 방책으로 아군의 계획을 좌절시킬 것이다. 검보다 굶주림으로 적에게 고통을 주는 것이 최고의 기술이다.

베게티우스『군사학 논고』는 적은 글밥으로 로마제국의

가장 핵심적인 군사 부문을 이해하게 하는 고전 중 고전이다. 『군사학 논고』 마지막 부분에 군사 금언 몇 마디를 첨언하는 것으로 마무리됐다. 몇 자 옮겨본다.

병사들은 국경 지역 야영지 근무에 숙달할수록 그리고 철저히 군기가 잡혀 있을수록 전장에서 위험에 훨씬 덜 노출될 것이다. 병사들은 적을 상대로 싸우기 전에 반드시 충분한 훈련을 쌓아야 한다. 적을 굶주림, 기습, 공포로 굴복시키는 것은 전면적인 전투보다 훨씬 낫다. 전투는 때때로 행운이 용맹보다 더 큰 몫을 하는 경우가 있기 때문이다.

적군 병사들을 변절시켜 아군에 투항케 하는 것은 특별히 큰 이익이다. 적은 살육보다 탈주로 더 큰 상처를 입기 때문이다. 전선을 너무 늘이기보다 몇 개의 예비대대를 보유하는 것이 더 낫다. 용맹은 숫자보다 우월하다. 지형의 특징은 때때로 용기보다 더 중요하다.

군대는 노력으로 강해지고 게으름으로 무기력해진다. '왔노라, 봤노라, 이겼노라'는 로마인의 이런 군사적 지혜가 모여 일군 결실들이다.

로마인의 공병과 병참으로 전쟁 승리를 이끌었다. 전쟁일지도 남겼다. 로마 가도를 남겼다. 동양 『손자병법』에 버금가는 중요한 고전이다.

29

그리스 로마 문명의 모태,
터키 여행기

　2020년 새해 벽두에 9일간 터키 여행을 했다. 석 달 전 예약을 했지만 여러 가지 일들이 돌출적으로 생기면서 '갈 수 있을까?' 반신반의했다. 일월 일정을 보니 '가기가 힘들겠다'라고 몇 번 망설였다. 뜻을 굽히지 않고 강행을 주장하는 일행이 있어 취소하지 못하고 가게 됐다. 가서 보니 안 갔으면 큰일 날 뻔했다는 생각이 들었다.

　현장을 가보지 않고 책으로만 보는 고전에 나오는 지역명 등은 '헛헛한 점'이 있기 때문이다. 막연히 상상 속에 그림을 그려보는 것도 나쁘지는 않다. 발로 현장을 밟아보는 느낌은 또 다르다. '트로이'라는 나라가 정확히 '어디 즈음 있느냐'라는 아직도 논란거리다. 독일 하인리히 슐리만이라는 인물이 트로이를 발견하고 발굴했다. 1822년 독일에서 가난한 목사 아들로 태어난 슐리만은 어린 시절 책 읽기를 무척 좋아했다. 이때 호메로스의 『일리아스』와 『오디세이』를 매우 좋아해 열심히 읽었다고 한다. '나중에 반드시 거기를 보겠다'라는 뜻을 세웠다. 독일어,

영어, 프랑스어, 러시아어 등 20여 개 언어 구사 능력과 성실함, 장사꾼으로 뛰어난 재능을 가진 하인리히 슐리만은 러시아 상트페테르부르크로 건너가 사업가로 크게 성공했다. 미국으로 건너간 뒤에는 황금 거래로 더 큰 부자가 되었다. 그는 엄청난 재산을 모으자 평생의 꿈을 실현하기 위해 유럽으로 건너가 고고학자로 새 삶을 시작했다. 슐리만의 발굴 작업에는 두 번째 부인인 소피아가 함께했다. 그가 발견한 트로이 유적이 아직 남아 있다. 트로이 전쟁은 기원전 천이백여 년 전 일이다. 사천여 년 동안 그 지역은 무려 9개 층의 또 다른 도시 흔적이 쌓여 있다. 그중 6번 7번 구역을 트로이로 추정하고 있다.

필자는 현장을 직접 발로 가보지는 못했다. 여행사 측 가이드 말에 따르면 하루 종일 버스를 타고 간신히 도착해 보면 볼거리라고는 한 20분 정도 분량에 불과하다. 그런 정도 둘러볼 만한 양의 관광거리여서 다들 실망한다고 한다. 여행객을 맞은 준비가 전혀 돼 있지 않다는 뜻이다. 그런 이유로 여행 일정에는 없다는 말이었다. 다소 실망했다. 근처에 왔다는 것만으로도 위안이 됐다. 다음엔 꼭 발로 밟아보고 싶다. 이번 여행을 통해 이스탄불 아래쪽에 트로이가 있다는 정도를 아는 데 만족해야 했다. 그 아래 이즈미르라는 곳이 있다. 이곳이 호메로스의 고향이다. 지도상으로 보면 이즈미르 건너편에는 아테네가 눈앞에 바다를 놓고 보인다. 그리스 십여만 연합군이 일천여 대 배를 이끌고 트로이로 쳐들어갔다는 말이 실감이 난다. 거기서 구 년 전쟁을 했다는 말도 고개가 끄덕여진다. 막연히 트로이와 그리스가 어디에 있는지 추측만 했지만, 이번 여행을 통해 감을 잡을 수 있어 그나마 큰 수확이었다.

첫 도착지는 두바이다. 두바이를 거쳐 다음 날 이스탄불로 넘어가는 코스였다. 두바이는 옛 사막의 베두인들이 살았던 곳이다. 1971년 석유를 발견하고 오일머니가 넘치면서 새로 세워진 도시다. 아랍에미리트는 아부다비와 두바이를 포함한 7개 도시국가가 모여 형성한 나라다. 같은 오일머니가 있는 나라 중 두바이 발전상은 특이하다. 지도자가 어떤 포부나 비전으로 나라를 운영하느냐에 따라 나라가 어떻게 바뀔 수 있는지를 돌아보게 하는 현장 체험이었다. 우리나라 삼성물산이 지었다는 부르즈 칼라파 빌딩이 세계 최고 높이 건물이라고 한다. 정상에서 둘러본 두바이 모습은 대단했다. 두바이는 민주정이 아니라 왕정체제다. 태국 역시 마찬가지다. 왕이 직접 추진한다. 거액을 들여 건물을 짓는 데는 신속하고 확실하게 진행할 수 있다. 재력과 정치력이 있고 혼자 결정하면 되기 때문이다. 두바이를 보면 정치체제가 민주정이 반드시 정답은 아닐 수 있다는 생각이 든다. 플라톤의 철인정치가 그 사례일 것이다. 왕이 철학가이고 확실한 비전으로 달려든다면 국가발전 속도는 분명 신속할 것 같다. 두바이는 국민 복지도 대단한 나라다. 세금이 없고 모든 의료나 교육이 무상이다. 대한민국에 비하면 이런 점에선 천국이다.

이스탄불을 거쳐 카다토피아로 가던 중 앙카라 외곽에서 소금 염전을 만날 수 있다. 지금 소금은 시장 전체 상품 중 꼭 필요하지만, 비중이 약하다. 로마 시대는 급여를 소금으로 주던 시절이다. 소금을 의미하는 **salt**는 급여라는 **salary**라는 단어의 어원이 됐다. 봉급을 의미하는 단어로 소금이 급여로 발전된 것이다. 앞장에서 설명했듯 카이사르가 폰투스라는 지명의 이곳을 정복하고 "왔노라, 봤노라, 이겼노라"라는 유명한 문구를 남겼다고 한다. 글쟁이로도 유명한 카이사르다운 명쾌한 문구였다.

안탈리아에 도착했다. 안탈리아는 안토니우스와 클레오파트라가 5년을 묶었던 곳이다. 안탈리아는 오랜 세기 동안 지중해 휴양처가 된 곳이다. 그만큼 경치가 아름답고 날씨도 좋으면서 휴양하기 적합한 곳이다. 그때도 그랬던 모양이다. 안토니우스 장군은 이집트 원정을 가서 클레오파트라를 만난 적이 있다. 그녀가 눈에 삼삼했던지 이집트에 있는 그녀에게 이곳에서 만나자고 한다. 이때 안토니우스는 로마의 가장 큰 실력자이며 장군이다. 당시 안탈리아 근처에 해적이 극심할 정도로 많았다. 로마는 이곳에서 주식인 밀을 가져온다. 해적들은 큰 방해꾼이었다. 로마 원로원은 안토니우스에게 해적 소탕을 주문한다. 나라의 뜻을 받들어 안토니우스는 해적을 물리친다. 이후 안토니우스는 로마로 다시 돌아가 옥타비아누스와 정권을 건 싸움을 해야 한다. 안토니우스는 명장이기도 하지만 소문난 플레이보이고 놀기를 좋아하는 한량이었다. 전쟁을 끝내고 돌아가기 전 클레오파트라를 만나고 싶어 로마 출발 전부터 클레오파트라를 이곳으로 오라고 연락한다. 안탈리아에서 만난 클레오파트라와 안토니우스는 무려 5년 동안을 이곳에서 허니문을 즐긴다.

옆에 에페소라는 로마 유명 도시가 있다. 터키 당국은 에페소라는 로마 도시의 유적지 발굴에 한참 열을 올리고 있다. 에페소에는 이만 오천여 명 규모의 원형극장이 있다. 그 앞에는 도서관이 있다. 아들이 아버지를 기리기 위해 만들었다는 도서관, 이곳 책 소장량은 대개 일만 구천여 권이라고 추정한다. 십만 권 내지 이십만 권이 있다는 알렉산드리아 도시보다는 적지만 무시할 수 없는 규모의 도서관이다. 근처엔 세계 최초의 광고물이 땅바닥에 남아 있다. 여기엔 발 모양이 그려져 있다. 발이 이보다 적은 이는 들어오지 말라는 뜻이다. 옆엔 여왕 모습의 여자가 새겨져 있다. 소위 매춘을 하는 사창가다. 이 문양의 광고물이 사창가를 가리키는 세계 최초 옥외광고다. 도서관과 사창가 아래는 지하통로가 있었다고 한다. 도서관에서 책을 보다 지하통로를 통해 사창가로 가서 즐겼던 로마인들의 모습을 보면 웃음이 나온다. 이곳 위에는 안토니우스와 클레오파트라가 쇼핑을 즐겼던 상점이 즐비하게 있다. 바닥에 화려한 모양의 타일이 있는 곳이 귀족들이 드나들던 상점 표시라고 한다. 옆에 목욕탕이 큰 규모로 있다. 오픈된 화장실이 있다. 아래로는 물이 흘러가는 곳도 있다. 에페소는 큰 항구다. 항구에서 배로 내려 들어오는 곳에 큰 가로등이 즐비하게 있다. 항해하던 로마 뱃사람들을 반기는 횃불이 켜져 있는 곳이기도 하다. 가이드 말에 따르면 이 횃불대가 로마에 반역하는 이들을 이곳에 올려놓고 십자가형을 집행하는 곳으로 사용했다고 한다. 그 진열이 어떤 때는 로마까지 이어졌다고 한다. 상상만 해도 끔찍하다. 오싹하기도 하지만 로마라는 대제국 반역죄는 이런 식으로 '다스려졌겠구나' 수긍이 가는 점도 있다.

터키에는 로마 위성도시가 일백오십여 군데 있었다. 이 중 현재 발견된 곳은 일백십여 곳. 지금 터키 당국은 이들을 제대로 발굴해 관광자원으로 만드는 중이다. 이 지역은 앞에 언급한 대로 트로이가 있다. 그 아래 이즈미르라는 호메로스의 고향이 있다. 피타고라스가 학교를 열었던 곳도 있다. 이곳에서 플라톤이 와서 몇 년간 수학을 배웠다. 아테네로 돌아간 플라톤은 자신이 세운 학교 아카데메이아에 '기하학을 모르는 자는 출입하지 말라'는 간판을 세워 놓는다. 그 수학과 기하학을 배운 곳이다. 의학의 창시자인 히포크라테스도 이곳 사람이다. 이런 점을 보면 터키는 그리스 문화의 모태인 셈이다.

터키 아래 지역에 가면 메소포타미아 문명의 원형인 곳이 있다. 유프라테스강과 티그리스강 사이에 바빌론이 있다. 이란과 이라크 지역과 겹쳐 있는 곳이다. 이 근처 어딘가에 노아의 방주가 있다고 한다. 구약성서의 출발점이란 의미다. 바빌론은 큰 도시다. 이런 문명이 세계 최초 철기 문명인 히타이트 문명을 만들었다. 이런 문화가 트로이로 전해졌다. 후일 로마는 자신의 시조가 트로이 왕족이라고 주장한다.

이스탄불은 동로마 제국의 수도 콘스탄티노플이다. 이곳에서 313년 콘스탄티우스 황제는 기독교를 로마 공인 종교로 인정한다. 고대 로마 중심인 서로마 제국은 476년 훈족에 의해 멸망한다. 동로마는 한때 서로마 제국 영토까지 모두 재생시키며 세계 최대 제국 시대를 맞기도 한다. 유스티니아누스라는 황제 시절 국고가 비었다. 시민들에게 밀을 무상으로 주고 매일 검투사 경기를 무료로 제공해 왔다. 상황이 어려워졌다. 그에게 황제를 물려준 삼촌 유스티니아누스(재위 518~527)는 다키아(지금 불가리아) 돼지치기 출신이었다. 천박한 생태적

약점이 있다. 어쩌다 황제 호위를 맡게 됐고 얼떨결에 황제가 죽자 새 황제가 된다. 이미 예순이 넘어 정치에 어두운 데다 문맹이었다. '즉시 대신 겸 후계자가 필요하다'라고 생각한 그는 수도에서 교육을 받던 조카 유스티니아누스에게 황제를 전위한다. 523년 황제가 된 유스티니아누스 애인은 테오도라다. 고급 창녀 출신이다. 시민들은 무상 제공하던 밀을 못 받게 되자 '유스티니아누스를 퇴위시키고 새로운 황제를 맞이하자'라는 속칭 '니카 반란'을 일으킨다. 유스티니아누스는 도망가려 한다. 테오도라 황후는 황후를 뜻하는 보라색 망토를 펼치며 "나는 보라색 망토를 걸치지 않는 단 하루도 살기 싫다. 한번 태어난 사람이 죽는 것은 당연하지만 한번 남의 위에 군림한 자는 권위와 지배력을 잃으면 죽은 것이나 다름이 없다. 황후 자리에서 물러날 바에는 차라리 죽는 편이 낫겠다고 신에게 기원하겠다"라며 도망가려는 황제를 붙잡는다. 황제는 마음을 고쳐먹고 반란을 일으킨 시민들을 모두 경기장으로 모이라고 한다. 이곳에 모인 5만여 명 시민을 모두 참살한다. 이후 지어진 아야 소피아 성당. 아야는 성스러운, 소피아는 성당이라는 뜻이다. 이곳을 보면 모두 경악할 정도의 큰 규모에 놀란다. 대형 벽화에 다시 한번 놀란다. 벽화의 신비함이란 더 말할 것도 없다. (원래는 콘스탄티누스 황제가 지은 것인데 여러 번 화재로 불탔다. 이를 재생시켰다고 한다.) 삼백여 미터 옆에 술탄이 이곳과 똑같은 규모의 이슬람 사원을 만들어 놓은 곳이 있다.

로마 시대 지하궁전이 있다. 콘스탄티노플은 물이 부족한 도시였다. 멀리 있는 산에서 물을 끌어 들여와 먹기 위한 물 저장고다. 축구장 두 배 크기 물 저장고를 로마인들은 200년간 지어 완성시켰다. 세계를 이끄는 대제국이 아니면 생각 못할 대형 공사다. 이 외에도 이 여행에서 지나갔던 콘야 지역은 목화가 많은 곳이다. 로마 시대 로마인들의 옷을 만든 지역으로 유명하다. 터키는 특히 밀 재배지로도 유명하다. 로마의 식량원이 되기도 했다. 이번 터키 여행을 통해 그리스 로마의 식민지 현장을 생생하게 확인할 수 있었다. 고전을 공부하는 사람들은 이런 여행을 해볼 만하다. 필자는 소박한 9일간 패키지여행을 할 수 있는 행운이 있었다. 카톡으로 여행사는 가끔 이런 저렴한 여행으로 모객하기도 한다. 찬스를 놓치지 않는 순발력이 필요하다. 코로나로 막혀 언제 다시 가볼 수 있을지 예상하기 어렵다. 현장을 발로 밟아보면 고전 속 그리스 로마 도시들이 와 닿는 부분이 많다. 고전 독서팀들은 형편이 된다면 일년에 한 번 내지 두 번 이런 답사가 필요하다. 여행은 길 위의 독서이기 때문이다.

> 여행은 길 위의 독서, 고전 독서 속에 나오는 고대도시 터키에서 역사 속 도시를 발로 밟아보면서 느낀 점이 많다. 현장에서 과거 사실들과 대면해 보는 기회가 많았으면 좋겠다.

제5장

한국 고전, 동양 고전

천이백여 년 전 액티브 시니어
강태공 이야기, 『육도삼략』[1]

장자방(張子房)이란 흔히 머리가 좋은 지략가 또는 꾀주머니 명참모를 칭한다. 훌륭한 지도자 뒤에 장자방이라는 브레인이 숨어 있다는 식의 표현도 한다. 실제 인물 장자방은 진시황 시절 탁월한 전술가로 천하에 이름을 떨친다. 본명은 장량이다. 자가 자방이다. 진시황에게 멸망당한 한나라 재상의 후손이다. 장량은 기원전 218년 선조 원한을 풀기 위해 자객을 모아 진시황을 공격하다 실패한다. 장량은 이름을 바꾸고 하비 땅으로 숨어 지냈다. 어느 날 장량은 한가로이 어슬렁거리고 있는데 변두리의 흙다리 위에서 한 허름한 옷차림의 노인을 만났다. 노인은 자기가 신고 있는 짚신을 다리 밑으로 떨어뜨리고 이렇게 말했다.

"여보게 젊은이, 다리 밑에 내려가 내 신발 좀 주워주게." 장량은 화가 났지만, 노인의 허리가 활처럼 구부러지고 손발은 끔찍하게 여위어 서 있는 것조차 불안해 보이는 이 노인을 위해 다리 밑으로 내려가서 신발을 주워 왔다. 이번에는 발을 내밀며 신을 신겨달라고 했다. 장량은 신을 신겨주자 조금은 만족스러워하며 방긋거리고는 아무 말 없이 가버렸다. 잠시 뒤 그가 다시 돌아와서 장량에게 이렇게 말하였다. "젊은이는 가르침을 베풀 만한 사람이구먼, 닷새 뒤 아침 일찍 여기 와서 나를 만나게."

그런 말을 남기고, 노인은 사라져 갔다. 노인의 말이 이상했지만, 장량은 닷새 뒤에 날이 새자마자 약속한 장소에 가보았다. 노인은 벌써 흙다리 위에 와 있었고 그의 모습을 보자마자 불쾌한 표정으로 입을 열었다. "노인네와 약속해 놓고 늦게 오다니 말이 되느냐. 오늘은 돌아가고 닷새 뒤 일찌감치 다시 나오게."

다시 닷새 뒤에 장량은 첫닭이 우는 것과 동시에 집을 나가 약속 장소로 달려갔지만, 결과는 마찬가지였다. 그래도 장량은 포기하지 않고, 다시 닷새 뒤에 한밤중에 집을 나가 약속한 흙다리 위로 향하였다. 그 덕택에 노인보다 먼저 도착하여 기다릴 수 있었다. 이윽고 다가온 노인은 반가운 얼굴로 책 한 권을 주면서 이렇게 말하였다. "이 책을 잘 읽으면 너는 꼭 제왕의 스승이 될 것이다. 10년 뒤에는 새로운 왕조가 일어날 것이며, 13년 뒤에 제북(濟北)의 곡성산 기슭에 놓여 있는 누런 돌을 보게 될 것이다. 그 누런 돌이 바로 나다."

그러고는 아무 말 없이 사라져서 다시는 나타나지 않았다. 날이 새고 나서 그 책을 펴보니 바로 태공병법(太公兵法)이었다. 장량은 언제나 이 책을 옆에 끼고 거듭해서 읽고 외우며 가슴속 깊이 새겼다고 한다.

육도삼략이 유명해진 건 위의 일화가 한몫했다. 태공망은 우리가 아는 속칭 강태공이다. 72세 문왕을 만나 정치에 입문한다. 요샛말로 액티브 시니어(?)보다 더 나이가 들었다. 속칭 액티브 시니어란 건강하고 적극적으로 은퇴 생활을 하는 사람들을 가리킨다. 필자도 졸저『액티브 시니어의 깊이 있는 독서법』이라는 제목의 책을 낸 바 있다. 필자가 58년생이었기 때문에 편집진들은 이런 제목을 만들어주었다. 처음엔 고개를 갸우뚱했으나 뜻을 알고 기꺼이 받아들였다. 강태공은 액티브 시니어 중에서도 제법 나이 든 80대에 자신의 정치를 펼쳐낸다. 기원전 12세기 일이다. 이 시기를 우리나라로 치면 고조선 시대다. 우리나라 태곳적 역사를 밝힌 역사서『환단고기』에 따르면 조선은 47대 단군이 2096년 존재했다고 한다. 제1왕조 북삼한은 송하강 아사달(하얼빈)에서 북삼한 시대를 1,048년 보내고, 삼조선 제2왕조가 860년 동안 백악산 아사달(장춘 녹산)에서 존재했다고 한다. 이후 제3왕조로 대부여가 188년인데 이 시기는 장당경 아사달을 보낸 삼한관경(三韓管境) 시대다. 서양은 바빌론 시대이며 미케네 문명 정도 된다. 트로이 전쟁이 기원전 1200년이니 이즈음일 수 있다. 중국은 주나라와 춘추 시대다. 육도라는 책은 주나라 문왕(文王)이 태공망(太公望) 여상(呂尙)에게 나라를 다스리고 군대를 움직이는 방법을 물으면 태공망이 대답하는 형식으로 구성되어 있다. 문왕 아버지 무왕(武王)은 은(殷)나라 폭군 주왕(紂王)을 물리치고 주(周)나라를 세웠다. 주왕은 주지육림이라는 단어로 유명한 왕이다.

주지육림(酒池肉林)은 말 그대로 술이 연못을 이루고 고기가 숲을 이룬다는 뜻이다. 사기(史記) 은본기에 따르면 주왕은 술을 좋아하고 여자도 좋아했다. 특히 달기라는 여자를 사랑해 그녀의 말은 무엇이나 들어주었다. '술로 못을 만들고 고기를 달아 숲을 만든 다음 남녀가 벌거벗고 그 사이에서 밤낮없이 술을 퍼마시며 즐겼다'라고 하였다. 잘못된 은나라 주왕을 베고 만들어진 나라가 주(周)나라다. 주나라를 세워 천하를 바로 세우는 데 액티브 시니어 강태공이 활약한다.

강태공이 지었다는 육도는 문도와 무도, 용도, 호도, 표도, 견도를 뜻한다. 육도의 사상적 특징 중 하나는 천하위공(天下爲公)사상이다. 천하는 만인의 천하이지 결코 군주 일인의 천하가 될 수 없다는 주장이다. 역대 병서 가운데 "천하는 군주 한 사람의 천하가 아니고, 천하 만인의 천하다"라고 선언한 것은 '육도'가 유일하다. 육도가 유가 사상과 밀접한 관계를 맺고 있다는 것을 방증하는 것이다. 육도 중 문도 제3장 국무(國務)에서는 애민(愛民)을 이같이 해석했다.

"오직 백성을 이롭게 해주면서 백성의 이익을 해치는 일이 없도록 해야 합니다. 백성이 일을 이루도록 도와주면서 실패하게 만드는 일이 없도록 해야 합니다. 나아가 백성의 생명을 안전하게 보장하면서 상해를 입히는 일이 없도록 해야 합니다. 그 밖에도 은혜를 베풀어주면서 함부로 약탈하는 일이 없도록 해주고, 기쁘게 만들면서 노하게 만드는 일이 없도록 주의해야 합니다."

육도 중 용도 제19장 논장(論場)에서는 또 정군합일(政軍合一)을 주장한다. 정치 경제와 군사 외교는 불가분 관계를 맺고 있다는 주장이다. "전쟁은 나라의 큰일이며, 존망의 갈림길입니다. 나라의 명운이 장수에게 달려 있는 셈입니다." 장수를 나라의 보배로 간주해야 한다고 역설한다. 육도의 전승은 문벌(文伐)이라고 표현한다. 병사들이 칼로 부딪치며 싸우는 것이 아니라 융성한 문물로 적을 제압하는 것을 말한다.

"강적과 싸울 때는 이길 수 있는 조건을 갖추어야만 승리를 거둘 수 있습니다. 온전한 승리인 전승은 싸우지 않고 이기며, 정의의 군사인 대병(大兵)의 위세로 적을 굴복시킬 뿐 병력손실이 전혀 없다고 했습니다. 이는 그 승리하는 이치가 신묘하기 짝이 없어 귀신과 서로 통하는 경지에 이른 것을 말합니다."

혼합용병(混合用兵)도 주장한다. 보병과 전차병, 기마병을 뒤섞어 입체적으로 용병하는 것을 말한다. 육도에는 구체적이면서도 체계적인 전법을 제시한다. 이는 여러 병서에서도 여러 병종을 혼합한 부대의 입체적인 작전을 역설한 것보다 훨씬 괄목할 만한 것이다.

이런 이유로 『삼국지』에서도 육도를 권하는 대목이 나온다. 유비가 임종하는 자리에서 아들 유선에게 '육도'를 반드시 읽을 것을 권한다. 『삼국지』 '촉서, 선주전'에는 "한가할 때 제가 백가서와 더불어 '육도' 및 '상군서' 등을 두루 읽도록 하라. 이들 책은 사람의 의지와 지혜를 더해 준다." 손권도 육도를 손자병법과 함께 거론한다.

우리나라에서도 사서삼경이라는 고전 공부 들어가기 전 『육도삼략』 책을 백 번 정도 읽게 한 후 본격 공부에 들어가게 한 사례들이 많다. 『육도삼략』에는 유교 경전 이념이 들어 있다. 『손자병법』도 들어 있다. 도교 사상도 밑자락에 깔고 있어 대부분 동양 경전의 사상이 담겨 있다. 이런 것을 먼저 가르친다는 뜻이다. 특히 『육도삼략』은 무경칠서로도 꼽힌다. 무경칠서는 주나라 손무가 쓴 손자, 전국 시대 위나라 오기가 쓴 오자(吳子), 제나라 사마양저의 사마법(司馬法), 주나라 위로의 위료자(尉繚子), 당나라 이정의 이위공문대(李衛公問對), 한나라 황석공의 삼략(三略), 주나라 여망의 육도(六韜)를 일컫는다. 우리나라에서도 이들 무경칠서는 훌륭한 무전으로 채택되어 과거 무과의 고시과목으로 쓰곤 했다.

임진왜란 중 23전 23승을 이끈 이순신 장군도 이 육도삼략을 거의 외웠을 것으로 보인다.

『육도삼략』을 읽다 보면 이순신의 모든 전쟁사가 그대로 나오기 때문이다. 이 책에는 '반드시 죽기를 각오하고 용감하게 싸우면 살길이 있을 것이요, 목숨을 아끼며 용감히 싸우지 않으면 전군은 모두 죽고 말 것이다'(163페이지)라는 대목이 나온다. 기원전 1300여 년 전 책에 나온 말이 1592년 임진왜란을 겪고 있는 명장 이순신의 말에서 거침없이 나오는 것이 그 증거다.

『육도삼략』 책을 채택해 고전반에서 읽게 하는데 학생들의 거부감이 많았다. 전쟁 이야기를 굳이 읽을 것이 있느냐. 그 시간에 읽고 싶은 책을 읽어야 하는 것 아니냐. 이런 반론이 많았다. 필자는 고전은 하나도 버릴 것이 없다. 각기 의미나 깊이가 있어서 고전이다. 고전은 천년 베스트셀러다. 빼놓을 수 없다며 버텼다. 필자가 읽어보고 난 소감으로 동양의 성경이라고 해도 별로 손색이 없다. 이 책이 후일 개작으로 위서 논쟁은 있다. 태공망의 말이니 후일 일부 고쳐졌다 해도 이 책 대부분은 태공망의 지혜로 이뤄졌다고 본다. 이때는 성경이 없을 때다. 공자 맹자도 없다. 그런 시절 군주가 백성을 무서워하고 장군이 군사를 내 몸같이 여겨야 존립할 수 있다는 내용으로 되어 있다. 필자 한자 실력으로는 원문을 그대로 보고 번역할 수 없다. 필자 실력의 한계다. 번역한 내용이 잘 되어 있다. 읽을 만했다. 번역본만 봐도 감동 그 자체를 억누를 수 없었다.

> 『육도삼략』은 동양의 성경으로 칭해도 손색이 없다. 공자, 맹자, 손자병법, 도교 등 모든 사상이 밑바탕에 깔려 있기 때문이다. 사서삼경 공부 시작 전 『육도삼략』 100회독을 권했던 이유이기도 하다.

31

전쟁에서 싸우지 않고
이기는 법 배우기, 『손자병법』2)

손무는 이천오백여 년 전인 기원전 오백 년대 사람이다. 당시 초나라는 초강대국이다. 그 옆 오나라는 초나라를 무너뜨리기 위해 절치부심하는 나라다. 오자서는 초나라 초평왕에게 개인적으로 원한이 있어 오나라로 망명했다. 오나라 합려왕은 초나라를 이겨내려는 뜻을 품고 있다. 용병가 손무도 힘을 합했다. 이들은 초나라와 전쟁에서 이긴다. 이때 손무는 『손자병법』이라는 병법서를 남긴다. 많은 세월이 흐르면서 후대 사람들에 의해 보충되기도 한다. 손자병법서가 변화하면서 '손무'라는 인물이 실재하지 않는다는 등 여러 가지 설에 시달린다. 이천오백여 년 전 일이라 누구도 사실이 확인되지 않아 확신할 수는 없다.

이런 논란을 뒤로하고 손무의 『손자병법』을 읽어본 사람은 손무가 전쟁지상주의자가 아님을 금방 알 수 있다. '전쟁은 하지 않고 이기는 것이 최상이다'라는 주장에서부터 국민을 위해 '속승을 하고 마쳐야 한다'는 등을 보면 '전쟁 회피 내지 전쟁

신중론자'라는 평이 더 어울릴 것 같다. 이천오백여 년 전 책이 지만 이 책이 후대에 끼치는 영향은 엄청나다.

고구려 을지문덕이나 강감찬, 고려 김방경, 조선 이순신, 유 성룡 등 우리 역사상 큰 전쟁을 승리로 이끈 인물들이 이 책 을 단순히 보는 차원을 넘어 달달 외우며 배우지 않는 인물이 있을까?

이뿐 아니다. 1800년대 나폴레옹조차도 이 책을 읽었다는 증거들이 많다고 한다. 클라우제비츠 전쟁론, 독일 육군 참모 총장 몰트케 용병론, 일본이 1920년대 만들었다는 '통수강령', 마오쩌둥의 유격술 등 세계 모든 전쟁이론의 기초는 『손자병 법』이다. 고전 책 중 당시 베스트셀러가 아닌 책은 없다. 당대 사람들 관심에서 멀어진 책이 후대 이천오백여 년 넘게 이어질 일이 없기 때문이다. 손자병법도 오랜 기간 전쟁을 하는 모든 이들의 관심서였다. 지금도 각국 모든 사관학교는 이 책을 배 우고 있다.

인간은 전쟁하고 산다. 그 전쟁이 군사적이 아니더라도 전쟁 은 전쟁이다. 우리나라는 북한과 언제 동족상잔의 전쟁을 다시 할지 모른다. 2019년 일본과는 무역 전쟁을 하고 있다. 아베는 정식으로 무역 전쟁을 선전포고했고 문재인 정부는 이와 맞서 싸워야 하는 상황에 있다. 경제적으로 회사 대 회사들은 매일 전쟁을 하고 있다. 시장점유율을 높이기 위해서 전쟁을 하기도 하고 생존을 위해 전쟁한다. 인간관계에도 전쟁 아닌 전쟁이 즐비해 있다. 집에 들어가면 어떤 남편은 마누라와 전쟁을 한다. 가족 간 전쟁도 있고 시어머니와 며느리 그리고 시누이와 전쟁도 있다. 아이들은 입시 전쟁을 치른다. 이처럼 인간사 모두 어찌 보면 경쟁이라는 전쟁을 하고 있다고 해도 별로 무리가 없을 듯하다.

전쟁하면 이겨야 한다. 전쟁에 지면 생존이 어렵다. 피해만 주기 때문에 기왕지사 전쟁을 하면 이겨야 한다. 로마 시대 로마인들은 전쟁에서 이기고 나면 패자를 자신의 편으로 포용한다. 승리하고 포용한다는 점이 중요하다. 예를 들어 카이사르는 자신이 정복한 종족에게 자신의 성을 쓰도록 하고 그들의 클라이언트가 된다. 후원자가 된다는 뜻이다. 반면, 아테네는 자신의 실제적 핏줄을 중요시한다. 마치 통일신라가 왕족에게 성골과 진골로 나누듯 했다. 로마는 이 점에서 아테네와 스파르타와는 전혀 다르다. 전쟁에서 패배한 부족장에게 로마 의회 의원석 한 자리도 준다. 그들에게 군사적 안전을 로마 군대가 지켜준다. 세금은 10% 정도다. 수긍할 만하다. 로마 가도를 만들어주고 군사적 비용을 들게 하지 않은 비용으로 10% 정도라면 낼 만하다. 로마 가도는 경제적으로 로마와 소통이 되기 때문에 서로 도움이 된다. 로마는 이렇게 해서 전쟁을 할 때마다 승적이익강(勝的利益强)을 실천했다. 손무는 작전편 6절에 승적이익강을 강조했다. 이기되 이익이 되며 강해져야 한다는 뜻이다. 그리스 아테네와 스파르타가 강성했던 기간에 로마는 피라미 도시국가에 불과했다. 로마는 이런 열린 마음으로 패자들을 껴안았기에 전쟁을 하면 할수록 부강해졌다. 아테네와 스파르타는 부단히 자신의 종족에 뭔가 다른 이물질이 끼면 배척했다. 아테네 시민만이 누리는 권리를 만들어 나가며 배타적 입장을 견지했다. 스파르타 역시 마찬가지였다. 대한민국이나 일본 국민은 생활 속에 다른 나라 사람이 끼어들지 못하도록 배척하는 습성이 몸에 배어 있다. 평상시엔 이런 습성이 별문제가 없어 보인다. 일본이나 한국은 모두 인구절벽 시대를 살고 있다. 다른 민족이나 국민의 이민을 받아들여야 할 처지다. 인구전쟁에서 이런 습성은 대단한 실패 사유가 된다. 승적이익강이 되려면 이런 로마인들의 개방적인 전쟁 후 처리관이 받아들여져야 한다.

손무의 『손자병법』 중 눈에 띄는 부분은 많다. '지피지기(知彼知己) 승내불태(勝乃不殆) 지천지지(知天知地) 승내가전(勝乃可全).' 이 부분은 일반적으로 익숙한 문구다. 다름이 있긴 하다. 지피지기면 백전백승이라고 일반에게 알려져 있다. 백전백승을 위해 지피지기면 승리가 위태롭지 않다. '하늘의 흐름을 제대로 읽고 땅의 이로움까지 취하면 완전한 승리를 얻을 수 있다'로 수정해야 한다. '승리가 위태롭지 않다'와 '승리 한다'는 차이가 있다. 고전 독서를 진지하게 하다 보면 발견할 수 있는 대목이다. 지형지물을 잘 이용하는 것은 전쟁에 당연한 이치다. 하늘의 기후, 즉 낮과 밤 그리고 추위와 더위를 잘 활용해야 전쟁에 이길 수 있다는 뜻이다.

구변(九變)편에 장수는 군주의 명령에 따르지 않는다'라는 대목이 있다. 전쟁에 임하는 장수가 군주의 명령에 따르지 않으면 전시라도 전쟁이 끝나고 군주에게 치죄를 당할 수 있다. 장수는 전쟁 후 닥칠 죄를 피하지 말아야 한다는 뜻이다. 군주도 전쟁 중 장수에게 자율적 작전권을 보장해야 한다. 장수는 개인적 명성을 전쟁에서 구해선 안 된다. 국민을 보호하고 군주의 진정한 이익만을 생각해야 한다. 여기에 '군주가 유능한 장수의 작전을 구체적 통어하지 않으면 승리한다'라는 말이 덧붙여 있다. 우리 역사에 보면 이순신 장군이 전쟁 중 선조가 내린 명을 어겨 치죄를 당하고 백의종군을 해야 할 때가 있었다. 임진왜란 때 일본은 이순신을 당하지 못하자 조선의 문신을 매수해 이순신이 선조의 눈에 벗어나게 한다. 선조는 이순신의 연승에 내면적으로 시기와 질투가 쌓이게 된다. 이는 『칼의 노래』를 쓴 소설가 김훈의 해석이다. 이순신은 일본이라는 적보다 등 뒤의 선조를 더 두려워하게 된다는 소설 속 갈등을 김훈 작가는 이 작품에서 그려낸다. 선조는 일본의 침탈에 한양을 뒤로하고 도망 다니는 신세지만 이순신은 매번 승전고를 울리며 '호남이 없으면 나라가 없다'라는 조어를 만들어낸다. 전쟁 영웅이다. 왕이 좋아할 리가 없다. 전쟁 와중에 이순신은 군주 말을 듣지 않았다. 오직 국민을 보호하고 군주의 진정한 이익만을 생각했다. 선조는 전쟁에 최소한 왈가왈부만 하지 않았어도 군주의 도리를 한 것인데 이조차 제대로 하지 못했다.

『손자병법』에는 기미정책(羈縻政策)이라는 것이 나온다. 기는 말의 굴레를, 미는 쇠고삐를 뜻한다. 속박하고 얽어매는 견제 통제라는 의미다. 전쟁한 후 그곳 부족장이나 왕을 그대로 인정한다. 경제적 이익만을 주로 취한다. 정치적 복속을 하면 현지 반발이 생기기 때문이다. 전형적 형태는 당나라 전기에서 볼 수 있다. 명목상 군현제를 채택하여 부주현을 두고, 외족의 왕이나 추장을 도독 자사, 현령 등에 임명한다. 자치하고 보호령으로서 도호부 등을 두어 감독하게 한다. 번창할 때는 기무부주가 856개에 달했다고 한다. 독립국으로 인정할 수도 없고, 직할령으로 만들 수도 없는 주변 민족들에 대해서 취해진 정책이다. 이는 세계 여러 나라를 지배하는 데 중요한 역할을 했다. 전쟁한 후 정치적으로 직접 경영을 하게 되면 지역 사람들 반발을 산다. 반발을 무마하는 데 많은 병력을 소모한다. 1990년대 소련은 아프가니스탄을 침공한다. 9년간 아프가니스탄의 게릴라전에 말려 결국 패퇴한다. 미국도 베트남에서 결국 패배한다. 2021년 미국은 결국 아프가니스탄에서 철수했다. 기미정책이었더라면 문제는 달라졌을지 모른다.

앞에 『손자병법』을 활용했다고 언급된 장수들의 공통점은 부단한 독서다. 독서 바탕 위에 유연한 사고를 만들어 나간다. 부하를 훈련시켜 나가고 배운 것을 과감하게 실행해 나가는 것이 훌륭한 장수의 조건이다. 무장이라고 해서 무술만 앞세워서는 곤란하다. 이처럼 병법서를 배우고 익히는 장수만이 전쟁에서 이겨 나갈 수 있다.

'로마군은 병참으로 이긴다'라는 말이 있다. 전쟁을 잘 수행하는 것도 중요하지만 전쟁준비를 위한 기술이 선행되어야 한다는 뜻이다. 많은 병사들이 먹고 자는 문제를 잘 준비해 나가야 한다는 전쟁준비론이다. 로마군은 전쟁을 위해 로마 가도를 만든다. 물을 건너기 위해 대규모 다리를 짧은 시간 내 만든다. 공병전에 능숙해서 승리할 수 있었다. 이순신 장군도 거북선을 만들고 군사를 조련시킨다. 전쟁이 없는 시기 한산도에서 논밭을 일궈 농사를 짓는다. 여기서 생긴 물자를 임금에게 올린다. 전쟁 중에도 선조의 수라상을 본다는 뜻이다. 이런 의미에서 이순신 장군을 일개 장군으로 보기보다는 요샛말로 재벌 종합상사 회장으로 해석하는 시각도 있다. 전쟁터에서 전쟁만 하는 것이 장군이 아니다. 군사들을 먹이고 재우는 일까지 책임져야 한다. 우리 역사에 수나라 130만 대군이 고구려에 침공했을 때 을지문덕 장군은 수나라 군수 병참을 공격해 이들을 굶어 죽게 한다. 을지문덕과 강감찬은 수나라와 거란 침공 시 그들이 물을 건너올 때를 기다린다. 반 정도에 도달했을 때 공격을 감행한다. 손자병법에 나오는 공격지점이다. 물의 반 정도 들어왔을 때 공격한다는 계책이다. '절지, 즉 나라 경계에 서는 지점에 보행을 빨리한다. 군사들이 고향으로 도망치지 못하도록 한다. 사지에 들어왔다고 판단되면 죽기 살기로 전쟁을 벌인다. 내가 가기 쉬운 길은 상대에게도 쉬운 길이다. 어려운 길을 찾아가는 우직지계를 써야 상대가 속는다. 상대의 약한 점을 공격해야 한다.'

손자병법에는 이처럼 전쟁의 많은 기술이 적혀 있다. 종합적인 전쟁 방법론이다. 앞서 언급한 대로 인간은 수많은 종류의 전쟁을 하고 산다. 전쟁은 이겨야 한다. 나를 알고 적을 알며 하늘과 땅의 이로움을 취해야 이길 수 있다. 천지를 아는 것이 중요하지만 장자는 천시보다 지리가 중하다고 했다. 명리학적으로 이를 다시 해석해 보자. 천시인 사주팔자 잘 타고 난 것보다 좋은 나라에 태어나라는 해석도 있다. 미국 거지와 아프리카 거지는 질적으로 다를 수 있으니까. 천시나 지리보다 더 중요한 것은 인화라고 했다. 천시인 사주팔자나 지리적으로 좋은 데 태어난 것보다 주변 사람과 가깝게 조화를 이루는 일이라는 뜻이다. 자신과 전쟁이라면 자신과 친해야 한다. 나를 내가 사랑해야 한다는 뜻이다. 처와 가족과 친화를 이루려는 노력은 가족 전쟁을 없앤다. 싸우지 않고 이기는 것이다. 이웃 나라와도 친하도록 모든 노력을 해 평화를 잘 이뤄야 한다. 싸우지 않고 이기는 법이 이런 것이 아닐까 한다. 이런 것들을 손자병법의 손무에게 배울 수 있다.

> 손자병법에서 싸우지 않고 전쟁에서 이기는 법을 배워야 한다.

32

공자의 인으로
이뤄진 이상사회, 『논어』3)

극기복례(克己復禮)

이기적인 나를 극복하고 예의를 지키는 나로 돌아간다. 공자의 논어를 보면 유교의 경전답게 어느 한 구절 버릴 곳이 없다. 가장 마음에 닿은 구절 중 하나가 이기적인 나를 이겨내고 예의를 생각하며 살아간다는 구절이다. 인간의 유형은 많다. 점잖은 인간과 점잖지 못한 인간, 양보할 줄 하는 인간과 자기밖에 모르는 인간, 이익만 생각하는 인간과 명분을 생각하는 인간, 예의를 지키려는 인간과 그렇지 못한 인간, 배우려고 부단히 노력하는 인간과 배움과는 거리가 먼 인간, 의리를 지키려는 인간과 그런 걸 전혀 의식 않는 인간.

『의식혁명』을 쓴 데이비드 호킨스는 인간의 의식상태를 나눠 점수를 매기기도 했다. 호킨스가 점수를 매긴 상태에 따르면 깨달음에 이른 상태는 칠백 점에서 천 점이고 잔인함은 20 점이다. 공격적인 미움을 가진 상태는 150점이다. 용기를 갖고 긍정적이며 응원하는 의식 수준은 200점이다. 호킨스 말대로 하자면 공자라는 성인이 추구하는 상태는 이백 점 이상이고 깨달음 상태인 일천 점까지다. 이천오백여 년 전 공자는 호킨스 측정 잣대로 보면 동물 상태 의식의 인간의식을 고품격 인간으로 올리고자 노력했다.

인간의 의식 수준은 한 층으로 고정되어 있지는 않다. 순간 순간 부단히 변한다. 동물처럼 생각하기도 하고 성인을 마음 안에 그릴 수도 있다. 일본의 유명한 한 고승은 천당과 지옥이 다음 생에 있는 것이 아니라 순간순간 '지옥 아귀 축생계 천당' 등을 오간다고 해석했다. 인간이란 타고난 성품이 있어 근본이 정해진 부분도 있지만, 부단히 변한다. 자신이 노력하면서 좋아지기도 하고, 배움이 느슨해지면서 약해지기도 한다. 인간이 부단히 자신의 마음을 닦고 수양을 해야 하는 이유이다.

논어를 한 구절 한 구절 새기다 보면 스스로 '참 한심한 인간이구나'라고 반성을 하게 된다. 어느 한 구절도 마음 편히 넘어갈 부분이 없다. 경전이란 것이 한 번에 읽으라는 것이 아니라 새기고 새기라는 책이다. 논어는 삶의 지침서다.

논어는 공자가 쓴 책이 아니다. 공자 제자들이 공자가 살아 있을 때 말했던 것을 모은 책이다. 이 책을 후한 시기 정현 (127~200)이라는 학자가 정리했다. 공자는 기원전 551년부터 479년 73세를 살았다. 석가는 563년경에 태어난 것으로 추정한다. 서로 중국과 인도라는 공간만 다를 뿐이고 12세 정도 차이 난다. 가깝다면 만나볼 만한 시기다. 플라톤은 428년에서 347까지 산 인물이다. 소크라테스는 기원전 470년에서 399년까지다. 알렉산더 대왕은 356년 태어나 323년까지 산다. 기원전 5세기 사람 중 인류의 정신세계를 이끌어준 성인들이 많이 태어났다. 이들 인물 중 태생은 공자가 가장 비천하다. 석가는 왕자 출신이고 플라톤은 귀족 가문 귀공자 출신이다. 공자는 어려운 집안에서 아비 없이 태어나 고생하며 성장했다. 논어의 공자 말씀이 생생하게 와 닿는 것은 그가 귀족이나 왕족 출신이 아니기 때문이라는 해석도 나온다. 서민 출신이어서 서민 언어대로 쉽게 말했다는 뜻이다. 논어는 논한다는 뜻이다. 공자가 자기 스스로 생각한 것을 말하는 부분도 있고 제자와 토론한 것 그리고 제후들, 은자들과 논한 것을 모은 것이라는 의미로 논어다. 지금 써도 시장 사람들도 이해가 될 정도 언어다. 구체성은 없다. 추상적이어서 어느 시대나 형편에 맞게 이해할 수 있다. 더 와 닿는다. 공자의 직접 저술로는 시(詩), 서(書), 역(易), 예(禮), 악(樂), 춘추(春秋) 등 육경(六經)이 있다. 평생 교육과 저술에 많은 시간을 보낸 스승이다.

지어도(志於道) 거어덕(據根德) 의어인(依於仁) 유어예(遊於藝)

도를 깨우치는 것에 뜻을 두었고 덕에 근거하며 어짊에 의지했으며, 도의 완성을 만들어가며 예술 세계에서 놀았다. 공자는 오늘 아침 도를 깨치면 저녁에 죽어도 좋다고 했다. 그때나 지금이나 성인들은 도의 깨우침을 지상과제로 삼았다. 인생이란 덧없는 것이고 부단한 수양을 통해 깨우치는 것이 가장 큰 일 중 하나다. 공자는 그런 성인이었다. 도를 이루는 데 덕에 바탕을 둔다고 했다. 덕이란 한마디로 남에게 베푸는 일이다. 베푸는 과정에서 도를 이뤄 나간다는 뜻이다. 어짊에 의지한다. 어질 인이란 자기가 서고자 할 때 남을 먼저 세우고, 자기가 뜻을 이루려 할 때 남이 먼저 이루도록 돕는 것이다(기욕립이인(己欲立而人), 기욕달이달인(己欲達而達人)). 이런 와중 예술 세계에서 놀면서 이런 일을 이루었다. 이런 것이 공자의 삶이다.

극기복례(克己復禮)의 과정이다. 지금 어느 인물이 도를 깨우친다 해도 이런 과정을 밟아야 할 것 같다. 공자는 정명론(正命論)으로도 유명하다. 군군(君君) 신신(臣臣) 부부(夫夫) 자자(子子) (군왕은 군왕답게, 신하는 신하답게, 아버지는 아버지답게, 자식은 자식답게) 각자 자신의 위치를 찾아 살아가자는 뜻이다. 각자 자기 자리에서 부단한 자기 수양을 하며 살아간다면 사회가 온전히 돌아갈 것이라는 해석이다. 수신(修身)제가(齊家)치국(治國)평천하(平天下)다. (이 대목은 권력자나 보수주의자에게 오용되기도 하면서 비난받기도 한다.)

육경을 쓴 공자는 교육에도 남달랐다. 육포 한 묶음 이상의 예를 갖추고 배움을 청하면 가르치지 않은 적이 없다. 다만 배우려는 열의가 없는데 이끌지 않았다. 표현하지 않는데 깨우쳐주지 않았다. 한 가지를 가르치면 세 가지 정도는 생각해야 하는데 게을리하면 반복해 가르치지는 않았다. 제7 술이(述而)편. 필자도 이 점을 새기며 배우려는 학생의 자세를 유심하게 보는 경향이 있다. 공자 말씀이니 마음에 새길 필요가 있다. 군자는 멀리서 보면 위엄이 있고 가까이하면 온화했으나 질문하면 옳고 그름이 명백했다는 원칙을 교육에도 분명히 했다. 교육이 상품화된 세상에 이런 정도(正道)를 지키는 스승을 찾기가 쉽지 않다. 제자(弟子)가 이런 자세를 유지하지 않으면 교육 효과가 없다. 명백한 선을 그었다는 점에서 와 닿는다. 스승에게 예를 갖추지 않는 자에게 가르치겠다고 할 수 없다. 배우려 하지 않는데 가르칠 수 없다. 물어보지 않는데 가르쳐봐야 제대로 전달될 수 없다. 한번 가르치면 본인 능력으로 여기까지는 생각할 수 있는데 노력하지 않으면 반복해 가르쳐봐야 별수 없다. 스승으로서 역할이나 한계를 제대로 짚었다.

이익이 눈앞에 있으면 이익에 빠지지 않고 의를 먼저 생각하라. 군자는 자긍심을 갖되 다투지 않는다. 군자는 어울려 조화를 이루되 편을 가르지 않는다. 용기만 있고 의를 모르면 모반을 하거나 좀도둑이 된다. 절박한 것은 도와주지만 부자가 더 부자 되는 것을 돕진 않는다. 배우기를 좋아한다. 아랫사람에게 묻는 것을 부끄러워하지 않는다. 아는 것보다 좋아하는 것이 더 낫고 좋아하는 것보다 즐기는 것이 더 낫다. 여자나 소인은 너무 가까이하면 불손해지고 너무 멀리하면 원망한다. (필자는 스스로 되묻곤 한다. '너는 소인배인가, 혹시 가까운 사람들을 소인배로 만들고 있지는 않은가?') 사십이 넘어도 자기 얼굴에 책임지지 못하고 지탄받는다면 볼 장 다 본 것이다. (필자는 스스로 이 부분에 대해 너무 뜨끔하다.) 지위 없는 것을 걱정하지 말라. 그 자리에 설 능력이 있는지 생각해 봐라. 알아주지 않는다고 걱정하지 말라. 남이 알아줄 만한 인물인지 되돌아봐라. 혹시 사사로운 뜻을 가지고 기필코 해야 한다며 자신만 내세우며 무리하게 고집을 피우고 있지 않은지 돌아보라. (필자는 분명 그렇게 하고 있다고 느낀다.) 늘 근심하기보다는 늘 평온하고 너그러워야 하는데 (늘 근심만 하고 있다.) 괴이한 일, 힘으로 하는 일, 사회를 어지럽히는 일, 귀신에 관한 일에 빠져 있지 않은가. (그렇다고 할 수 있다.)

'뜻은 크면서 정직하지 않은 자, 무지하면서 성실하지 않은 자, 무능하면서 신의까지 없는 자'를 공자는 '나는 알 바가 아니다'라고 했는데 (필자는 이 부분에서 많이 찔렸다.) 정욕과 다툼 그리고 탐욕 속에 살고 있지 않은지 (대부분 사람은 그 속에 살고 있다.)

논어의 이런 모습들이 세상 사람 삶의 지침이 됐다. 정치적으로 일부 비판이 있다. '왕은 왕답게, 신하는 신하답게, 아비는 아비답게, 자식은 자식답게'라는 정명론에 대해 이를 공자 말 그대로만 모두가 살다 보면, 이 논리는 현 체제를 군건히 하는 이데올로기로 이용된다. 그 체제가 모두가 잘 사는 것이라면, 이 말은 백번 옳다. 체제 안 높은 자리에 있는 자도 있고 항상 낮은 곳에서 부림을 당하는 자도 있다. 긴 시간이 되면 대부분 초심을 잃고 변한다. 정직한 상층부가 부패한 상층부로 바뀐다.

정직한 지도층 아래 사는 하부 사람들은 자신의 직분에만 성실하게 하면 된다. 부패한 지도층 아래서는 착취만 당할 뿐이다. 부패한 지도층은 사회를 어렵게 만든다는 점에서 개나 돼지보다 못한 인간들이다. 맹자의 역성혁명론이 있다. 맹자는 부패한 왕은 개돼지보다 못하다고 판단했다. 부패하고 백성을 착취만 하는 왕에 대해 그를 죽여야 한다고 주장한다. 판을 갈아엎어 세상에 새로운 바람을 넣어야 한다는 뜻이다. 공자는 '어찌 신하 된 자가 자신의 왕을 죽일 수 있는가'라고 물으면, 맹자에 의하면 "왕을 죽인 신하는 '나는 왕을 죽이지 않았다. 개나 돼지를 죽이고 사람들을 살려냈을 뿐이다'라고 말한다." 공자의 정명론을 뒤엎은 것이다. '시간제는 시간제답게, 계약직은 계약직답게, 정직은 정직답게' 시간제도 능력이 되면 정직이 되어야 한다.

공자가 주장하는 논어대로 배우고 행동하다 보면 어린아이가 '겉만 노인화되는 겉늙은이' 모습이 되기 쉽다. 점잔을 빼고 명분만 논하며 허세를 부리기 쉽다. 어떤 사회든 현장에는 수많은 갈등이 내재되어 있다. 현장에는 이런 갈등을 풀기 위한 노력들이 있다. 다양한 대안이 나온다. 논어를 읽는 대로 하다 보면 그 속 사람들은 명분만을 주장하고 갈등을 외면한다. 갈등을 풀어 나가기 위한 대안을 찾는 노력이 보이지 않는다. 구체적 대안을 찾아가려는 노력이 부족하게 된다는 뜻이다. 이런 모습이 세상에 일반화되어 있다면 세상 안 갈등의 해결책은 누가 만들어 나갈까? 논어 일부 비판은 타당성이 있다. 왕은 왕대로 자기 수양을 지속적으로 해 나가면서 인격적인 자기완성으로 나아가면 세상은 변한다. 신하는 신하대로 아비는 아비대로 자식은 자식대로 자기완성을 위해 매일 수양한다면 세상은 변하고 나아진다. 모두가 같이 수양을 했을 때 '수신제가 평천하'의 세상이 만들어진다. 이상적 세상은 그렇게 그릴 수 있지만, 현실 세상에선 극히 일부만 그런 노력을 하고 있게 마련이다.

누군가는 이상적인 세상을 그려 놓아야 한다. 공자는 논어를 통해 세상 사람 모두가 서로 양보하고 겸손하게 세상을 살아가는 길을 제시했다. 배움에 용맹하고 자기 공부를 해 나가는 세상을 보여준다. 상호 예의를 지키고 공손하게 산다. 신의를 지키며 산다. 공자가 그린 세상대로 세상은 변할 수 있다. 혼자 꾸는 꿈은 혼자 생각으로 끝낸다. 모두가 같이 꿈을 꾸면 반드시 그런 세상을 만들어낼 수 있다.

> 이기적인 자기를 이기고 예로 돌아가 자신을 살피며 수양하면서 세상을 조심스레 살아간다.

33

유불선 통합 사상가,
신라 시문학의 횃불 최치원,
『새벽에 홀로 깨어』[4]

　최치원의 선집 『새벽에 홀로 깨어』는 신라 시문학의 맛을 보게 하는 고전이다. 한문으로 된 고시(考詩)를 편역해서 읽는다는 점에서 한문 그대로 읽기가 불가능하다면 원문 그대로 맛을 보기 힘들다. 한자나 한문과 거리가 먼 한글 세대들에게는 한문시를 접한다는 것 자체가 괴리감을 느낀다. 우리 고전이 대부분은 한자나 한문으로 쓰여 있다. 한자나 한문을 모른다고, 외면할 수는 없다. 번역본이라도 봐야 하고 이해가 안 가면 원본을 보려는 노력이라도 해야 한다. 국내 고전을 우리가 챙기지 않으면 우리는 과거 조상들의 모습을 제대로 이해할 수 없다. 어렵게 생각할 것 없다. 한자로 써졌더라도 읽어 나가면 된다. 어찌 됐든 최치원은 통일신라 시대 문장가다. 당나라 황소의 난 때 토황소격문을 지어 문장가로서 이름을 날린 인물이다. 당시 당나라는 요즘으로 치면 미국보다 세계적 영향력이 센 나라다. 최치원이 쓴 한문시는 그 단어나 문장 하나하나가 고(古)한자를 이어서 번역하는 사람들 사이에서 특히 어렵기로 소문났다고 한다. 그런 한문시를 이 책 편역자는 잘 다듬었다. 한문 번역서치고는 와 닿는 대목도 많아 볼 만하다.

최치원은 857년도 태어났으나 언제 어디서 죽었는지는 불분명하다. 헌안왕 868년 12살에 당나라로 유학을 가서 당나라 국자감에 입학했다. 최치원 부친은 10년 안에 과거급제하지 않으면 돌아올 생각을 말라고 당부하면서 어린 그를 당나라로 유학 보냈다. 18살 빈공과에 합격해 진사(進士)가 됐다. 앞서 말한 대로 당시 당나라는 요즘으로 치면 미국 정도 격인데 지금 미국보다 훨씬 크고 강성한 나라였다. 그 안에서 괜찮은 공무원 시험에 합격한 격이다. 더 나은 벼슬인 박학굉사과에 응시하기 위해 공부를 다시 시작했다. 도중 녹봉과 양식이 다 떨어졌다. 다시 취직했다. 황소의 난이 일어날 때였고 다행히 종사관으로 임명돼 공문서를 대신 짓는 일을 맡았다. 이때 '역적 황소에게 보낸 격문'을 지었다. 당나라는 황소의 난을 계기로 나라가 흔들리며 종국엔 문을 닫게 된다. 미국에서 나라를 뒤흔드는 큰 반란이 났다고 가정하자. 이때 한국 사람이 반역도당에게 미국을 대표해 격문을 만들어 전 국민에 배포한다고 생각하면 맞다. 북한 김정은 정권은 자신의 입장을 당시 당나라 격인 미국과 싸우는 연개소문 정권 정도로 빗대어 설명하는 경우도 있다고 한다. 미국과 전쟁 중이니 가장 효과적인 정권교체로 백두혈통이 이어가야 한다는 정권 가족 이양 논리도 만들었다. 최치원은 귀국해 한림학사가 되어 지증대사를 추모하는 탑에 새 길 비명을 지으라는 왕명을 받아 짓는다. 이 책엔 이 부분을 번역해 놓았다.

…공자는 인(仁)에 의지하고 덕(德)에 기대었으며 노자는 흰 것 알면서도 검은 것 지켰네.

두 교(敎)만이 천하의 법으로 일컬어져 석가의 가르침은 그와 겨루기 어려웠지만 십만 리 밖 서역의 거울이 되었고 일천 년 뒤 동방의 촛불이 되었네. 계림은 금오산의 곁에 있어서 예부터 선인(仙人)과 유자(儒子)에 비범한 이 많았네. 다행스럽게도 세월이 흐른 뒤 불교가 전래되어 공(空)과 색(色)을 분별케 되었네. 이로부터 여러 종파로 나뉘게 되고 언로(言路)가 널리 펼쳐질 수 있었네…(중략) 덕행의 향기는 사방에 치자꽃 향기처럼 퍼졌고 자혜로운 교화는 나라를 편안케 했네. 임금 부름 받아 궁궐에 들어가 몸에 비친 달이 곧 마음이라고 해 선(禪)을 깨우쳤네. 대사께서 어찌 궁궐에 머무심 좋아했겠나? 썩은 선비의 붓으로 대사의 정상(情狀) 들추기 부끄럽구나. 발자취 빛나 탑에 이름 새길 만한데 재주가 모자라 글짓기 어렵기만 하네. 선열(禪悅)에 흠뻑 취하려거든 이 산중에 와 탑의 비명(碑銘) 보기 바라네.

지증대사 적조탑비는 현재 경상북도 문경시 희양산 기슭의 봉암사 경내에 있다. 지증대사가 일생 동안 이룩한 높은 행적 여섯 가지를 차례로 서술했다고 한다.

이 글 첫 대목을 보면 일단 공자의 인과 노자의 신선 사상을 인정한 대목이 보인다. 최치원은 유불선 세 사상을 두루 섭렵한 것으로도 유명하다. 조선은 유교를 국교로 세우고 불교 탄

압을 심하게 했다. 나중에 서산대사는 최치원의 이 글을 가슴
에 새기고 새겼다고 한다. 유불선을 두루 섭렵하고 인정하면서
한 시대를 살았던 최치원은 유교에 치우쳤던 조선 선비들에 비
해 비교적 행복한 사상적 풍요를 누린 듯하다. 대한제국 말기
1875년생인 이승만 대통령은 마지막 과거시험을 응시한 경험
이 있다. 과거시험 현장에서 매관매직이 일어난 장면을 보았다.
후일 고종이 함북 금 탄광을 빌려주고 받은 돈 중 일부인 200
여억 원을 독립자금으로 줄 테니 나라를 찾아달라고 제안하자
이승만은 매관매직하는 이씨조선을 위해 독립운동을 할 생각
이 없다고 단호히 거절했다는 말이 이승만 평전에 나온다. 젊
은 시절 이승만은 이때 과거시험을 준비하면서 유교 공부를 마
쳤다고 한다. 이승만 모친은 여승으로 불교에 귀의했다. 모친
을 통해 한때 불교 공부를 한 시절도 있다. 1910년경 이승만은
한국기독교협회 간사를 맞으며 독립운동의 대부역을 맞기도
한다. 미국 유학 가기 전 일이다. 이승만은 고종 시절 감옥에서
5년 옥고를 치르는데 감옥 안에서 죄수를 대상으로 영어를 가
르친 경력의 소유자다. 이승만은 기독교 목사들 주선으로 미국
으로 건너가 정치학 박사 학위까지 취득한다. 이승만은 유교,
불교, 기독교에다가 영어를 마치고 정치학 박사라는 신학문까
지 공부한 경력을 갖게 된다. 신라 시대 최치원과 비교해 다양
한 학문을 접하고 소화해 냈다는 점에서 별 손색이 없는 인물
이 된 셈이다.

최치원도 조선 시대 사람이라면 유불선을 같이 취급하고 모

두 공부할 수는 없었을 것이다. 조선의 숭유억불정책 때문이다. 김부식의 『삼국사기』에는 신라본기 진흥왕 37년(576)조에 실려 전하는 최치원의 '난랑비서문' 일부가 이 책에 번역되어 실려 있다.

> 우리나라에 현묘한 도가 있으니 이를 풍류(風流)라 한다. 이 도의 근원은 선사(仙史)라는 책에 설명되어 있는바, 실로 유교 도교 불교의 3교를 포함하고 있어 뭇 중생을 올바르게 감화시킨다. 부모에게 효도하고 밖에서 나라에 충성하는 것은 노(魯)나라 공자의 뜻과 같고, 무위(無爲)에 머물며 말 없는 가르침을 행하는 것은 주(周)나라 노자의 요체와 같으며, 모든 악행을 멀리하고 모든 선행을 받들어 행함은 천축국(天竺國) 석가의 교화와 같다.

이처럼 신라에는 유교, 도교, 불교의 3교를 아우른 신라 고유의 풍류 사상, 곧 화랑 사상이 있었다는 사실을 이 책에서 만날 수 있다. 최치원이 살아간 신라 시대는 정치적으로는 몰락해 가고 있었지만, 사상적으로는 다양성을 인정하고 모두 아우르는 시대였음을 이 책을 통해 확인할 수 있다. 편협되지 않고 모든 사상에 개방적인 점은 높이 평가할 만하다.

최치원은 계원필경집 중산복궤집 및 시 표 부 등 총 28권을 헌강왕에게 올렸다. 태산군(정읍시 태인읍) 태수와 부성군(충청도 서산시) 태수로도 재직한다. 이 시기 최치원을 여기에 보낸 것을 두고 신라 정권이 그를 통해 당과 가까운 지역의 민심을 살피고 다독거리기 위해 보냈다는 해석도 나온다. 최치원은

894년 38세 때 진성 여왕에게 '시무십일여조'를 올렸다. 이 공로로 아찬에 임명되지만 시행되지는 못했다. 이를 비관했던지 관직을 버리고 세상을 등진 채 전국을 유람하기 시작했다.

최치원이 언제 죽은 지는 알려진 바 없다. 다만 조선 시대 1834년 전라도 관찰사로 있던 서유구(1764~1845)가 홍석주(1774~1842)의 집안에 전해 온 '계원필경집'을 빌려 1백 부를 간행했다는 사실만 역사에 나온다. 충청도인 홍석주 집 근처에 최치원 묘가 있다는 사실도 이때 알려진다.

최치원이 전국을 유람하던 시기는 궁예가 후고구려를 표방하고 견훤이 후백제 깃발을 올리며 신라를 어렵게 하던 시절이다. 최치원은 이들에게 휩쓸리지 않았다. 최소한 신라에 대한 충성과 자신의 정체성을 지킨 것이다. 이런 점을 후대는 높게 평가하고 있다.

다만 조선상고사를 쓴 단재 신채호 선생은 『삼국사기』의 저자 김부식을 비판하면서 이 부분을 질타한다. 고작 당나라 유학생에 불과한 최치원에 대해 그렇게 많은 페이지를 할애하면서 정작 중요한 인물들에 대해 소홀했다는 점을 지적했다. 한마디로 모화사상의 발현이라는 뜻이다. 학생 한 명이 미국 유학을 갔다 왔다는 사실 자체가 그렇게 중요하지 않다. 당시 모화사상을 지금식으로 해석하면 미국을 대국으로 생각하고 미리 몸을 낮췄다는 식이다. 일면 타당성이 있다. 신라 문학을 공부하는 후학들 생각은 다르다. 그가 썼다는 만여 점 시(詩)는 대부분 유실되고 없다. 극히 한 부분인 계원필경 등 시집이 없다면 신라 문학은 거의 없다는 점에서 그의 작품 가치는 매우 높다는 평가를 내리고 있다.

『새벽에 홀로 깨어』라는 최치원의 시집은 한국 고전을 공부하는 학생 입장에서 반드시 읽고 거쳐야 할 관문이다. 이 책 말미에는 '수이전'이라는 최치원이 쓴 설화 열 작품도 실려 있다. 기이한 이야기 모음집이다. 이 중 우리에게 익숙한 '호랑이 여인' 편은 어린 시절 '전설의 고향' 단골 메뉴였던 것 같다.

> 우리 역사에 유교 불교 선교를 선선히 모두 받아들이는 시기는 통일신라 말기 최치원이 활동했을 때인 것 같다. 고려는 불교에 치중했고 조선은 유교에 교조적이면서 극단적 편중을 낳았다. 다양한 사상에 열려 있는 세상이 편협한 세상보다는 풍요롭다.

34

남북국 시대의 횃불,
유득공의 『발해고』5)

'고려 역사가들이 발해의 역사 한 줄만이라도 기록해 놓았어도'

조선 시대 유득공이라는 역사학자는 만주가 우리나라 지역임에도 증거로써 기록이 없음을 안타까워했다. 고려 시대 만주는 발해가 망하고 거란이 크게 힘을 펴지 못하는 무주공산 상태였다. 유득공은 고려 시대 초기 장수 한 명만이라도 만주로 보내 만주 지역을 거란에게 우리 땅이라고 주장하고 주민을 이주시켰다면 '만주는 우리 땅에 됐을 텐데'라고 땅을 치고 안타까워한다. 만약 장수를 파견하지 않았더라도 발해 역사를 기술해 놓은 고려시대 사학자가 한 명이라도 있었다면 만주 지역이 우리나라임을 주장할 근거라도 있었을 텐데, 이런 것이 없어 만주 땅이 우리 것이라고 주장할 근거가 없게 됐다고 발을 동동거렸다. 지금까지 이런 상황은 계속되고 있다.

유득공은 이런 취지로 1784년(정조 8년) 발해의 역사를 썼다. 유득공은 박지원의 제자다. 북학파 학자로 이덕무, 박제가 등과 함께 실사구시의 학문과 중국 문물 수입을 적극적으로 주장했다. 당대의 사검서(四檢書) 혹은 한학사가(漢學四家)의 한 사람으로 불렸다. 역사에 조예가 깊었다. 중국에도 몇 번 다녀온다. 중국 역사책과 일본 역사책을 보면서 발해사에 눈을 뜬다. 유득공은 발해사 외에도 사군지와 이십일도지주 등의 역사서를 남겼다. 이를 송기호라는 학자가 처음 홍익출판사(2000)와 함께 번역했다.

1977년 필자가 고교를 졸업할 시기 역사책엔 '남북국 시대'라는 단어가 없었다. 그저 통일신라가 있었고 그 위에 발해가 있었다. 통일신라가 망한 뒤 30년 후 발해가 사라졌다. 백두산 화산 폭발 때문이라는 설이 있다. 그 정도였다. 필자가 졸업한 후 시대의 국사책에 통일신라 이후를 남북국 시대라는 단어가 일반화됐다. 남북국이란 통일신라와 발해를 말한다. 발해가 고구려 후손인 것은 맞는데 남북국이라고까지 칭하는 데 시간이 걸린 것 같다. 중국의 남북공정이 구체화되고 이에 대한 주변국의 시비가 일고 논란이 되면서 중국이 발해사를 자신의 역사로 편입하려는 움직임이 생겼다. 우리도 발해 시대를 역사에 구체적으로 들여 놓았던 것 같다.

당나라와 신라가 고구려와 백제를 멸망하게 한 것이 669년이다. 고구려 멸망 시기다. 이후 통일신라는 당나라를 내치고 676년부터 통일신라 시대로 접어든다. 935년까지 통일신라는 이어진다. 말 그대로 신라 천 년이다. 고구려가 망한 30년 후

698년 발해가 생긴다. 발해는 926년까지 한반도 북부와 만주 연해주에 존속하며 통일신라와 함께 남북국을 이뤘던 고대 국가다. 발해는 고구려 대조영 장군이 세운 국가다. 지배층은 고구려인이었다. 문왕 때 발해에서 신라로 가는 육로를 뚫어 '신라도'가 생겼다. 선왕 때 발해의 영토를 최대로 넓힌다. 중국에선 발해를 바다 동쪽에서 번성한 나라라 해서 '해동성국'이라고 불렀다.

중국이 동북공정에서 발해를 자신의 역사에 편입하려는 근거는 발해의 주민 팔십에서 구십 프로가 말갈족이며 이들이 만주족이라는 것이다. 우리 근거는 대조영이 고구려 장수 출신이며 지배층이 대부분 대씨나 고씨였다는 점이다. 말갈족은 광개토왕 시절 숙신족으로 이때 이미 고구려에 복속이 됐다. 이들이 남북국 시대 말갈이고 고려 시대에는 여진족이다. 고려 시대 금나라가 쳐들어온다. 이들이 여진이다. 『규원사화』라는 우리 역사책에는 금나라가 통일신라 망할 때 신라 왕족들이 백두산으로 들어갔고 이때 백두산에 살던 김종이라는 사람의 6대손이 금나라 시조라는 말이 있다. 쇠금(金) 자는 한마디로 우리나라 통일신라 시대 경주 김씨라는 뜻이다.

백두산에 들어가 산 통일신라 왕족 김씨 일가가 만주족이 되고 금나라를 세운다. 금나라가 망한 후 후금이라는 나라도 생긴다. 후금 다음엔 청나라인데 이들 선조는 백두산을 신성시한다. 청나라 머리인 변발은 반이 스님처럼 민둥산 머리다. 반은 도령처럼 댕기머리로 따서 넘긴다. 불교를 숭상해 불자가 되길 희망했던 신라인들의 여망을 머리에 반영한 것이라는 해석도 있다. 이 해석은 박지원의 열하일기에 나온다. 세계에서 가장 큰 대제국이었던 청나라도 우리와 피가 섞여 있는 만주족이다. 만약 금나라와 거란, 후금 그리고 청나라를 한 묶음으로 생각한다면 중국 전토가 우리와 밀접한 관계가 있다. 거기에 원나라가 있다. 몽골이나 돌궐도 우리 민족의 시원지라는 바이칼 호수에서 시작된 한 부류라면 더 재미있어진다. 터키라는 나라가 우리나라를 형제처럼 생각한다. 먼 옛날 돌궐족이 한 부류는 우리나라로 내려오고 한 부류는 서양 쪽으로 내려가 투르크족으로 변한다. 이런 것을 근거로 터키 사람들은 우리나라와 형제국으로 생각한다. 우리 고대사는 이처럼 화려하다. 화려한 고대사를 없앤 것은 일본제국주의 식민사관이다. 삼국유사나 삼국사기도 문제였다.

고려 시대 사람들 주류는 왕씨였다. 교육은 신라 경주 김씨들 몫이었던 것 같다. 마치 로마가 군사적으로 그리스보다 더 강했지만 그리스 사람들에게 문화나 교양을 배웠듯이 고려 왕씨들은 정치나 군사적으로 셌지만, 학문적으로는 신라 김씨들에게 배웠던 것 같다.

경주 김씨였던 김부식은 『삼국사기』를 쓰기 전 송나라에서 6개월을 보냈다. 송나라가 금나라에게 망하는 현장을 보았다. 이때 송나라 황제는 신선도라는 것에 취해 나라가 망하는데도 이상한 도사들에게 휩싸여 도술을 외우고 있었다. 그러면서 송나라는 망했다. 김부식은 돌아와 묘청과 정치적 갈등관계에 있다. 묘청은 민족자존을 부르짖으며 칭황제론을 주장한다. 고려 왕을 황제로 칭하고 중국과 대등한 관계여야 한다는 뜻이다. 민족자존은 좋은데, 묘청은 뜻대로 안 되자 개경 천도를 주장했고 반란을 일으킨다. 이에 앞서 묘청은 마치 송나라가 망할 때 신선도 사람들처럼 신비적인 이벤트를 왕 앞에서 보이다가 이것이 거짓임을 김부식이 밝히면서 사이가 틀어져 반란을 일으켰다고 한다. 이런 것을 김부식은 보았다. 묘청의 난을 진압한 뒤 고려 왕조는 김부식에게 우리나라 역사를 편찬할 것을 명한다. 김부식은 송나라 사마염의 자치통감을 모델로 삼아 연대기적 서술을 바탕으로 『삼국사기』를 10년여에 걸쳐 만들어 낸다. 연대기식으로 역사를 기술한 것이다. 문제는 이때 신라 이전의 고대사를 모조리 무시해 버린다. 너무 근거가 약하고 신비적이기만 해서 유학자로서 도저히 사실에 입각한 역사라 할 수 없다고 김부식은 주장한다.

필자가 2020년 1월 초 터키를 방문했을 때 현지에서 들은바 그들은 고대사에 대해 많은 관심을 갖고 공부를 한다고 한다. 현지에 사는 한국인 가이드는 한국은 이에 비해 고대사 공부를 너무 안 한다고 지적한다. 인류 만 년 역사를 대상으로 책을 쓴 『총, 균, 쇠』라는 책을 터키 사람들이 가장 많이 읽는다고 했다. 터키는 지금도 고대사를 매우 열심히 공부하고 자신들 땅이 메소포타미아 문명의 창시지역이며 철기 문명을 세계 최초로 일으킨 히타이트족의 후손임을 자랑스럽게 여긴다. 우리는 더 화려한 고대사가 있음에도 김부식이라는 역사가의 판단으로 고대사가 역사에서 사라지게 된다. 고려 시대 일연 스님은 이후 김부식의 정사를 인정하고 야사만을 중심으로 『삼국유사』를 쓴다. 그것도 불교식 색안경을 갖고 해석하면서 불교 편향적 야사가 남는다. 그나마 있어 삼국 시대 문화를 알 수 있어 다행이지만 이런 과정에서 우리 역사 안 발해는 자연스럽게 사라진다.

우리 역사에서 사라질 뻔한 발해를 유득공이라는 조선 후기 학자가 발굴해 낸 책이 '발해고'다. 우리나라 역사에 발해라는 나라를 발굴해 낸 횃불 역할을 한 책이다. 이런 발해가 역사의 정면에 나올 수 있는 데 200년이 걸렸다. 1990년대다. 유득공의 말대로 고려를 세운 태조 왕건이 발해가 고구려를 이은 국가로 발해를 생각하고, 발해가 우리 영토라는 역사의식이 있었다면 별로 어렵지 않았다. 후고구려를 세운 궁예는 말년에 '만주영토를 찾으러 가야 한다'는 생각을 했다고 한다. 아직 삼국 통일도 되지 않았지만, 그는 만주영토 회복을 줄기차게 주장했다. 이런 궁예의 시각을 개성상인 호족 왕씨들은 마땅치 않게 생각했다. 폭정을 일삼는 궁예를 내치면서 궁예의 이런 진취적인 사고까지 부정했다. 이런 분위기 때문인지 왕건의 머릿속에 만주가 없었다. 한반도 안이라도 제대로 통치하자는 뜻이었을 것이다. 태조 왕건이 정책적으로 고구려 후신 발해를 우리 땅으로 편입해야 한다는 생각까지는 못 했더라도, 그 당시 역사학자들이 발해가 우리 땅이라고, 고구려를 이은 나라라고 기록만이라도 해 놓았다면 달라졌을 것이라는 유득공 주장은 일리가 있다. 발해를 정식 우리 국가로 생각한 것이 얼마 되지 않으니 안타까운 일이 아닐 수 없다. 이렇게 보면 신라 천 년과 함께 고구려도 발해까지 이어졌으니 천 년 장수한 나라가 될 수 있다.

역사가의 역할이 얼마나 중요한지를 분명하게 유득공의 발해고는 알려준다. 『리딩으로 리드하라』라는 고전 안내서를 쓴 이지성 작가는 유득공의 『발해고』를 첫 번째로 읽어야 할 고전 책으로 선정한다. 두께는 아주 가볍다. 만약 원문을 뺀다면 200페이지가 채 되지 않는다. 유득공의 안타까움이 아주 구체적으로 다가온다. 우리 역사에 없는 사실이니 중국 역사서에서 찾았다. 일본 역사서까지 조선 시대 유득공이라는 역사학자는 확인했다. 발해는 우리 역사다. 만주 땅은 우리 것이다. 그 근거가 유득공의 『발해고』라는 저서에 있다.

> 독도는 우리 땅이듯 만주도 우리 땅이다. 유득공의 『발해고』에 이런 역사적 사실이 있다.

35

조선의 셰익스피어 그리고
조선식 러브스토리… 김만중『구운몽』6)

조선 시대 셰익스피어에 버금가는 러브스토리를 쓴 작가… 김만중

　김만중(金萬重, 1637~1692)의 구운몽을 읽고 나면 조선 시대 소설이 맞는지 의아해하는 부분이 많다. 한 사나이가 평생에 걸쳐 겪은 러브스토리만 펼쳐져 있기 때문이다. 한 시대 최고의 인물이다. 나중에 재상 20여 년 하는 사나이가 젊은 시절 여기저기를 돌아다니면서 다양한 8명의 여자를 만난다. 만나는 여자마다 사랑에 빠진다. 헤르만 헤세 작품『골드문트와 나르치스』가 있다. 나르치스는 이성에 입각한 학자 같은 타입이다. 골드문트는 이와 다른 감성적인 플레이보이다. 이 작품에선 평생 집시처럼 떠돌면서 만나는 여자와 사랑을 나눈 집시 인생 골드문트 삶을 보여준다. 구운몽에 나온 양소유라는 사나이는 골드문트와 같은 점이 많다. 돌아다니면서 부딪히는 여자마다 사랑을 나눈다는 공통점이 있다. 골드문트는 그렇게 헤어진다.

나이 들어 추하게 전락한다. 『구운몽』의 양소유는 마지막까지 여자 8명을 모두 자신의 마누라로 삼고 각기 아이를 낳고 기르면서 해피엔딩(?)으로 끝난다. 이 점이 다르다. 당시 동양문학의 주제이며 구성방식인 사필귀정식에 맞춰서 써졌다. 조선 사대부의 사랑에 로망을 그대로 그려 놓았다는 해석도 가능하다.

『구운몽』은 성진이라는 젊은 스님이 스승 심부름을 하다 길가에서 팔선녀와 만나는 데서부터 갈등이 시작된다. 마주치는 순간 마음으로 잠깐 수작(?)을 나눈 것이 전부다. 마음에서 이미 간음을 했으니 청정한 도량에서 더 이상 머물 수 없다며 스승은 제자 성진을 양소유라는 이름을 주며 속세로 쫓아버린다.

옥황상제로부터 놀러 가도록 허락받고 나온 팔선녀 역시 이런 이유로 인간 세상으로 내몰린다. 이들은 각지로 흩어져 여러 가지 얼굴로 나타난다. 그야말로 무협지(?)같이 허무맹랑한 이야기다. 당시 이야기는 대개 그런 유형이었으니 이상할 것도 없다.

유교와 불교 그리고 신교가 어우러진 점이 다채롭다. 조선은 유교가 국교인 세상이다. 불교를 비천하게 보고 깔아뭉개는 사회였다. 불교가 중국에서 들어오기 전 2000여 년 이상 조선은 무속과 신선의 도사 세상이었다. 그런 종교 역사가 바탕으로 깔려 있어서인지 유교 국가임에도 사람들 사고방식엔 엄연히 불교가 있고 도교 신선이 남아 있다. 연암 박지원은 불교를 하시하는 조선의 유교에 대해 그의 저서 『열하일기』에서 이같이 비판했다. 청나라 황제 건륭제 시절(?) 실제 있었던 실화다. 중국 유학자들은 황제에게 이런 식의 글을 올렸다. "불교가 사악하다. 많은 토지를 소유하고 있다. 사람들에게 혹세무민하며 가난한 자를 착취하고 있다. 여기에 속은 사람이 많다. 그 피해가 심각하니 이 땅에 불교를 전부 없애야 한다. 황제의 칙령으로 이를 발표해 달라." 이런 내용의 상소를 올린다. 상소를 올린 유생이 많았다. 황제는 며칠간 고민했다. 황제는 답을 했다. "공자 이후 유학에 많은 성인이 있다. 그들이 쓴 책들이 많다. 그 책 속에 '다른 종교를 욕하고 못살게 굴며 비하하는 글귀가 있다면 찾아오라. 특히 불교에 대해 한 말이 있으면 더욱 좋다. 단 한 구절만 가지고 와도 짐은 그대들의 뜻을 따르겠다.'" 이렇게 답을 했다고 한다. 박지원은『열하일기』에서 이런 식으로 조선의 불교탄압을 비판했다. 조선이 유교 국가라고 하지만 민중의 저변 사고방식엔 불교가 남아 있고 도가의 신선 사상이 그대로 깔려 있음을 이 소설을 통해 우리는 확인할 수 있다.

김만중은 조선 시대 손꼽히는 사대부이며 문장가다. 그는 이 소설을 한글, 즉 언문으로 썼다. 홀로 자신을 키우며 평생을 보내신 어머니를 위한 소설이기도 하다. 한글로 써진 원문을 후일 학자들이 다시 한문으로 번역해 남긴 점에서 이 작품이 유일하다. 김만중은 조선 시대 선비임에도 불구하고 한글로 쓴 문학만이 진정한 국문학이라는 생각으로 한글 소설을 지어 남겼다.『춘향전』과 더불어『구운몽』은 국문학의 빛나는 작품이다. 이런 점에서 조선 시대 문학사에 길이 남을 점이 있다.

주제는 분명하다. '인생사 덧없다'라는 것이다. 불도를 닦다

속세에 나와 온갖 부귀영화를 누리는 양소유. 자신이 원하는 여자 팔 명을 모두 마누라로 삼는데 그치지 않고 국가의 높은 장군에 이어 재상까지 올라가 온갖 영화를 누린다. 마지막엔 이 모든 것이 다 덧없음을 깨닫게 된다. 양소유는 다시 꿈에서 깨어나 성진이라는 스님으로 돌아간다.

이처럼 이 소설은 꿈의 문학이다. 꿈이라는 형식을 빌려와 이야기를 전개해 나간다. 꿈속 일이니 누구도 시비를 걸 수 없다. 한갓 꿈 이야기를 하고 있는데 왈가왈부할 사람은 없기 때문이다. 유례에 없는 일이기도 하다. 문학사에 이런 형식을 취해 말하는 작품이 일부 있다. 흔치는 않다. 환상 속에 전개되는 이야기 모두는 신비 그 자체다. 이런 점에서도 작가의 수준 높은 구성이 돋보인다.

성진의 스승인 육관 대사는 "네가 흥을 타고 갔다가 흥이 다하여 돌아왔으니 내가 무슨 관여할 일이 있겠느냐? 인간 세상의 윤회하는 일을 꿈으로 꾸었다"라고 말한다. 성진의 꿈속에 양소유가 있다. 양소유의 현실은 아직 깨어나지 않는 현실 속에 있다. 장자가 꿈속에 나비가 된다. 나비 꿈에서 깨어난다. 장자 스스로가 실제 존재인지 나비가 꿈을 꾸고 있는지가 헷갈린다. 인생은 일장춘몽이다. 한바탕 꿈을 꾸고 가는 것이다.

양소유의 삶은 꿈처럼 펼쳐진다. 시골 처사 만년의 자식으로 태어난다. 승승장구하며 천하의 주인공이 된다. 그 과정에서 여덟 여인과 결연한다. 당대 최고의 재기가 있는 미인들이다. 인연을 맺는 과정도 절묘하다. 양소유는 진채봉과 시구를 나누며 만난다. 진채봉은 스스로 유모를 보내 청혼한다. 고민하고 어려움을 겪지 않고 물 흐르듯 자연스럽게 만난다. 계섬월은 은밀히 자신의 집으로 양소유를 청한다. 정경패와는 자연스럽게 혼약이 맺어진다. 가춘운은 처가댁에서 알아서 짝을 맺어준다. 적경홍은 스스로 찾아와 동침한다. 입신양명도 순탄하게 한다. 소년 장원을 한다. 그의 글 하나에 초와 위나라가 복종한다. 연나라도 마찬가지다. 남해 용왕의 태자조차 자신의 적수가 되지 못한다. 난양 공주와 혼인을 사양하다 옥에 갇힌 일이 유일한 어려움이다. 이조차 더욱 양소유를 빛나게 한다.

그의 삶은 인간 욕망과 이상이 도대체 얼마 정도인지가 가늠하기 어려울 정도로 호사스러운 인생이다. 후반부는 영양 정경패와 난양 두 공주에 진채봉을 첩으로 아우른 호사로운 혼례를 하게 된다. 이뿐 아니다. 계섬월과 적경홍의 합류로 더욱 멋진 헌수연이 흥성해진다. 여기에 심요연과 백능파가 합세해 월왕과의 사냥 잔치는 방탕할 정도로 흐드러진다. 양소유를 옹위하게 된 여덟 여인은 서로 추호의 다툼이 없다. 질투와 시기란 어떤 조짐조차 없다. 이들은 한뜻으로 서방님을 모시기로 하며 의를 맺기도 한다. 조선 시대 여인들의 도덕관을 그대로 반영한 결과로 해석된다.

이런 과정에서 8명의 여인들은 모두가 자발적으로 양소유의 아내가 되려고 한다는 점이 눈여겨볼 만하다. 흔히 조선 시대는 부모가 정해 준 배필을 서방님으로 섬기며 사는 여자가 전부인 수동적인 사회로만 알고 있다. 이 소설에 나오는 8명 여자들은 자신의 남편을 자기가 정하는 적극적인 행보를 보인다. 이런 면에서 페미니스트적인 요소도 보인다. 러브스토리이기도 하다. 셰익스피어의 연애담과도 비교할 만하다. 권력과 부가 몰려와도 모든 것은 여자 문제로 귀결되는 점도 주목할 만하다. 사랑 문제는 동서고금의 누구도 예외일 수 없다. 가장 중요한 문제 중 하나다.

> "유 연월일 제자 정씨 경패, 소화 이씨, 채봉 진씨, 춘운 가씨, 섬월 계씨, 경홍 적씨, 요연 심씨, 능파 백씨는 삼가 남해대사께 아룁니다. 제자 여덟 사람은 비록 다른 집안에서 났지만 자라서는 한 사람을 섬기게 되었으며 마음은 서로 하나입니다.(중략) 엎드려 바라건대 대사께서는 복을 내려주시고 재앙을 제거하여 주셔서 백 년 뒤에 함께 극락세계로 돌아가게 해 주십시오."

여덟 명의 처첩을 거느리면서 양소유는 20년간 재상직을 수행한다. 자녀들 역시 잘 키워낸다. 조선 시대 사대부들의 꿈이다. 양소유와 처와 첩 사이에 정연한 위계질서가 있다. 이런 점에서 『구운몽』은 중세봉건적이며 계급적이기도 하다는 해석을 할 수 있다.

『구운몽』은 중세 사대부들의 꿈이기도 하지만 현재 모든 남자의 꿈이기도 하다. 꿈과 환상의 문학으로 지금도 즐길 만한 이야기다. 이런 꿈에 관한 우리 조선 소설에 옥루몽도 있고 남가록 삼한습유 등도 있다. 구운몽이 고전인 것은 지금 우리가 그 꿈을 봐도 갖고 싶고 현실에서 실현되기를 바란다는 점이다. 국문으로 쓴 국문학 『구운몽』. 꿈과 환상의 문학, 여덟 여인을 아무 탈 없이 거느린 사나이. 20년 재상으로 아무 흠 없이 이끌어 나가는 정치가. 마지막으로 해탈을 꿈꾸는 스님. 구운몽에는 없는 것이 없다.

『구운몽』은 김만중이 한글로 소설을 썼다. 후대는 이를 한문으로 번역한다. 이런 점에서 국문학의 대표 작가다. 유생의 나라지만 불교와 도교 사고방식을 인정했다. 연애 소설을 흐드러지게 썼다는 점에서 조선의 셰익스피어. 『구운몽』은 자신의 모친을 위로하기 위해 쓴 효심 깊은 소설이다.

36

어화둥둥 내 사랑아,
『춘향전』7)

금준미주(金樽美酒)는 천인혈(天人血)이요
옥반가효(玉盤佳肴)는 만성고(萬姓膏)라
촉루낙시(燭淚落時) 민누락(民淚落)이요
가성고처(歌聲高處) 원성고(怨聲高)라.

좋은 잔에 든 아름다운 술은 천 명의 피요
옥쟁반에 올려진 맛있는 반찬은 만백성의 고육이라
촛대에 흐르는 촛농은 백성의 떨어지는 눈물이요
노래 소리 높은 곳에 원성하는 소리 높도다.

우리 고전 춘향전에 나오는 암행어사의 한시다. 교과서에 실려 있는 춘향전 이 구절은 우리 귀에 아주 익숙하다. 늘 들었던 판소리다. 어린 시절 춘향 관련 영화 한 편 보지 않은 사람이 있을까? 숙종 시대(1688년) 남원 광한루가 배경이다. 사또 아들 이 도령과 춘향이의 사랑 이야기다. 이 도령이 광한루에서 그네 타는 춘향에게 반해 구혼한다. 이들 사랑이 깊어지고 백년가약을 맺는다. 갑자기 이 도령 부친이 벼슬이 높아져 남원을 떠나게 된다. 이 도령과 춘향이는 다음을 기약하고 헤어진다. 다음 사또로 변학도가 들어온다. 오자마자 춘향이 미모에 반해 수청을 들라 한다. 춘향이는 이미 기혼이므로 불가하다고 거절한다.

변 사또는 곤장을 치고 춘향을 감옥에 가둔다. 이 도령은 한양으로 올라가 공부해서 장원급제 해 암행어사가 된다. 이 도령은 남원으로 내려오다 춘향 소식을 듣게 된다. 변 사또 생일날 춘향의 목을 베려고 할 때 암행어사 이 도령이 구한다. 춘향은 정렬부인이 된다. 둘은 행복하게 백년해로한다. 이런 정도 내용으로 춘향전은 이뤄졌다. 다음 문구는 춘향전 중 가장 많이 나오는 한문이다.

충신불사이군(忠臣不事二君) 열녀불경이부(烈女不庚二夫)
충신은 두 임금을 섬기지 않고 열녀는 두 아비를 갖지 않는다.

춘향전 주제 중 하나다. 충신과 열녀 신화가 완성되어 가는 19세기. 조선 후기인 춘향전은 이런 이데올로기를 바탕으로 만들어진 작품이다. 충신이 두 왕을 섬기지 않듯 열녀는 두 아비를 갖지 않는다는 유교 사상을 내용의 춘향전이 '성리학 국가 조선'에서 불리는 것은 당연하다.

이런 점에 비춰 춘향전은 시류에 맞는 작품이다. 춘향전은 19세기 초 조선에 흔히 있던 암행어사 신화들과 열녀 신화들을 모아서 만들어진 작품이다. 또 하나 있다. 춘향전이 대중에게 더욱 인기를 끈 것은 염정(艶貞) 때문이다. 춘향전엔 여기저기 아주 노골적인 성애 부분도 나온다. 이 도령과 춘향이가 처음 혼인을 약조하고 사랑가를 부르며 나오는 부분은 압권이다.

'춘향 배 넘 짓 타고 홑이불로 돛을 달아 내 기계로 노를 저어 오목섬에 들어간다. 순풍에 음양수를 시름없이 건너갈 제, 말이라고 생각하고 탈 것이면 걸음걸이 없을 소냐. 마부는 내가 되어 너의 고삐를 잡아 부산하게 건들건들 걸어라. 좋은 말이 뛰듯 뛰어라. 너와 나와 합궁하니 평생 무궁이라. 네 두 다리 사이에 있는 수룡궁에 나의 힘줄 방망이로 길을 내자꾸나.'

이런 노골적인 성애 장면은 서양 어느 작품에도 보기 힘들다. 로렌스의 『채털리 부인의 사랑』에서나 봄 직하다. 같은 시기였어도 종교가 다르다. 조선 문화는 유교와 성리학에 매여 남녀상열지사를 엄숙하게 지켜 남자 여자를 분리시켰다. 이때에도 인간의 본능을 어찌하지 못했음을 보여준다. 춘향전이 설정됐던 숙종 시대, 서양에는 이런 류의 소설로 보카치오의 『데카메론』이 있다. 『데카메론』에서 성애 관련 이야기가 대부분이지만 『춘향전』처럼 구체적이고 노골적이지는 않다. 『데카메론』 배경은 페스트가 피렌체를 뒤덮어 세상 사람 대부분이 죽어 나가는 상황이다. 이런 시기 인간이 할 수 있는 일엔 선택의 여지가 별로 없다. 죽음을 기다리는 인간들이 마지막 상황에서 생각하는 것은 사랑이다. 죽음 앞에서 사랑 외엔 별 힘을 쓰지 못하는 것이고 의미가 없다. 죽는 마당에 돈이 무슨 소용 있는가. 권력이 무슨 의미가 있는가. 무서운 병균 앞에 인간을 추슬러주고 살리는 것은 사랑뿐이었다.

글을 쓰고 있는 2020년 2월, 코로나가 잠시 줄어드는가 했는데 갑자기 대구에서 60대 할머니가 모 교회 집회에 나가 '지역 슈퍼 전파'라는 기록을 세웠다. 아직 백신이 나오지 않았다. 모두 우울하다. 이런 상황에서 인간을 웃게 하는 것 중 하나는 남녀 간 사랑이다. 『데카메론』에 나오는 사랑은 종교가 앞세우는 박애라든가 봉사 같은 것을 의미하지는 않는다. 말 그대로 남녀 간 성애일 뿐이다. 『데카메론』은 당시 피렌체 지역에 나도는 성애에 관련한 설화들을 집대성해 놓은 작품이라고 한다. 보카치오는 이 작품을 단테의 『신곡』을 생각하며 썼다고 한다. 단테는 피렌체가 정치적으로 권력을 놓고 피비린내 나게 싸우던 시기 사람이다. '어느 것이 옳고 그른가'라는 사소한 견해 차이를 놓고 편을 가른다. 내 편이 아니면 모두 지옥에 떨어져야 한다며 증오가 넘치던 세상이다. 단테는 정치적 반대자들 때문에 평생 방랑하며 헤맸다. 마지막 죽음도 자신이 그리던 고향에서 맞이할 수 없었다. 죽어서도 고향에 가지 못했다. 단테가 죽고 난 후 다음 세대 사람들은 앞에서 말한 것처럼 페스트에 휩쓸려 졸지에 죽게 된다. 죽음 앞에 정치는 아무 의미가 없었다. 이 시기 피렌체에 『춘향전』 같은 작품이 있다면 사람들 마음을 얼마나 훈훈하게 해줬을까를 생각하면 저절로 입가에 미소가 지어진다.

앞에서 지적한 대로 조선 시대가 유교 성리학 유생들의 세상임에도 인간의 본능적 욕망은 가리지 못했다. 『춘향전』은 숙종 시대라는 설정으로 이 도령과 춘향이 내용을 펼쳐갔다. 『구운몽』은 이재(李縡)라는 사람이 '삼관기(三官記)'에서 '효성이 지극했던 김만중이 모친을 위로하기 위하여 '구운몽'을 지었다'고 밝힌 바 있다. 서포 김만중은 『구운몽』을 숙종 13년 1687년 썼다. 『춘향전』이 숙종 시대를 배경으로 썼고 『구운몽』은 숙종 시대에 실제 지어졌다는 점이 비교된다. 『구운몽』 내용은 『춘향전』에 몇 군데 언급된다. 구운몽은 앞 편에서 언급했듯이 불자 성진이라는 수행자가 꿈속에서 팔선녀와 잠깐 희롱하며 놀았다는 이유로 양소유라는 이름으로 속세로 떨어진다. 팔선녀 역시 각기 속세에 다른 모습으로 환생한다. 이들은 각기 만나 사랑을 나누고 부부의 연을 맺는다. 양소유라는 남자는 무려 8명의 각기 다른 여자를 아내로 맞는다. 아내들은 각자 나름 개성을 갖는 대단한 미인들이다. 공주도 두 명이고 창기도 2명이다. 나머지 4명도 시를 잘 짓는다거나 무술을 잘하는 등 각자 장점을 갖고 있다. 심지어 한 명이 자신의 몸종을 양소유에게 연결하기도 하면서 한 지붕에 살아가도록 한다. 이들은 한 남자에게 살면서도 투기 같은 것을 하지 않는다. 오순도순 산다는 설정이 있다. 이런 모습이 조선 사대부가 꿈꾸는 이상적인 가정이다. 사대부들 로망이 이야기에 들어 있다. 중요한 것은 여자들이 모두 자신의 결정으로 양소유를 선택했다는 점이다. 조선 시대엔 대부분 부모가 짝을 찾아주면 그냥 받아들이며 사는 것이라고 믿고 있지만 이들은 그와는 정반대였다. 자신의 사랑을 자신이 찾았고 결정했다는 설정이 무척 재미있다. 춘향이도 여성인 자신이 결정해 이 도령을 선택했다. 자신의 선택에 대해 목숨을 걸었다. 『구운몽』이나 『춘향전』 등 소설 속 조선 시대 여인들은 자신의 낭군을 분명하게 선택했다. 이런 러브스토리를 보면서 『구운몽』의 작가 김만중을 조선의 셰익스피어라고도 칭한다.

고전은 대부분 두꺼운 양 때문에 읽는 이들이 모두 머리 아파한다. 무거운 양을 극복하며 읽고 나면 푹 빠져 그 재미와 흥미에 넋을 놓게 마련이다. 앞서 지적한 대로 고전은 천 년 동안 다른 책들과의 경쟁을 이겨내고 살아남은 책들이다. 많은 사람이 찾기 때문이다. 시대를 넘어 누구에게도 적용되는 감동이 살아 있다. 턱없이 두꺼운 양을 많은 시간을 들여 소화해야 한다는 점이 항상 걸림돌이다. 『춘향전』은 다르다. 불과 한두 시간이면 훌쩍 볼 수 있는 양이다. 한 문장 한 문장이 걸쭉하다. 장면 장면이 극적이다. 문장 안에는 동양의 고사성어가 살아 움직인다. 우리나라 속담이나 지혜 등이 구절구절마다 스며 있다. 단어나 문장에 품격이 있다. 읽는 사람의 품격을 높여준다. 『춘향전』은 우리가 쉽게 다가가 볼 수 있다. 큰 재미가 있다.

> 성적 매력 만점의 춘향전, 우리 고전 중 가장 에로틱한 연애 소설이다.
> 얇은 두께를 생각하면 편하게 손에 들고 읽어볼 만하다.

고전이 고전을 낳는다

37

이어지는 고전,
『아이네이스』[1])와 단테『신곡』[2])
그리고『데카메론』[3])

지금 이 글을 쓰고 있는 시점은 2020년 2월 3일이다. 중국 우한에서 시작된 전염병 신종 코로나라는 병이 확산 중이다. 지난달 31일 미국에서도 중국을 다녀온 적이 없는 신종 코로나바이러스 감염증(우한 폐렴) 확진자가 나왔다. 중국 우한에 다녀온 뒤 우한 폐렴에 걸려 치료를 받는 미국 내 두 번째 확진자인 일리노이 거주 60대 여성의 남편이다. 이로써 미국 내 신종 코로나바이러스 환자는 6명으로 늘었다. 세계보건기구(WHO)는 30일(현지 시간) 신종 코로나바이러스 감염증(우한 폐렴)에 대해 '국제적 공중보건 비상사태(PHEIC)'를 선포했다.

테워드로스 아드하놈 게브레예수스 WHO 사무총장은 이날 자문 기구인 긴급 위원회의 회의 이후 스위스 제네바의 WHO 본부에서 열린 언론 브리핑에서 "지난 몇 주 동안 우리는 이전에 알지 못했던 병원체의 출현을 목격했고, 그것은 전례가 없는 발병으로 확대됐다"며 "현재 중국 이외 지역 18개국에서 (신종 코로나바이러스 감염) 사례가 98건 발생했으며, 이 가운데는 독일, 일본, 베트남, 미국 등 4개국에서 8건의 사람 간 전염 사례가 나왔다"고 설명했다.

신종 코로나바이러스 감염증(우한 폐렴) 국내 첫 2차 감염자가 발생하면서 지역 내 전파 가능성이 현실화했다. 30일 중앙방역대책본부 등에 따르면 여섯 번째 환자인 56세 남성(한국인·이하 6번 환자)은 무증상으로 입국한 뒤 증상이 나타난 3번 환자의 접촉자다. 6번 환자는 중국 우한을 다녀온 적이 없다. 지금까지 중국 이외에서 2차 감염 발생이 보고된 국가는 일본, 대만, 독일 등이다.

이 글을 쓰면서 이렇게 전염병 코로나에 대해 긴 글로 시작한 것은 1300년대 이탈리아 피렌체가 이런 상황과 비슷했다는 점 때문이다. 병명은 페스트다. 페스트는 당시 전 유럽을 휩쓸었다. 피렌체 사람 반 이상이 이 병으로 죽었다. 페스트는 전 유럽을 공포에 떨게 했다.

지금 코로나가 중국 전역을 전염병의 도가니로 몰고 있다. 다행히 현대 의학은 이에 대한 대책도 조만간 만들어 내리라고 믿는다. 중국 공산당은 일주일 만에 수천 명을 치료할 수 있는 병원을 짓는 등 다양한 대책을 추진 중이다.

인류 전체가 전염병으로 대부분 죽어 나간다면 남은 인류가 할 수 있는 일이 뭘까?

보카치오의 『데카메론』에는 일곱 명의 여자와 세 명의 남자가 10일 동안 페스트 병을 피해 산속으로 들어간다. 그곳에서 모여 백 개의 이야기를 풀어 나간다는 것이『데카메론』내용이다. 보카치오가 이 작품을 쓴 것은 1348년 40세일 때다.『데카메론』은 중세 시대 명작이다.

여기 내용처럼 코로나가 더 심해져 주변 사람들이 죽어간다면 남은 사람은『데카메론』처럼 인적이 드문 한적한 산장으로 피신을 해야 할지 모른다. 그들은 열흘 동안 각기 이야기 주제와 식사, 자유 시간 등을 조정하는 그들만의 왕을 선출한다. 왕의 지시에 따라 한 가지씩 이야기를 한다. 이렇게 하루하루를 채워간다.

마지막 날 디오네오가 노래한 시 중 이런 대목이 있다.

(중략) 그러니 바라노라, 오, 사랑의 신이여
나를 위하여 그대 사랑의 불을
그 사람에게 주소서 느끼게 하소서
지금 나는 사랑에 여위어 스러질 날이 가까웠나니 내 목숨 마지막이 되었을 때는 그이에게 나를 맡겨다오. 기꺼이 그대 곁에 갈지니

『데카메론』은 종교, 신분, 귀족, 사회 등 모순을 적나라하게 비판한다. 이런『데카메론』에 대해 여러 가지 의미부여 하는 해석도 많다. 필자는 이 중 가장 적합하다고 생각하는 논리는 보카치오가 '인류 역사상 처음으로 성이 아름답다고 주장한 작가였다'라는 내용이다. 성은 인간을 행복하게 하는 긍정적인 면이 많다. 중세 내내 이런 성애를 억압하고 무시하며 삶의 외

지고 습한 지역으로 몰아내는 습성에 일침을 가했다는 뜻이다.

이런 의미에서 단테의 『신곡』을 신을 위한 곡이라고 하는데 비해 보카치오의 『데카메론』은 인곡이라고 한다. 실제 보카치오와 단테는 불과 나이가 30년 정도 차이밖에 나지 않는다. 보카치오는 1313년 태어나 1375년까지 살았다. 단테는 1265년 태어나 1321년 죽는다. 보카치오가 7살 때 단테가 저세상 사람이 된다. 활동 영역은 피렌체라는 점이 같다. 단테의 『신곡』은 중세 천 년을 지배한 기독교의 천당과 지옥이 어떻게 생겼는지를 그려 놓은 당대의 명작이다. 이전까지 중세 기독교 시대지만 천당과 지옥의 모습을 단테처럼 정밀하게 그려 놓은 작가는 없었다. 단테 이후에야 비로소 사람들은 지옥과 연옥 그리고 천당의 모습을 구체적으로 머릿속에 그려보기 시작했다. 단테는 당대 최고의 인문학자다. 단테의 『신곡』을 읽다 보면, 아니 제대로 읽으려면 고대 그리스 로마 신화에서부터 시작해서 르네상스까지 고전 대부분을 섭렵해야 한다. 단테의 『신곡』 한마디 한마디에는 고전에 나오는 중요 문구들이 인용되어 있다. 그 인용구의 원문을 아는 사람만이 단테의 『신곡』을 제대로 읽었다고 할 수 있다고 할 정도다. 단테의 『신곡』이 만들어진 즈음에 태어난 이탈리아를 비롯한 많은 유럽 사람들은 이 책을 열심히 읽는다. 당대 최고의 베스트셀러였던 셈이다. 같은 시기 같은 지역에서 태어난 보카치오 역시 열심히 읽는다. 보카치오는 여기에 그치지 않고 심지어 평생 단테 『신곡』 풀이 강사로 활동하기도 했다. 단테의 『신곡』은 지옥 33편, 연옥 33편,

천당 33편에 처음 시작 1편을 합해 100곡으로 이뤄졌다. 단테를 존경하는 보카치오는 이 형식을 그대로 빌려 왔다. 시대적 배경만 다를 뿐이다. 단테 시절의 피렌체는 교황과 황제 그리고 시민들이 백파와 흑파로 나뉘어 치열한 정치투쟁을 한다. 보카치오 시절 피렌체는 페스트로 시민들 대부분이 죽어 나가는 시절이다. 정치투쟁 시기는 적과 아군이 자리와 권력 그리고 재물을 대상으로 서로 쟁취하기 위해 싸워 나가는 과정이다. 단테의 시각에서 지상에는 천사 같은 이도 많지만, 지옥에나 떨어질 인간들도 많다. 단테는 처음 집권하는 세력에 속해 있으나 얼마 지나지 않아 권력의 정상에서 축출된다. 단테는 피렌체에서 추방되어 자신의 고향을 죽어서도 돌아가지 못한다. 타향에서 외로움과 버려짐의 비통함 속에 단테는『신곡』을 집필했다.『신곡』이라는 이름은 일본 사람들이 번역하는 과정에서 지어서 번역한 것이다. 본래 이름은 코미디아다. 풍자 성격의 웃기는 이야기라는 식이다. 지옥에나 떨어질 인간들이 많다. 그는 지옥 안에 자신의 정치적 정적들을 모두 넣었다. 이탈리아 사람들은 보카치오가 단테『신곡』에 대해 강의할 때 본래 강의 내용보다는 어떤 인물이 지옥에 있는지『신곡』지옥편에 나온 그 인물이 맞는지에 더 관심이 많았다고 한다.

보카치오의 데카메론 시기는 페스트로 모두 죽어 나가는 시기. 이때 정치투쟁을 벌일 사람은 거의 없다. 오로지 전염병을 이겨내고 '사느냐 죽느냐'만이 그들 관심이다. 지금 코로나처럼 페스트는 맹렬한 기세로 사람들을 몰아붙였다. 이때 인간은 다른 관심이 없다. 남녀 간 사랑, 즉 성애(愛)에나 흥미를 느낄 뿐이다. 앞장에서 언급한 대로 남녀 간 성애가 아름답다'라는 메시지를 인류 최초로 문학작품에 남긴 것이 보카치오 데카메론이다. 이후 인간은 성애를 죽음의 문턱에서 가장 높은 가치를 지닌 사랑의 표현이라고 해석할 수 있게 됐다.

단테 『신곡』 지옥 편은 단테에게 지옥의 길을 안내하는 시인으로 베르길리우스를 소개한다. 지옥을 안내하는 스승이다. 베르길리우스는 로마 아우구스투스 황제 시대 최고 시인이다.

베르길리우스의 『아이네이스』에는 지옥 하데스가 생생하게 나온다. 죽은 사람이 가는 곳이 하데스다. 거기 죽은 영웅들을 불러내 트로이 전쟁 상황을 묻는 식이다. 단테는 지옥을 베르길리우스 하데스에서 모습을 그려낸다. 단테가 베르길리우스를 앞세워 하데스를 그려내지 않았다면 신곡이라는 작품은 표절일 가능성이 높다. 단테는 베르길리우스를 자신의 스승으로 삼고 그의 작품 안에서 지옥 하데스의 모습을 가져왔다. 표절이 아닌 문학적 승화다. 이처럼 베르길리우스의 『아이네이스』 그리고 단테 『신곡』, 보카치오 『데카메론』은 서로 이어지는 고전이다. 고전이 고전을 낳기 때문에 고전을 열심히 읽는 후손들이 새로운 고전을 만들어낸다. 지금 후손들이 고전에 집중해야 하는 이유다. 후손들에게 더 좋은 고전을 만들어내길 기대해 본다. 코로나는 조만간 인류에게 정복될 것이다. 전염병에 대한 인류의 면역력도 더 높아질 계기가 될 것으로 보인다.

『데카메론』을 지은 보카치오는 『신곡』을 지은 단테 작품을 해설하는 역할을 평생 한다. 『신곡』의 백 편 구성을 그대로 『데카메론』에 대입한다. 단테는 『신곡』에서 지옥, 연옥, 천당을 그려낸다. 가장 그리기 어려운 지옥의 모습은 로마 시대 베르길리우스 작품 『아이네이스』에서 가져온다. 베르길리우스를 존경하는 스승으로 모시고 그의 작품 속 내용을 차용하는 식이다. 이처럼 베르길리우스의 『아이네이스』와 단테의 『신곡』, 그리고 보카치오의 『데카메론』은 이어진다. 고전이 고전을 낳는 식이다. 고전을 열심히 읽어야 새로운 고전이 나온다.

38

『표해록』⁴⁾이 낳은 『열하일기』⁵⁾

『표해록』이 『열하일기』를 낳았다.

『표해록』이란 고전이 300년 후 『열하일기』라는 고전을 만들어냈다. 고전은 이처럼 이어진다.

『표해록』은 조선 시대 최부라는 관리가 사십삼 명 부하들과 바다에서 표류해 중국 남부에서 고생하다 돌아온 표류기다. 이들 모두가 살아 돌아온다. 『표해록』을 쓴 최부 선생은 전라도 나주 사람이다. 1487년 조선 성종 때 일이다. 최부는 제주 감찰 관직을 받아 부임했다. 근무하던 중 갑자기 부친상을 당한다. 효를 근본으로 하는 유생 선비가 부친상을 당한 것은 생애 최고 큰일이다. 제주에서 고향 나주로 돌아가다 제주 앞바다에서 태풍을 만난다. 표류기가 시작된다. 배에는 사십삼 명이라는 적지 않은 숫자가 탔다. 풍랑에 휩쓸려 14일 고생하다 중국 절강 연해에 도착한다. 중국 변방 관리들은 이들이 왜적인 줄 오해하고 죽이려 한다. 나중에 왜적이 아닌 것은 알지만 외부인이 들어왔다는 내용의 보고서를 써야 하는 번잡함이 귀찮아 이들을 죽여 없애려 한다. 이런 위기를 최부 선생은 필담으로 극복해 나간다. 다행히 글을 아는 중국 사람과 만나 필담을 통해 학문이 높은 학자로 인정받아 중국인에게 도움을 받는다. 이들은 중국 남부인 염해도저소에서 출발한다. 항주, 소주를 지난다. 양주, 산동, 천진을 거쳐 북경에 도착한다. 명나라 황제 효종을 만난다. 이때 예복을 주지만 거절한다. 부친상을 당한 유생으로서 상복을 입겠다고 고집한다. 효종은 유학자로서 높은 기개를 인정한다. 황제의 특별한 대접을 받는다. 요동반도를 거쳐 압록강에 도착한다. 6개월 만의 일이다. 성종은 이 과정을 글로 남기라고 명을 내린다. 일주일 만에 쓴 글이다. 당시 우리나라 인물 중 양자강 이남 지역을 견문한 사람이 없다. 최초 인물인 셈이다.『오디세이』라는 작품은 2500여 년 전 풍랑으로 표류해 고생한 바닷사람들의 사연을 모아 기록해 인류 최초 해양문학으로 인정받는다.『표해록』도 바다에서 일어난 이런 유의 내용이니 일종의 해양문학이라고 인정할 수 있다. 문제는 전체 양 중 바다 이야기는 삼분의 일이 제대로 안 된다는 점이다. 해양문학이라기보다는 중국견문기라고 할 수 있다. 조선 시대 중국을 다녀온 견문기를 연행록이라고 한다. 전체적으로 500여 편에 이른다고 한다. 앞에서 지적한 대로『표해록』내용 중 명 황제 알현 시 명나라는 최부에게 예복을 입도록 강요한다. 본인은 효를 앞세워 상복을 주장한다. 중국 예부와 갈등이 나온다. 이를 이기며 조선 선비의 자세를 중국에 떨친 점이 높게 평가받는다. 중국 황실과 대하며 유학의 법도를 논쟁하는 과정에서 조선 선비의 기개를 떨친다는 점을 높이 살 만하다. 중국 관료들과 필담 중 조선인 자긍심을 보여준 대목이 많이 나온다. 앞서 말한 대로『표해록』은 최부가 30대 나이에 표류당하며 쓴 글이다. 중국 내지를 관찰한 내용이어서 당시 조선 성종 시대엔 국가 기밀에 해당한다.『표해록』은 일본에서 명성을 얻는다. 일본의 주자학자 기요다군긴(淸田君錦)이 1769년 당토행정기(唐土行程記)라는 이름으로『표해록』 번역서를 냈다. 일본 유학계에도 큰 영향을 미쳤다. 최부는 연산군 시절 무오사화 때 함경도로 유배됐다. 갑자사화 때 처형됐다. 선비 정신이 투철하다 보니 연산군 사화를 넘기지 못한 것이다.

『열하일기』를 쓴 연암 박지원은 청의 문명을 알기 위해 1780년 청나라를 향한다. 음력 5월 말이다. 한양에서 시작해 압록강을 건넌다. 요동벌판을 거친다. 8월 북경에 간신히 도착한다. 건륭황제는 여름 피서 산장인 열하(熱河)로 오라고 조선 사절단에 특별히 지시한다. 열하는 북경에서 이백오십 키로 되는 거리에 있다. 연암은 거기까지 동행한다. 열하는 만리장성 너머 북방 유목민족들이 북경으로 들어오는 길목에 있다. 특히 몽골족은 옛 선조가 일군 원나라의 영광을 찾기 위해 절치부심 중국 북경으로 내려오려 한다. 이를 알고 있는 청나라 황제들은 일 년 중 3개월은 열하에서 지낸다. 열하에 북경 같은 도시와 궁을 지어 놓고 북방 유목민족을 여러 가지 방법을 동원해 관리한다. 연암은 이런 건륭황제를 지켜보며 '청 황제는 참 바쁘고 힘든 자리다'라고 평한다. 청 황제는 중국으로 오는 조선 사신도 직접 챙기고 이들의 매일 현황을 체크한다. 사신들에게 초기 북경으로 오는 도중 밤에 항상 '니얼산쓰'라는 소리가 들린다. 무슨 소리인가 물어보니 청나라 관리들이 조선 사신 발을 세어보면서 인원 숫자를 파악해 황제에게 보고한다고 한다. 청 황제는 북경까지 어렵게 도착한 사신들을 먼 열하까지 오라고 해서 친견한다. 나라를 지키기 위한 황제의 피나는 노력을 연암은 옆에서 확인한다. 연암은 북경으로 돌아와 한 달 정도 머물다 돌아온다. 이때 온갖 관찰을 한다. 5개월 장정을 마치고 10월경 돌아와 『열하일기』를 마무리한다. 날짜순으로 기록해 나갔다. 중요하다고 생각되는 것은 독립된 한 편의 글로 썼다. 연행록은 시화, 잡록, 필담, 초록 등 다양한 형식으로 썼다. 총 이십육 권 열 책으로 구성됐다. 조선 시대는 몇 권을 책으로 묶는다. 열 책은 요즘 책 열 권에 해당된다. 청나라 정치, 경제, 사회, 문화 등 전 분야의 견문을 풍부하게 썼다. 유학과 실학적 잣대라는 시각으로 글을 썼다. 고등학교 교과서에 나오는 '호질(虎叱)과 허생전(許生傳)'도 들어 있다. 『열하일기』는 한 편의 소설 같기도 하지만 치밀한 조사기록이기도 하다. 풍자 개그집이며 마치 영화를 보는 것 같다.

연암이 속해 있던 실학파는 조선의 새바람을 원하는 사람이다. 어느 시대나 새바람이 일어야 역사가 발전한다. 연암은 '중국의 장관은 저 기와지붕 조각에 있고 저 똥 덩어리에 있다'라고 한다. 벽돌 조각을 유심히 보고 초가삼간으로 지어진 조선의 부족함을 새긴다. 이 시기 조선 대부분 선비는 명나라와 의리와 명분을 앞세우며 청나라를 '오랑캐 개돼지'라고 폄하(貶下)하는 시대다. 1700년대는 명이 망한 지 이백여 년이 지난 시기다. 연암은 없어진 왕조를 혼자 흠모하는 조선 선비들의 비현실성을 꾸짖는다. 오랑캐를 물리치고 싶다면 청의 법을 모조리 배우라고 한다. 유치한 우리 습속을 바꿔야 한다고 주장한다. 실재를 냉철하게 알고 실사구시(實事求是) 노력을 하자고 한다. 『열하일기』 중 나오는 호질(虎叱)은 범이 사람을 꾸짖는 것이다. '대저 제 것 아닌 것을 취함을 도(盜)라 하고, 남을 못살게 굴고 그 생명을 빼앗은 것을 적(賊)이라 하나니 너희들이 밤낮을 헤아리지 않고, (…) 함부로 남의 것을 착취하고 훔쳐도 부끄러운 줄을 모르며 (…) 이러고도 인류의 도리를 논할 수 있는 것인가? 짐승만도 못한 인간이 넘쳐나는 현대에 『열하일기』는 '호질'을 통해 진정한 인간의 자세가 무엇인지를 돌아보게 한다.

『표해록』과 『열하일기』는 중국을 다녀온 연행록이라는 점이 같다. 조선뿐만 아니라 일본에도 크게 영향을 끼친 점도 동일하다. 앞서 말한 대로 『표해록』은 일본에서 번역되어 읽혔다. 『열하일기』 역시 일본 막부 사무라이들이 열심히 읽었다고 한다. 『열하일기』 일본 지도자 읽기 일화 중 재미있는 대목이 있다. 일본 쇼군들은 부하와 회의를 마치고 이들을 내보낸 다음 마치 숨겨놓은 꿀단지를 혼자 먹는 것처럼 이 책을 꺼내 읽었다. 당시 그들은 청나라에 갈 수 없기에 실정을 알지 못한다. 조선 성리학에 대해 목말라하던 시절이다. 『열하일기』는 당대 최고 성리학자이며 실학자인 연암 박지원의 학문을 배울 수 있고 그를 통해 청나라 실정을 알 수 있어서 일본 막부 사무라이들은『열하일기』를 열심히 읽었다. 박지원은 치밀한 조사 기록식으로 이 책을 썼다. 지금처럼 노트북이나 볼펜, 공책, 노트가 없던 시절이다. 연행 중 항상 벼루와 먹 그리고 종이를 끼고 다녔다. 비라도 오거나 냇물이나 강을 건널 때는 이를 꽁꽁 싸매고 물에 젖지 않도록 보호했다. 자신의 육신보다 더 귀하게 보관해 이런 대작을 후대에 남겼다.

일설에는 연암 박지원이 성균관에서 최부의『표해록』을 읽고 감명받아『열하일기』를 기획했다고 한다. 자신도 최부처럼 후대에 읽힐 연행록을 써보자는 뜻을 세우고, 사전 출판 기획을 철저히 준비했다는 뜻이다. 이는『표해록』이라는 고전이『열하일기』를 낳았다는 의미다.『표해록』과『열하일기』는 일본 성리학의 대부인 강항 선생의『간양록(看羊錄)』과 함께 일본 사회에 큰 영향을 끼치기도 했다.

일본 사무라이 무인들에게 성리학을 가르쳐준『표해록』과『열하일기』,『간양록』모두 우리 고전의 백미들이다. 이들은 이처럼 후대에 더 큰 고전을 낳도록 한 역할이 크다. 이런 것을 읽고 우리 후대들도 더 좋은 고전을 만들어내길 기대해 본다.

최부의『표해록』을 읽고 박지원은『열하일기』를 기획했다.『표해록』처럼 고전으로 길이 남아 후대에 좋은 영향을 끼칠 연행록을 쓰고자 했던 것이다. 박지원은 청나라로 떠나기 전 머릿속으로 모든 것을 기획하고 떠났다.『표해록』이란 고전이『열하일기』란 고전으로 이어진 것이다.

39

톨스토이 『전쟁과 평화』,[6] 바탕에 『일리아스』가 있다

"우리 삶의 목적은 그저 존재하는 것이 아니라, 품위 있게 살아가는 것이다."

—세르게이 그리고리예비치 볼콘스키—

톨스토이 삼촌인 볼콘스키는 니콜라이 1세 즉위식에서 입헌주의와 농노 해방을 주장했다는 이유로 모든 특권을 박탈당한 후 유형 생활 30년을 하고 석방된 러시아 최상류층 귀족이다. 1805년에 일어난 소위 데카브리스트 혁명가다. 혁명이 실패로 끝난 후 시베리아로 유배가게 된다. 30여 년을 혹한 속에서 삶을 지탱한다. 이런 가운데 삶의 목표는 '품위 있게 살아가기'였다. 데카브리스트 혁명가 귀족의 품위 있게 살아가기란 당시 러시아의 어려운 경제를 이끄는 농민의 삶 속으로 들어가 그들과 노동을 하며 그들을 계몽시키면서 독서하는 삶을 말한다. 소박하게 살면서 어려운 이를 돌보고 사색하는 삶을 그들은 30

여 년 살아왔다. 톨스토이는 삼촌을 나이 서른두 살에 단 한 번 만났을 뿐이다. 톨스토이 마음속에 삼촌은 깊게 새겨졌다. 볼콘스키나 톨스토이가 살아가던 시대는 공산당이나 공산주의가 러시아에 없거나 미약했던 시절이다. 차르 시대 암울한 러시아를 구해 줄 가치는 무엇인가? 톨스토이는 이 물음의 답을 삼촌 볼콘스키 삶에서 찾았다. 모든 러시아 사람들이 그렇게 변해야 한다고 생각한 것이다. 러시아 미래의 빛은 귀족들의 품위 있게 사는 것 그 자체였다.

민음사에서 번역 출간한 톨스토이의 『전쟁과 평화』는 책 번호가 353번부터 356권까지 총 4권이다. 1권은 700쪽, 2권 760쪽, 3권 780쪽, 4권 748쪽 모두 삼천여 쪽에 달한다. 앞에서 비유하며 언급했던 작품 조정래 작가의 『태백산맥』이 한 권당 삼백여 쪽 정도. 열 권이니 삼천여 쪽 정도다. 『전쟁과 평화』도 마찬가지 두께인 셈이다. 조정래가 쓴 『태백산맥』 두께의 소설을 읽은 셈이다. 필자가 이끌었던 독서 아카데미는 일주 평균 삼백여 쪽으로 한정해 나눠서 책을 읽는다. 부담을 주지 않기 위해서다. 다른 책들도 읽어야 하는데 (…) 이 책을 소화하는데 십 주간이라는 시간이 걸렸다. 두 달 반이 걸린 셈이다. 읽어냈다는 큰 자부심을 느끼게 하는 분량이다. 이 작품은 활자로 된 책보다는 대부분 웅대한 스케일로 만들어진 영화로 만난다. 영화 종류도 다양하다. 공산체제의 소비에트연방공화국에서 만든 '전쟁과 평화'도 있다. 잠깐 봤는데 딱딱했다. 어렸을 적 우리나라 사람이라면 누구든 미국에서 들어온 영화로 '전쟁과 평화'를 보지 않은 사람이 있을까. 러시아 귀족들이 매일 파티를 열고 거기서 왈츠를 추는 장면을 기억한다. 전쟁의 참상도 본다. 사랑도 보고 안타까워한다. 톨스토이는 나폴레옹의 러시아 원정을 배경으로 역사적 사실을 기반해 이 소설을 썼다. 19세기 러시아가 낳은 위대한 인간 톨스토이가 창조한 역사와 삶, 영웅과 민중, 힘과 숭고함 속 사랑을 통해 성장하는 젊은이들의 놀라운 초상이라고 흔히 이 작품을 소개한다. 특이한 것은 고전 호메로스의 『일리아스』 시각으로 러시아 전쟁을 쳐다봤다는 점이다.

다음은 『전쟁과 평화』를 설명하는 민음사 책 서문이다.

'전쟁과 평화는 1805년부터 1820년까지 약 15년 시간과 러시아라는 광활한 공간을 배경으로 자연의 섭리와 인간의 역사를 그려낸 그의 대표작이다. 559명의 등장인물, 큰 전쟁에 얽힌 방대한 서사에 자연스러운 리듬을 부여하는 작법뿐 아니라 피비린내 나는 전장에서 인간들의 운명을 냉엄하게 내려다보는 시선은 '일리아스'에 비견되는 서사시적 웅장함을 느끼게 한다. 지독한 허무주의자인 안드레이, 부유하고 방탕한 상속자 피에르, 치명적인 유혹에 빠진 나타샤가 저마다의 시련을 극복하고 자기 안의 우주적 자아를 발견하는 과정은 각각 인물들의 성장기인 동시에 전쟁속 수치를 겪으며 새로운 정체성을 자각해 나가는 러시아 자체의 성장 소설이기도 하다.'

실제로 1857년 톨스토이는 "'일리아스'와 '복음서'를 가장 관심 있게 읽고 있으며, '일리아스'의 상상할 수 없을 만큼 아름다운 결말 부분을 읽었다"라고 일기에 썼다. 1805년 전쟁, 1812년 전쟁 등 러시아의 운명을 바꾼 굵직굵직한 서사에 자연스러운 리듬을 부여하는 솜씨는 분명 '일리아스'에 견줄 만하다.

또한 피비린내 나는 전장에서 인간들의 삶과 죽음을 냉엄하게 굽어보는 시선은 읽는 사람으로 하여금 서사시적 웅장함을 느끼게 한다. 숭고하고 무관심한 세계, 그 안에 톨스토이는 놀랍도록 역동적인 생명력을 불어넣으며 영웅이 아닌 인간에 방점을 찍은 현대의 『일리아스』를 완성했다. 이러한 『전쟁과 평화』의 시작은 러시아 최상류층에서 모든 특권을 박탈당하고 유형 생활 30년 만에 석방된 한 노인이었다. 이글 첫 대목에서 소개한 세르게이 볼콘스키는 니콜라이 1세의 즉위식에서 입헌주의와 농노 해방을 주장했다는 이유로 혹독한 대가를 치른 뒤였다. 그런 그가 모든 것을 걸었던 삶의 목표는 '품위 있게 살아가기'였다. 톨스토이 삶에 단 한 번 만났으나 그는 평생토록 영감을 준 존재였다.

『전쟁과 평화』에서 나폴레옹의 숭배자였던 안드레이와 피에르는 전쟁을 경험하며 환상에서 깨어난다. 실제 전쟁은 영웅 개인의 지략이 아니라 수많은 민중의 의지로 치러지는 것임을 직접 목격했기 때문이다. 역사를 견인하는 것은 바로 '작은 러시아인들'이었다. 그리고 품위는 이들의 몫이었다. 톨스토이의 '민중에 대한 관심'은 작품을 넘어 실제 생활 속에서도 이어졌다. 그는 농민의 열악한 교육 상태를 개선하기 위해 잡지 '야스나야 폴랴나'를 펴냈고 탄압받는 두호보르 교도를 캐나다로 이주시키는 과정에서 러시아당국과 대립하는 것도 서슴지 않았다. 어느새 그는 세르게이 볼콘스키의 모습 그대로 늙어갔다. 그리고 삶이라는 전장에서 '품위 있게 살아가고자' 분투하는 모든 인간들의 전형이 되었다.

위의 내용에서 보듯 톨스토이는 『일리아스』를 가지고 소설을 써 나갔다. 당시 톨스토이는 그리스로 가서 그리스 말을 배웠다고 한다. 『일리아스』를 제대로 읽기 위해서다. 『전쟁과 평화』를 쓰기 위해서 『일리아스』를 그리스 원어로 읽었다. 그리스 원어로 『일리아스』를 제대로 읽은 톨스토이는 『일리아스』의 분위기에 자신의 조국에서 벌어졌던 전쟁 상황을 덧붙였다. 매일 『일리아스』를 읽으면서 『전쟁과 평화』 이야기를 이끌었다.

다음은 일리아스, 전쟁과 평화, 삶과 죽음의 대서사사(박경귀의 행복한 고전읽기라는 블로그)에 나오는 『일리아스』 관련 글이다.

일리아스를 쓴 호메로스는 곳곳에 잔혹한 전투 장면을 생생하게 그려낸다. 그의 표현은 마치 확대경을 들이대고 관찰한 듯 소름이 돋을 만큼 치밀하다. "날카로운 창으로 머리의 힘줄을 치자, 청동이 이빨 사이를 뚫고 나가며 혀뿌리를 잘랐다. 그래서 페다이오스는 차가운 청동을 이빨로 깨문 채 먼지 속에서 쓰러졌다." 전투에서 죽어가는 수많은 병사의 이름 하나하나 들어가면서 죽어가는 순간의 모습을 이런 방식으로 묘사한다.

호메로스의 치밀한 표현과 번득이는 비유는 많은 문학가에게 풍부한 영감의 원천이 된다. 경주하는 사람들의 모습을 그린 대목과 양군이 팽팽하게 맞선 전황을 그린 대목을 보자.

"오일레우스의 아들이 선두에 나섰고, 고귀한 오디세우스가 그를 바싹 뒤따랐다. 예쁜 허리띠를 맨 여인이 실꾸리를 날줄 밖으로 빼며, 가슴을 향해 바디집을 손으로 능숙하게 당기면 그것이 가슴께 와 머무르는 그만큼, 꼭 그만큼 오디세우스는 아이아스를 바싹 뒤따라가며(⋯)"

"양군이 팽팽하게 맞서고 있는 모습은 마치 얼마 안 되는 품삯이나마 자식들에게 갖다주려고 열심히 양털의 무게를 다는 꼼꼼한 여자 일꾼의 저울에서 한쪽의 저울추와 다른 쪽의 양털이 평형을 이루고 있는 것과 같았다. 꼭 그처럼 양군의 전투와 전쟁은 평형을 이루었으니(⋯)"

호메로스는 이처럼 절묘하고 독특한 비유를 쓴다. 앞서는 사람과 뒤따르는 사람의 간발의 차이를 길쌈하는 여인의 가슴과 바디집의 간격으로 비유하는 것과 전선의 균형과 저울의 평형을 서로 연결시키는 것은 쉽지 않은 일이다. 호메로스의 현실에 대한 현미경적 관찰력과 상황을 이해하는 통찰력과 상상력이 없으면 나오기 힘든 탁월한 비유다.

호메로스의 『일리아스』는 시인에게는 시가(詩歌)로서의 영감을, 역사학자에게는 역사적 사실의 추적 실마리를, 지리학자에게는 주인공들의 행적의 지리적 배경과 실제에 대한 호기심을, 인류학자에겐 고대 그리스와 소아시아의 풍토와 관습의 양태를, 정치가와 군인에겐 동맹의 체결과 군대의 동원 방식, 전투의 지휘와 무기체계에 대한 궁금증을 안겨준다. 서구 문화 전반에 호메로스의 그림자가 길게 드리워진 이유다. 또한『일리아스』를 필요에 따라 필요한 대목을 거듭거듭 읽게 만드는 요인이기 하다.

톨스토이는『전쟁과 평화』를 호메로스의『일리아스』시각으로 쓰려 했다. 톨스토이는『전쟁과 평화』를 구상하기 전『일리아스』를 제대로 읽기 위해 그리스로 가서 그리스 고대어를 직접 배웠다는 말을 앞서 언급했다. 『일리아스』라는 한 작품을 원뜻을 정확히 이해하기 위해 한 언어를 배웠을 만큼 정성을 다했다는 점이 흥미롭다. 톨스토이는『전쟁과 평화』를 구상하면서 어떻게 쓸까로 고민했을 것은 당연하다. 수년간 취재도 하고 구상도 했다. 아마 톨스토이는 답을『일리아스』에서 찾았다.『일리아스』엔 이처럼 시종일관 전쟁 분위기가 있다. '둥둥둥' 북을 치며 전쟁을 이끌어가는 대목들이 이어진다. 신의 시각으로 전쟁을 바라보며 서사하고 있다. 복음서와『일리아스』를 옆에 끼고 톨스토이는『전쟁과 평화』를 써 나갔다. 누구든『전쟁과 평화』를 읽다 보면 전쟁터 한가운데 있는 느낌이 든다. 영화를 보는 것보다 더 박진감이 넘친다. 톨스토이는 이런 전쟁 분위기를『전쟁과 평화』에 담아냈다. 앞서 언급한 대로 톨스토이는 실제 "전쟁과 평화를 쓰면서 일리아스의 북을 치며 전쟁 분위기를 이어 나가는 감을 잊지 않기 위해 매일 읽었다"

라고 일기에 적고 있다. 『일리아스』의 치열한 비유와 해학을 러시아 전쟁 안에서 찾아내 서술하려고도 했다. 위트도 러시아 현장 안에서 구했다. 호메로스 시인의 영감을 러시아 대문호의 감각으로 러시아 전쟁 현장에서 살려내려 했다. 호메로스 서사시의 시적 분위기를 러시아화 해 재현하려 했다. 아시다시피 호메로스는 트로이 전쟁의 역사적 사실을 기반으로 『일리아스』를 썼다. 톨스토이도 러시아 전쟁의 역사적 진실을 기반으로 『전쟁과 평화』를 써 나갔다.

물론 『일리아스』는 전쟁과 평화에 영향을 끼치기 전 이미 로마 건국 부활의 노래를 부르는 베르길리우스의 『아이네이스』도 이끌어냈다. '니벨룽겐의 노래' 등 수많은 서양 영웅 이야기를 낳았다. 심지어 『플루타르코스 영웅전』에 나오는 알렉산더 대왕은 『일리아스』를 품에 안고 잤다는 말도 전해 온다. 전쟁의 지휘와 무기체계, 동맹 방식 등 다양한 전쟁 승리 영감을 얻기 위해서다.

아리스토텔레스 제자였던 알렉산더 대왕은 대왕이기 전 아카데메이아 학원의 충실한 학생이었다. 당시 호메로스의 『일리아스』를 지금의 성경처럼 읽었을 것으로 추정된다.

한마디로 톨스토이 대작 『전쟁과 평화』는 『일리아스』 작품이라는 기반 위에 만들어진 작품이다. 인류에게 남긴 거대한 전쟁 서사시 『일리아스』를 바탕에 깔고 그 위에 러시아 전쟁사를 올려놓았으니 새로운 러시아판 『일리아스』가 완성된 것이다. 이 세상에 새로운 것은 없다. 이처럼 큰 작품을 쓰려면 큰 고전을 바탕에 깔고 내용을 현재화시키면 고전에 가까운 큰 작품이 나온다. '네이버 검색, 컨트롤 C와 컨트롤 V'로 이어지는 휴대폰 세상에 무슨 고전이냐고 핀잔을 받기 쉽다. 인류에 남을 거대한 작품은 고전의 기반에서 생겨난다는 것을 『일리아스』와 『전쟁과 평화』를 보면 확인할 수 있다. 『일리아스』와 『전쟁과 평화』에 기반을 둔 한국식 큰 고전이 생겨나길 기대해 본다.

> 톨스토이의 『전쟁과 평화』는 호메로스 『일리아스』의 러시아판이다. 톨스토이는 『전쟁과 평화』를 쓰기 전 『일리아스』를 읽기 위해 그리스어를 배웠다. 『일리아스』를 곁에 끼고 매일 읽었다. 『일리아스』의 거대한 전쟁 서사시에 기반을 두고 이를 러시아 전쟁에 대입해 『전쟁과 평화』라는 고전 대작을 썼다. 알렉산더 대왕도 『일리아스』를 안고 잠을 잤다고 한다. 『일리아스』에서 전쟁 방법의 영감을 얻었다. 이처럼 고전은 고전을 낳는다. 우리 다음 세대로 큰 고전을 만들기 위해 고전을 공부해야 한다. 억지로 읽힐 수는 없다. 어른들이 먼저 읽는 본보기를 보여야 한다.

체코에서『참을 수 없는 존재의 가벼움』⁷⁾으로 부활한『안나 카레니나』⁸⁾

고전을 읽다 보면 고전이 고전을 낳는다는 사실을 곳곳에서 만난다. 이야기가 이어지니 재밌다. 아는 즐거움을 더하게 된다. 톨스토이의『안나 카레니나』가 백 년 후 체코에서 다시 태어난다. 작품『참을 수 없는 존재의 가벼움』은 1968년 프라하의 봄이라는 시대적 배경을 안고 써진 소설이다.

저자 밀란 쿤데라는 1929년 체코 브르노에서 태어나 문학과 영화감독 수업을 받으며 인간의 얼굴을 한 사회주의 운동을 하다 1963년 '프라하의 봄'을 맞아 좌절한다. 소련 침공으로 그의 책들은 도서관에서 제거되고 글을 쓰는 것도 가르치는 것도 금지된다. 미국으로 건너가 시인, 소설가, 희곡작가, 평론가, 번역가 등 모든 문학 장르에 다양한 창작 활동을 한다. 포스트모더니즘 작가로 활약했다. 1980년 파리 대학 교수로 재직했고 미국 미시건 대학에서 명예박사학위를 받는다.

밀란 쿤데라는 참을 수 없는 존재의 가벼움이라는 자신의 작품을 톨스토이의 『안나 카레니나』에 바치는 체코 작가의 오마주라고 칭한다. 톨스토이의 『안나 카레니나』를 바탕으로 썼다는 말이다. 이 작품을 읽고 감동한 나머지 이 작품을 재해석해서 쓴 작품이 그의 역작 『참을 수 없는 존재의 가벼움』이다. 안나 카레니나가 만약 체코 프라하에서 1963년 살았다면 어떤 모습일까? 안나 카레니나가 체코인으로서 프라하의 봄이라는 시대 상황과 마주쳤다면 어떤 선택을 했을까? 이런 질문과 함께 이 소설은 시작된다. 이런 상상력이 작품을 만들었다. 『안나 카레니나』라는 고전이 다음 세대 프라하에서 또 다른 고전을 만든 셈이다. 톨스토이의 『안나 카레니나』는 어떤 작품인가?

『안나 카레니나』 역시 모두 세 권으로 이뤄졌으며 천칠백여 페이지의 두께를 자랑한다. 한 주당 삼백 페이지씩 육 주에 걸쳐 빛고을100독서아카데미에서 함께 읽었던 기억이 있다. 1878년 러시아 모스크바가 시대적, 공간적 배경이다. 우리나라로 치면 이승만 대통령이 1875년생이니 구한말이다. 운양호 사건(1876)으로 일본과 갈등이 시작되는 시점이다. 대문호 톨스토이의 사상과 고민이 집결된 대작이다. 인간의 위선, 질투, 신념, 욕망, 사랑 등 인간의 감정과 결혼, 계급, 종교 등 인간이 만들어낸 사회구조에 대한 톨스토이의 모든 고민이 집약된 작품이다.

이 작품을 사람들이 보면서 안나 카레니나 법칙이란 말이 생겼다. 이 소설 첫 구절은 "행복한 가정은 모두 엇비슷하고, 불행한 가정은 불행한 이유가 제각기 다르다"이다. 이것이 안나 카레니나 법칙이다. 잘되는 집안은 다들 비슷하게 근심이 없고 건강하며 화목하지만, 안되는 집안은 애정이든 금전이든 자녀든 천차만별의 이유로 불행해진다는 말이다. 이를 『총, 균, 쇠』라는 베스트셀러를 쓴 제럴드 다이아몬드 교수는 좀 더 발전시켜 "흔히 성공의 이유를 한 가지 요소에서 찾으려 하지만 실제 어떤 일에서 성공을 거두려면 먼저 수많은 실패 원인을 피할 수 있어야 한다"고 말한다. 가축의 조건이 그 예다. 동물이 가축이 되려면 첫째, 과식해도 안 되고 편식해도 안 된다. 많이 먹으면 줄 것이 부족해 문제고 편식하면 먹이 구하기가 어렵다. 둘째, 빨리 성장해야 한다. 고릴라처럼 오랜 시간 성장 시간이 필요하다면 그도 문제다. 경제성이 없다. 셋째, 감금상태에서도 번식이 잘돼야 한다. 치타는 인간처럼 공개된 장소에서 섹스를 못한다. 번식이 안 된다. 넷째, 회색곰처럼 너무 포악해도 다룰 수 없다. 다섯째, 가젤처럼 너무 겁먹어 민감한 동물도 안 된다. 여섯째, 인간처럼 위계질서가 있는 사회성이 있어야 한다. 가축화 성공을 위해서는 각각의 실패요인을 모두 극복해야 한다. 성공을 위해서는 이런 조건들이 모두 갖춰지는 공통점이 있고, 실패는 각각의 이유들이 있다. 안나 카레니나 법칙이 적용된다는 식이다.

인간의 건강도 마찬가지일까? 건강하려면 많은 조건이 되어야 한다. 식사, 운동, 휴식 등이 적절해야 한다. 건강치 못한 사람은 각기 이유들을 지니고 있다.

고전 독서를 하는 데도 안나 카레니나 법칙이 적용된다. 지속적인 독서, 건강, 독서철학, 시간 확보 내지 배정, 적절한 독서법 개발 등 많은 성공요소가 필요하다. 독서는 좋은 것인지 모두 알지만 이 생각을 행동으로 이어가지 못한다. 안나 카레니나 법칙에 맞는 요건을 찾아내 실패 요인을 극복하려는 노력이 이어져야 한다.

다시 『안나 카레니나』로 돌아가자. 어찌 됐든 이 거작을 한 마디로 평한 사람이 있다. '다독술이 답이다'를 쓴 세이고라는 작가다. 세이고는 천 일간 매일 한 편의 글을 블로그에 올려 일본 사람들이 '독서의 신'이라는 별명을 줬다. 쓴 글을 문집으로 발간한 이 작가는 학창 시절 『안나 카레니나』를 읽은 후 중년이 되어 다시 생각해 봤는데 딱 하나더라는 것이다. 천재 톨스토이는 바람난 여자 안나의 사랑을 담은 연애담을 썼지만 결국 안나의 삶을 통해 기존 사회질서에 반기를 들었다는 의미로 썼다고 해석했다. 러시아 사회가 기존 사는 방식으로는 발전할수 없다. 새로운 혁명적 삶이 필요하다는 것을 대중소설을 통해 은유적으로 표현했다는 뜻이다.

『참을 수 없는 존재의 가벼움』의 작가 쿤데라는 "인간의 삶이란 오직 한 번만 있는 것"이며 "한 번뿐인 것은 전혀 없었던 것과 같다. 영원성이 무거움이라면 일회성은 가벼움이다. 그러나 이 대립이 옳고 그름이나 좋고 나쁨의 가치로 환원되는 것은 아니다. 그래야만 한다. 즉, 필연과 우연도 마찬가지다. 특정한 시점에서 특정한 사건과 직면하여, 과연 그래야 하는가

하고 묻는 것은 무의미하다. 모든 사건은 전부 단 한 번뿐인 까닭이다. 그럼에도 우리는 그 물음을 던질 수밖에 없다. 한 개인의 삶과 한 국가, 나아가 세계의 역사는 그렇게 만들어진다"라고 주장한다.

삶은 무거움과 가벼움이 공존해야 한다. 의미와 즐거움이다. 이 작품은 실존적이다. 포스트모더니즘 사조가 깔렸다. 삶은 가벼운 것일까, 무거운 것일까? 삶은 가벼우면 안 되고 우연으로 점철되면 안 되는 것일까? 무겁고 진지해야만 삶이 철학적이고 깊이가 있는 것일까? 이런 질문을 세상에 던지며 이 작품은 시작된다.

주인공 토마시는 외과의사이지만 바람둥이다. 삶을 가볍게 부담 없이 살려는 젊은이다. 첫 부인과 헤어지고 자식과 부모 모두 연을 끊는다. 사랑과 섹스를 구별할 줄 안다. 에로틱한 우정의 법칙을 정해 놓고 '섹스는 되지만 동침은 안 된다'를 지켜 나간다.

이런 성향과 맞는 여자 사비아. 어떤 억매임도 거부하고 자유로운 삶을 추구하는 미술가 처녀. 자신의 철학을 위해 대학교수 애인 프란츠라는 남자를 배신하는 것도 서슴지 않는다.

토마시에게 삶에 우연이란 없고 필연만 있는 여자가 운명처럼 다가온다. 테레샤. 시골 처녀로 웨이트리스이며 나중에 사진작가가 되는 여자다. 가벼움의 상징으로 토마시와 사비아, 무거움의 테레샤와 프란츠 4명 주인공의 인생을 담은 이야기다.

앞서 언급한 대로 문학적으로 이 작품은 저자 밀란 쿤데라가 밝혔듯이 톨스토이의 『안나 카레니나』에 답하는 작품이라고 한다. 이 작품을 의식하며 썼다는 것이다. 『참을 수 없는 존재의 가벼움』에는 테레사가 처음 토마시를 만날 때 곁에 끼고 다니면서 『안나 카레니나』 작품을 부각시킨다. 『안나 카레니나』가 1880년대 러시아 연애소설이며 대중소설이라면 이 작품은 1980년대 체코 프라하의 연애소설이며 대중소설이다. 백 년간 세월 간극이 있다.

『안나 카레니나』는 대중에게 많은 사랑을 받으면서도 톨스토이 삶의 철학적 입장, 정치적 자세 등이 함축되어 있어 고전으로 인정받고 있다. 쿤데라의 작품도 체코 상황에 맞는 애정소설로서 많은 사랑을 받으면서 저자의 철학과 정치적 입장을 분명히 밝혀 높은 평가를 받고 있다.

두 저자의 철학은 톨스토이가 진지한 종교가로서 금욕적 태도로 시종 무거운 삶을 추구했다면 쿤데라는 공산 치하에 살았던 작가로서 종교와는 거리가 멀고 금욕과는 아무 상관이 없는 가벼운 삶을 그렸다.

오히려 인간의 성애에 깊은 사랑을 표시했다고 해도 틀린 지적은 아닐 것 같다. 종교와 인생 그리고 사랑에 깊은 관찰을 하고 사색을 해서 나름 그 시대 상황에 맞는 대안을 제시했다는 점에서는 공통점이 있다.

생의 무거움을 의식하면서 가볍게 맞고자 했던 쿤데라도 나름 진지하다고 평할 수 있다. 쿤데라는 인간의 삶도 역사도 한 번뿐이기 때문에 이것 자체가 참을 수 없는 존재의 가벼움이라고 묘사했다.

문학적으로 톨스토이는 현대 문학의 문을 열었다는 평가를 받고 있다. 이에 비해 쿤데라는 시간을 있는 그대로 표현하는 전통적 문학 기법을 넘어서 이를 무시하고 이곳저곳을 넘나들며 새로운 표현 기법을 보였다. 이런 점에서 포스트모더니즘을 구사한 작가로서 인정받고 있다. 이런 기법이 이 작품의 신비한 느낌을 독자에게 준다.

철학적으로 보자면 쿤데라는 이 작품에서 니체의 영원회귀설을 담는다. 무거움의 상징으로서 니체의 사상을 보여준다. 그러나 니체는 중세 기독교의 신 중심의 구원적 인간을 극복하고 초인을 주장하며 주체적인 삶을 주장한 철학자다. 니체는 지금 이 순간 삶이 영원히 지속되니 지금 이 순간 충실해야 한다는 영원회귀를 설명한다. 이에 쿤데라는 한 번뿐인 인간 삶의 가벼움을 말하며 이 가벼움을 참을 수 없다며 나름 진지한 삶을 주장한다.

또 쿤데라는 데카르트의 동물 기계론에 반박한다. 데카르트는 동물은 영혼이 없으니 기계에 불과하다고 설파했다. 니체는 이에 대해 채찍질 당하는 말을 껴안고 울면서 생명 존중을 주장하며 자신의 동물관을 밝힌다. 쿤데라는 이 작품에서 카레닌이라는 개와 삶을 함께하며 인간의 동물 사랑 모습을 보여준다. 심지어 그는 화성에서 온 우주인이 인간을 꼬치구이로 만들어 먹고 인간을 농사를 짓는 도구로 만듦을 당해야 인간이 정신을 차릴 것이라는 독설을 퍼붓기도 한다.

정치적으로 작품 배경은 1968년 프라하의 봄이다. 소련 공산 치하에서 민주화 운동을 벌이다 스위스로 망명을 가고 돌아오면서 억압당하는 스토리를 담고 있다. 공산당에게 오이디푸스처럼 눈을 찌르면서 반성하는 모습을 보여야 한다고 신문에 기고한다. 이것이 문제가 되어 잘나가던 외과 의사가 거리의 유리창 닦이로 전락하고 결국 시골로 가서 농사짓게 된다.

이런 억압하는 공산 치하 비판을 저자는 에둘러 지적한다. 그 예로 신이 인간을 똑같은 모습으로 만들었다면 인간이 똥을 싸니 신도 똥을 싸야 된다는 논리를 전개한다. 똥이 더러워 피하는 스탈린의 아들이 공산당이 이를 문제시하자 전기 담장에 달려가 자살을 하는 사건이 생긴다. 신은 똥을 싸지 않는다고 주장하는 신학자나 공산주의자를 하나로 간주하고 이들이 모두 스탈린의 아들보다 형이하학적이라고 저자는 비판한다. 비현실적이며 위선적이라는 것이다.

주인공 토마시의 애인 사비나도 미국으로 건너가 공산주의를 비난하는 반공주의자에게 똑같이 인간이 각기 가진 개성을 무시하고 한 가지 생각만 한다는 의미에서 다를 바 없다고 지적한다. 이 작품은 당시 공산주의나 반공주의자들의 획일적인 주장에 선을 긋고 있다.

이 작품은 주인공 토마시와 사비나를 통해 성문화의 가벼움 속 진실을 부각시킨다. 또 테레자와 프란츠의 모습 속에서 성문화의 무거움을 대비시킨다. 이로써 성의 무거움과 가벼움을 동시에 보여준다.

인간의 삶이 무겁기도 하고 가벼우며 역사도 철학도 문학도 마찬가지다. 삶은 무거운 의미만 좇아서는 안 된다. 그 가운데 즐거움이 가미돼야 한다. 행복이 없는 쾌락은 의미가 없다는 테레자. 사랑과 섹스는 구별해야 하는 토마시. 어느 것이 맞고 틀린지, 어느 것이 좋고 나쁜지 답은 없다. 인생도 철학도 문학도 정치도 정답이 없는 것처럼. 참을 수 없는 존재의 가벼움이 역겨운 사비나가 있을 뿐이다. 러시아 시절 안나 카레니나가 프라하에 태어났다면 테레사가 되고 사비나로 변신했을 것으로 보인다.

> 톨스토이의 『안나 카레니나』가 밀란 쿤데라의 『참을 수 없는 존재의 가벼움』을 낳았다. 이처럼 고전은 이어진다.

마치는 글

고전 독서반 첫 책이 호메로스의 『일리아스』와 『오디세이』였다. 2018년 10월 4일 시작했다. 매주 삼백 페이지씩 읽고 지도했다. 삼 년이 되려면 석 달 정도 남았다. 이 책이 출간되는 시점 정도면 될 것 같다. 시작을 함께해 준 심정순 당시 사직도서관 계장과 김춘희 선생 등 몇 명 회원들에게 고맙다는 말을 전하고 싶다.

당시 지도하며 만들었던 ppt를 들춰 보니 『일리아스』 최고 구절이라며 적힌 부분이 있다.

> "한편 트로이인들은 떼 지어 불길처럼 또는 태풍처럼, 사기충천하여 아우성을 치고 고함을 지르며 프리아모스의 아들 헥토르를 따르고 있었으니, 그들은 아카이인들의 함선들을 빼앗고 그 옆에서 적의 장수들을 모조리 죽일 수 있으리라고 믿었던 것이다."

트로이 전쟁의 함성이 귀에 들리는 느낌을 주는 구절이다.

> "제우스는 우선 크로커스와 히아신스를 빽빽이 높게 자라나게 해서 침상을 만들고 이어서 아름다운 황금구름을 두르니 그 구름에서 반짝이는 이슬이 방울방울 떨어졌다."

『일리아스』에서 가장 섹슈얼한 구절로 꼽히는 부분이다. 읽는 순간은 어려움 그 자체였고 답답했다. 다 읽고 난 후 정리하면서 보니 스스로 모르는 사이 뭔가 고대 트로이 시절 귀족의 교양과 품격이 조금이나마 생기게 됐다는 느낌이 남았다. 이 기분을 이어가면 다 읽고 난 후에는 정말 내가 바뀌겠다는 가슴 뛰는 가능성이 생겼다. 그렇게 시작했고 책을 쓰게 됐다.

고전 독서를 하지 않고 독서 배경지식을 논할 수 있을까? 서양, 동양, 한국 고전 134권 정도를 읽게 되면 지식 대부분 기본은 갖추게 되지 않을까? 읽을수록 그런 확신이 든다.

재밌으니까 고전이다. 지금 적용해도 지장이 없다. 즐거움과 의미가 고전에 있다. 즐거움과 의미가 만나는 곳에 행복이 있다. 이런 의미에서 고전 독서는 행복이다.

우리나라 국민, 모두가 고전 독서 정도는 기본적으로 읽었으면 한다. 자라나는 세대는 될 수 있으면 조금이라도 어릴 때 일독이라도 했으면 한다. 액티브 시니어로 자처하는 필자는 백이십 세까지 오 년에 한 번씩 열두 번 정도 읽어야겠다는 각오를 갖고 있다. 읽는 만큼 만족감이나 행복감이 늘어날 것 같다. 그럴 거라고 확신한다. 이해도도 깊어지고 강의도 더 재밌게 할 수 있을 것이다. 나이가 들어도 그 수업에 들어올 학생이 있고 공감해 주는 이들이 있으면 노후가 외로워지지 않을 것이다.

나 혼자 고전 독서를 공부하고 강의하겠다는 뜻이 아니다. 같이 읽는 모두가 자신의 공간이나 동네에서 고전 독서 지도자가 될 것으로 믿는다. 아들 김성익 변호사, 딸 김승진 웹툰작가들이 먼저 따라오길 기대한다. 최효성 마나님은 이 책 첫 번째 독자다.

가족이 먼저 같이 고전 독서 했으면 한다. 우리 가족은 대한 민국 가족 모두의 축소판이다. 우리가 시작하면 모두 할 가능성이 생긴다.

2021년 7월 30일
여수 히든베이호텔 814호에서

미 주

제1장 고전 독서에 뛰어들다

1) 다치바다 다카시, 『나는 이런 책을 읽어왔다』, 이인숙 옮김, 청어람미디어, 2001, 128쪽.
2) 이지성, 『에이트』, 차이정원, 2019, 219쪽.
3) 이지성, 『에이트』, 차이정원, 2019, 261쪽.
4) 이지성, 『에이트』, 차이정원, 2019, 54쪽.
5) 베르길리우스, 『아이네이스』, 천병희 옮김, 도서출판 숲, 2004.
6) 요네하라 마리, 『유머의 공식』, 송진욱 옮김, 중앙북스, 2007.
7) 플루타르코스, 『플루타르코스 영웅전』, 이성규 옮김, 현대지성사, 2000.
8) 이정동, 『축적의 길』, 지식노마드, 2017; 차국현, 최만수 외 12명, 『축적의 시간』, 지식노마드, 2015.
9) 사마천, 『사기열전』 1, 2세트, 김원중 옮김, 민음사, 2020.
10) 플라톤, 『소크라테스의 변명』, 황문수 옮김, 문예출판사, 1999.
11) 사마천, 『사기본기』, 김원중 옮김, 민음사, 2015.
12) 투키디데스, 『펠로폰네소스 전쟁사』, 박광순 옮김, 범우, 2011.
13) 이지성, 『리딩으로 리드하라』, 문학동네, 2010, 308쪽부터.

제2장 고전 독서의 시작

1) 김형식, 『백년을 살아보니』, 댄스토리, 2016.
2) 박지원, 『열하일기』, 김혈조 옮김, 돌베개, 2009.
3) 맹자, 『맹자』, 박경환 옮김, 홍익출판사, 2015.

4) 박웅현, 『책은 도끼다』, 북하우스, 2011.

5) 정혜신, 『당신이 옳다』, 해냄, 2018.

6) 조갑룡, 인문학 토대 위에 피는 '노벨과학상', (국제신문 칼럼 2019년 11월 25일 발췌).

7) 이지성, 황공우 공저, 『고전혁명』, 생각 정원, 2011.

8) 오병곤, 홍승완 공저, 『내 인생의 첫 책 쓰기』, 포레스토북스, 2018, 155쪽.

9) 조한별, 『세인트존스의 고전 100권 공부법』, 바다출판사, 2016.

10) 트리나 폴러스, 『꽃들에게 희망을』, 시공주니어, 1999.

11) 이지성, 『리딩으로 리드하라』, 문학동네, 2010.

12) 한스 로슬링, 올라 로슬링, 안나 로슬링 뢴룬드, 『팩트풀니스』, 김영사, 2020.

13) 제임스 앨런, 『생각하는 그대로』, 공경희 옮김, 도서출판 물푸레, 2006.

제3장 고전 독서 어떻게 읽을까

1) 정민, 『정민 선생님이 들려주는 고전독서법』, 보림, 2012.

2) 손무, 『손자병법』, 김광수 옮김, 책세상, 1999.

3) 고미숙, 『나이듦 수업』, 서해문집, 2016.

4) 토마스 모어, 『유토피아』, 나종일 옮김, 서해문집, 2005.

5) 앙투안 드 생텍쥐페리, 『어린 왕자』, 김제하 옮김, 소담출판사, 2005.

6) 김병숙, 『은퇴 후 8만 시간』, 조선북스, 2012.

7) 황농문, 『몰입』, 알에이치코리아, 2007.

8) 조한별, 『세인트존스의 고전 100권 공부법』, 바다출판사, 2016.

9) 줄리아 카메론, 『아티스트 웨이』, 임지호 옮김, 경당, 2012.

10) 김기태, 『서평의 이론과 실제』, 이채, 2017.

제4장 고대 서양 고전

1) 플라톤, 『국가』, 박종현 옮김, 서광사, 1997.

2) 최진석, 『탁월한 사유의 시선』, 21세기북스, 2018.

3) 플루타르코스, 『플루타르코스 영웅전』, 천병희 옮김, 도서출판 숲, 2010.

4) 호메로스, 『일리아스』, 천병희 옮김, 도서출판 숲, 2015.

5) 호메로스, 『오디세이아』, 도서출판 숲, 2010.

6) 최부, 『표해록』, 김찬순 옮김, 보리, 2006.

7) 배철현, 『신의 위대한 질문』, 21세기북스, 2015.

8) 하샴 마타르, 『귀환』, 김병순 옮김, 돌베개, 2018.

9) 헤로도토스, 『역사』, 천병희 옮김, 도서출판 숲, 2015.

10) 탈레스, 『소크라테스 이전 철학자들의 단편 선집』, 김인곤 외 옮김, 아카넷, 2005.

11) 플라톤, 『소크라테스의 변명』, 황문수 옮김, 2004.

12) 플라비우스 베케티우스 레나투스, 『군사학 논고』, 정토웅 옮김, 지식을 만 드는 지식, 2011.

제5장 한국 고전 동양 고전

1) 태공망, 황석공, 『육도삼략』, 유동환 옮김, 홍익출판사, 1999.

2) 손무, 『손자병법』, 김광수 옮김, 책세상, 1999.

3) 공자, 『논어』, 김형찬 옮김, 홍익출판사, 1999.

4) 최치원, 『새벽에 홀로 깨어』, 김수영 편역, 돌베개, 2008.

5) 유득공, 『발해고』, 송기호 옮김, 홍익출판사, 2000.

6) 김만중, 『구운몽』, 송성욱 옮김, 민음사, 2003.

7) 『춘향전』, 송성욱 옮김, 민음사, 2003.

제6장 고전이 고전을 낳는다

1) 베르길리우스, 『아이네이스』, 천병희 옮김, 도서출판 숲, 2004.

2) 단테 알리기에리, 『신곡』, 박상진 옮김, 민음사, 2007.

3) 조반니 보카치오, 『데카메론』, 박상진 옮김, 민음사, 2007.

4) 최부, 『표해록』, 김찬순 옮김, 보리, 2006.

5) 박지원, 『열하일기』, 김혈조 옮김, 돌베개, 2009.

6) 레프 톨스토이, 『전쟁과 평화』, 연진희 옮김, 2018.

7) 밀란 쿤데라, 『참을 수 없는 존재의 가벼움』, 이재룡 옮김, 민음사, 2018.

8) 레프 톨스토이, 『안나 카레니나』, 연진희 옮김, 2018.

참고문헌

다치바나 다카시, 『나는 이런 책을 읽어왔다』, 이인숙 옮김, 청어람미디어, 2001.

이지성, 『에이트』, 차이정원, 2019.

보이티우스, 『철학의 위안』, 부크크, 2019.

베르길리우스, 『아이네이스』, 천병희 옮김, 도서출판 숲, 2004.

아멜리 노통브, 『두려움과 떨림』, 전미연 옮김, 열린 책들, 2000.

요네하라 마리, 『유머의 공식』, 송진욱 옮김, 중앙북스, 2007.

플라톤, 『국가』, 박종현 옮김, 서광사, 1997.

플루타르코스, 『플루타르코스 영웅전』, 이성규 옮김, 현대지성사, 2000.

오비디우스, 『변신이야기』 1, 2, 이윤기 옮김, 민음사, 1998.

이정동, 『축적의 길』, 지식노마드, 2017.

차국현, 최만수 외 12명, 『축적의 시간』, 지식노마드, 2015.

사마천, 『사기열전』 1, 2세트, 민음사, 2020.

플라톤, 『소크라테스의 변명』, 황문수 옮김, 문예출판사, 1999.

사마천, 『사기본기』, 김원중 옮김, 민음사, 2015.

투키디데스, 『펠로폰네소스 전쟁사』, 박광순 옮김, 범우, 2011.

디오니소스팀, 『시카고 플랜 위대한 고전』, 다반출판사, 2019.

칼 세이건, 『코스모스』, 홍승수 옮김, 사이언스북스, 2006.

제럴드 다이아몬드, 『총, 균, 쇠』, 김진준 옮김, 문학사상사, 2005.

유발 하라리, 『호모 사피엔스』, 김영사, 2017.

김형석, 『백년을 살아보니』, 댄스토리, 2016.

박지원, 『열하일기』, 김혈조 옮김, 돌베개, 2009.

맹자, 『맹자』, 박경환 옮김, 홍익출판사, 2015.

박웅현, 『책은 도끼다』, 북하우스, 2011.

정혜신, 『당신이 옳다』, 해냄, 2018.

조갑룡, 인문학 토대 위에 피는 '노벨과학상', (국제신문 칼럼 2019년 11월 25일 발췌).

이지성, 황공우 공저, 『고전혁명』, 생각 정원, 2011.

오병곤, 홍승완 공저, 『포레스토북스』, 2018, 155쪽.

조한별, 『세인트존스의 고전 100권 공부법』, 바다출판사, 2016.

트리나 폴러스, 『꽃들에게 희망을』, 시공주니어, 1999.

한스 로슬링, 올라 로슬링, 안나 로슬링 뢴룬드, 『팩트풀니스』, 김영사, 2020.

제임스 앨런, 『생각하는 그대로』, 공경희 옮김, 도서출판 물푸레, 2006.

정민, 『정민 선생님이 들려주는 고전독서법』, 보림, 2012.

손무, 『손자병법』, 박삼수 옮김, 문예출판사, 2019.

고미숙, 『나이듦 수업』, 서해문집, 2016.

토마스 모어, 『유토피아』, 나종일 옮김, 서해문집, 2005.

앙투안 드 생텍쥐페리, 『어린 왕자』, 김제하 옮김, 소담출판사, 2005.

김병숙, 『은퇴 후 8만 시간』, 조선북스, 2012.

황농문, 『몰입』, 알에이치코리아, 2007.

줄리아 카메론, 『아티스트 웨이』, 임지호 옮김, 경당, 2012.

최진석, 『탁월한 사유의 시선』, 21세기북스, 2018.

플루타르코스, 『플루타르코스 영웅전』, 천병희 옮김, 도서출판 숲, 2010.

호메로스, 『일리아스』, 천병희 옮김, 도서출판 숲, 2015.

최부, 『표해록』, 김찬순 옮김, 보리, 2006.

호메로스, 『오디세이아』, 도서출판 숲, 2010.

배철현, 『신의 위대한 질문』, 21세기북스, 2015.

하샴 마타르, 『귀환』, 김병순 옮김, 돌베개, 2018.

헤로도토스, 『역사』, 천병희 옮김, 도서출판 숲, 2015.

탈레스, 『소크라테스 이전 철학자들의 단편 선집』, 김인곤 외 옮김, 아카넷, 2005.

플라톤, 『소크라테스의 변명』, 황문수 옮김, 2004.

플라비우스 베케티우스 레나투스, 『군사학 논고』, 정토웅 옮김, 지식을 만드는 지식, 2011.

태공망, 황석공, 『육도삼략』, 유동환 옮김, 홍익출판사, 1999.

손무, 『손자병법』, 김광수 옮김, 책세상, 1999.

공자, 『논어』, 김형찬 옮김, 홍익출판사, 1999.

최치원, 『새벽에 홀로 깨어』, 김수영 편역, 돌베개, 2008.

유득공, 『발해고』, 송기호 옮김, 홍익출판사, 2000.
김만중, 『구운몽』, 송성욱 옮김, 민음사, 2003.
『춘향전』, 송성욱 옮김, 민음사, 2003.
베르길리우스, 『아이네이스』, 천병희 옮김, 도서출판 숲, 2004.
단테 알리기에리, 『신곡』, 박상진 옮김, 민음사, 2007.
조반니 보카치오, 『데카메론』, 박상진 옮김, 민음사, 2007.
레프 톨스토이, 전쟁과 평화, 연진희 옮김,2018.
레프 톨스토이, 『안나 카레니나』, 연진희 옮김, 2018.
밀란 쿤데라, 『참을 수 없는 존재의 가벼움』, 이재룡 옮김, 민음사, 2018.
북애자, 『규원사화』, 민영순 옮김, 도서출판 다운샘, 2008.

사울 싱어, 댄 세노르 《창업국가》
김종성, 장춘화 《세종대왕의 눈물》
정선주 《학력파괴자들》
김승호 《생각의 비밀》
대니얼 코일 《탤런트 코드》
박상배 《본깨적》
브라이언 트레이시 《백만불짜리 습관》
사이쇼 히로시 《아침형 인간》
강규형 《대한민국 독서혁명》
강규형 《성과를 지배하는 바인더의 힘》
찰스 두히그 《습관의 힘》
모티머 J. 애들러 《생각을 넓혀주는
　독서법》
조벽 《조벽 교수의 인재 혁명》
지그 지글러 《정상에서 만납시다》
스티븐 코비 《성공하는 사람들의 7가
　지 습관》
강영우 《우리가 오르지 못할 산은
　없다》
고미숙 《공부의 달인 호모 쿵푸스》
이지성 《생각하는 인문학》
이지성 《리딩으로 리드하라》
강인선 《하버드 스타일》
잭 웰치, 수지 웰치 《잭 웰치의 마지막
　강의》
백금산 《책 읽는 방법을 바꾸면 인생
　이 바뀐다》
말콤 글래드웰 《아웃라이어》
헨리어트 앤 클라우저 《종이 위의 기

적 쓰면 이루어진다》
전옥표 《이기는 습관》
정진홍 《완벽에의 충동》
메리 케이 애시 《열정 기적을 낳는다》
정민 《다산선생 지식경영법》
강신장 《오리진이 되라》
앤디 앤드루스 《폰더 씨의 위대한
　하루》
이시형 《공부하는 독종이 살아남는다》
이시형 《행복한 독종》
후쿠하라 마사히로 《하버드의 생각
　수업》
이영석 《인생에 변명하지마라》
스튜어트 프리드먼 《와튼스쿨 인생
　특강》
만프레드 슈피처 《디지털 치매》
할 엘로드 《미라클모닝》
스펜서 존슨 《누가 내 치즈를 옮겼
　을까?》
켄 블랜차드 《칭찬은 고래도 춤추게
　한다.》
대니얼 코일 《재능을 단련시키는 52
　가지 방법》
스티븐 기즈 《습관의 재발견》
니콜라스 카 《생각하지 않는 사람들》
송숙희 《당신의 책을 가져라》
김종삼 《스스로 움직이게 하라》
마이클 레빈 《깨진 유리창 법칙》
이영석 《장사수업》

배상민 ≪나는 3D다≫
유성환 ≪인생을 바꾼 바인더 독서법 &
글쓰기≫
마커스 버킹엄 ≪위대한 나의 발견 강
점 혁명≫
KBS 세상을 바꾸는 9번째 지능 제작팀
이소연, 이진주 ≪9번째 지능≫
켄트 케이스 ≪그래도 Anyway≫
리처드 볼스 ≪파라슈트≫
사이먼 사이넥 ≪나는 왜 이 일을
하는가≫
밥 버포드 ≪밥 버포드, 피터 드러커에
게 인생 경영 수업을 받다≫
김호 ≪쿨하게 생존하라≫
구본형 ≪그대 스스로를 고용하라≫
밥 비포드 ≪하프타임의 고수들≫
멕 제이 ≪제대로 살아야 하는 이유≫
김병숙 ≪은퇴 후 8만 시간≫
구본형 ≪익숙한 것과의 결별≫
밥 버포드 ≪하프타임≫
다니엘 핑크 ≪새로운 미래가 온다≫
장 지오노 ≪나무를 심은 사람≫
박호근 ≪인생에도 리허설이 있다≫
김종훈 ≪우리는 천국으로 출근한다≫
F.뱃맨겔리지 ≪물, 치료의 핵심이다≫
이진호, 황성혁 ≪슈퍼 미네랄 요오드≫
신야 히로미 ≪불로장생 탑 시크릿≫
이동환 ≪만성피로 극복 프로젝트≫
미국상원영양문 제특별위원회 ≪잘못
된 식생활이 성인병을 만든다≫
하비 다이아몬드 ≪다이어트 불변의
법칙≫
하루야마 시게오 ≪뇌내혁명≫
미즈노 남보쿠 ≪식탐을 버리고 성공을
가져라≫

레이첼 카슨 ≪침묵의 봄≫
조엘 오스틴 ≪긍정의 힘≫
츠루미 다카후미 ≪효소 식생활로 장이
살아난다. 면역력이 높아진다≫
윤태호 ≪소금, 오해를 풀면 건강이 보
인다≫
조엘 펄먼 ≪내 몸 내가 고치는 색생활
혁명≫
닥터 월렉 ≪죽은 의사는 거짓말을 하
지 않는다≫
하비 다이아몬드 ≪내 몸이 아프지 않
고 잘 사는 법≫
김희철 ≪현대인은 효소를 밥처럼 먹어
야한다≫
미치 앨봄 ≪모리와 함께한 화요일≫
빅터랭클 ≪죽음의 수용소에서≫
미셸 오당 ≪농부와 산과의사≫
짐 로허, 토니 슈워츠 ≪몸과 영혼의 에
너지전소≫
조성희 ≪어둠의 딸, 태양 앞에 서다≫
김종성 ≪의사 예수≫
박정훈 ≪잘먹고 잘사는 법≫
아보 도오루 ≪면역 혁명≫
정수창 ≪히포크라테스도 몰랐던 치아
와 턱관절의 비밀≫
김기태 외 ≪효소영양학개론≫
폴 제인 필저 ≪건강관리혁명≫
에리히 프롬 ≪소류냐 삶이냐≫
캐롤라인 리프 ≪뇌의 스위치를 켜라≫
유성준 ≪세이비어교회≫
조나단 에드워즈 ≪조나단 에드위즈처
럼 살 수는 없을까?≫
릭 워렌 ≪목적이 이끄는 삶≫
빌비숍 ≪핑크펭귄≫
피터 드러커 ≪성과를 향한 도전≫

앤벌라 더크워스 ≪그릿≫

조성민 ≪나는 스타벅스보다 작은 카페가 좋다≫

이민규 ≪실행이 답이다≫

워터먼 앤 피터스 ≪엑셀런트 컴퍼니≫

왕중추 ≪디테일의 힘≫

김가성 ≪180억 공무원≫

피터 센게 ≪학습하는 조직≫

조쉬 카우프만 ≪퍼스널 MBA≫

야사에 스에미츠 ≪IT시대의 과제달성형 목표관리≫

사토 료 ≪원점에 서다≫

조성민 ≪작은 가게 성공 매뉴얼≫

최윤규 ≪리더가 넘어선 위대한 종이 한 장≫

이시카와 다쿠지, 기무라 아키노리 ≪기적의 사과≫

류랑도 ≪일을 했으면 성과를 내라≫

사이토 다카시 ≪절차의 힘≫

엔도 이상오 ≪성과의 가시화≫

류랑도 ≪하이퍼포머≫

존 맥스웰 ≪사람은 무엇으로 성장하는가≫

야스다 유키 ≪원피스식 세계 최강의 팀을 만드는 힘≫

존 우든, 스티브 제이미슨 ≪88연승의 비밀≫

게리 채프먼 ≪5가지 사랑의 언어≫

미움받을 용기 ≪기시미 이치로, 고가 후미타케 전경아≫

마이클 유심 ≪행동하는 리더의 체크리스트≫

존 고든 ≪에너지버스≫

고야마 노보루 ≪사람은 믿어도, 일은 믿지 마라!≫

허브 코헨 ≪협상의 법칙≫

최인철 ≪프레임≫

류랑도 ≪하이퍼포머 팀장 매뉴얼≫

엘버트 허버드 ≪가르시아 장군에게 보내는 편지≫

존 가트맨, 최성애, 조벽 ≪내 아이를 위한 감정코칭≫

최희수 ≪우리 아이 내면의 힘을 키우는 몰입독서≫

요코미네 요시후미 ≪아이의 숨겨진 능력을 이끌어 내는 4개의 스위치≫

사라 이마스 ≪유대인 엄마의 힘≫

크래크 힐 ≪다섯 가지 부의 비결≫

고재학 ≪부모라면 유대인처럼≫

김경민 ≪시 읽기 좋은날≫

오제은 ≪오제은 교수의 자기 사랑 노트≫

고두현 ≪시 읽는 CEO≫

마틴 셀리그만 ≪마틴 셀리그만의 긍정 심리학≫

정채찬 ≪시를 잊은 그대에게≫

쑹훙빙 ≪화폐 전쟁≫

송재환 ≪초등 고전읽기 혁명≫

김현대, 하종란, 차형석 ≪협동조합, 참 좋다≫

전성수 ≪자녀교육 혁명 하브루타≫

정우식 ≪재무심리에 답이 있다≫

토니 세바 ≪에너지 혁명 2030≫

피터 드러커 ≪21세기 지식경영≫

독서천재가 된 홍 팀장,다산라이프 강규형. 315~329p에서 발췌

이 도서는 자기관리와 독서경영 교육 전문 3P자기경영연구소 강규형 대표가 평생 독서에서 찾아낸 보물같은 책 리스트다.

강 대표가 흔쾌히 허락해줘 싣는다.

블루북에는 씨앗독서 50권, 필수독서 100권,선택도서 50권이 있다.

변화를 위한 자기 혁신 독서와 몸과 마음을 훈련하는 건강독서 등도 포함되어 있다.

독서를 시작하는 이는 참고할 만하다.

부록 2 - 고전 추천 리스트

〈시카고 플랜〉 전체 목록

STEP 1

《미합중국독립선언서》
플라톤 – 《소크라테스의 변명》, 《크
리톤》
소포클레스 – 《안티고네》
아리스토텔레스 – 《정치학》 중 발췌
《플루타르코스 영웅전》
《신약》 중 〈마태복음〉
에픽테투스 – 《인생담》 중 발췌
마키아벨리 – 《군주론》
셰익스피어 – 《맥베스》
밀턴 – 《출판의 자유》
애덤 스미스 – 《국부론》
《미합중국헌법》
토그벌 – 《미국의 민주주의》 중 발췌
마르크스, 엥겔스 – 《공산당 선언》
헨리 소로 – 《시민의 불복종》, 《월든》
톨스토이 – 《이반 일리치의 죽음》

STEP 2

《구약》 중 〈전도서〉
호메로스 – 《오디세이아》
소포클레스 – 《오이디푸스 왕》, 《콜

로누스의 오이디푸스》
플라톤 – 《메논》
아리스토텔레스 – 《니코마코스 윤리학》
중 발췌
루크레티우스 – 《우주론》
아우구스티누스 – 《고백록》
셰익스피어 – 《햄릿》
데카르트 – 《방법서설》
홉스 – 《리바이어던》
파스칼 – 《팡세》
조너선 스위프트 – 《걸리버 여행기》
루소 – 《인간 불평등 기원론》
칸트 – 《영원한 평화를 위하여》
존 스튜어트 밀 – 《자유론》
마크 트웨인 – 《허클베리 핀의 모험》

STEP 3

《구약》 중 〈욥기〉
아이스킬로스 – 《오레스테이아》
투키디데스 – 《펠로폰네소스 전쟁사》
플라톤 – 《향연》
아리스토텔레스 – 《정치학》 중 발췌
아퀴나스 – 《신학대전》 중 〈법률론〉
라블레 – 《가르강튀아와 팡타그뤼엘》
칼뱅 – 《그리스도교 강요(綱要)》
셰익스피어 – 《리어왕》

베이컨 - 《대혁신》
로크 - 《정치론》
볼테르 - 《캉디드》
루소 - 《사회계약론》
에드워드 기번 - 《로마제국 쇠망사》
　　제15-16장
도스토예프스키 - 《카라마조프 가의
　　형제들》
프로이트 - 《정신 분석의 기원과 발달》

STEP 4

공자 - 《논어》 중 발췌
플라톤 - 《국가》 중 발췌
아리스토파네스 - 《리시스트라테》,
　　《구름》
아리스토텔레스 - 《시학》
유클리드 - 《기하학제요》
아우렐리우스 - 《자성록》
엠페이리코스 - 《절대회의설(絶對懷疑
　　說)》 제1권
《니벨룽겐의 노래》
아퀴나스 - 《신학대전》 중 〈진실과 허
　　위에 대하여〉
몽테뉴 - 《수상록》
셰익스피어 - 《템페스트》
로크 - 《인간오성론》
밀턴 - 《실낙원》
흄 - 《오성론》
니체 - 《선악의 저편》
제임스 - 《프래그머티즘》

STEP 5

에우리피데스 - 《메데이아》, 《히폴리

토스》, 《트로이의 여인》
플라톤 - 《테아이테토스》
아리스토텔레스 - 《물리학》 중 발췌
베르길리우스 - 《아이네이스》
성 프란치스코스 - 《작은 꽃》
아퀴나스 - 《신학대전》 중 〈인간론〉
단테 - 《신곡》 중 〈지옥 편〉, 〈연옥 편〉
단테 - 《신곡》 중 〈천국 편〉
미란돌라 - 《인간의 존엄(尊嚴)에 대하여》
버클리 - 《인지원리론》
뉴턴 - 《프린키피아》
보스웰 - 《새뮤얼 존슨 전(傳)》
칸트 - 《프롤레고메나》
울먼 - 《일기》
멜빌 - 《백경》
아인슈타인 - 《상대성원리 : 특수이론
　　및 일반이론》

STEP 6

아이스킬로스 - 《사슬에 묶인 프로메테
　　우스》
플라톤 - 《파이드로스》
아리스토텔레스 - 《형이상학》 제7권
롱기노스 - 《숭고성에 대하여》
아우구스티누스 - 《자연과 성총에 대하
　　여》, 《성총과 자유의지에 대하여》
아퀴나스 - 《신학대전》 중 〈신(神)에 대
　　하여〉
제프리 초서 - 《캔터베리 이야기》 중
　　발췌
셰익스피어 - 《리처드 2세》
세르반테스 - 《돈키호테》 1부
스피노자 - 《에티카》 1부
흄 - 《자연종교에 관한 대화》
볼테르 - 《철학사전》 중 발췌

김대혁

58년 개띠

매주 일요일 '빛고을100독서아카데미'에서 독서와 글쓰기 지도를 하고 있다.
주 중 화요일과 금요일 저녁 광주사직도서관과 신가도서관에서 '동서양한국 고전'을 가르치고 있다.
광주시공무원교육원과 전남도공무원교육원 등에서 강의하고 있다.

나이 들어 하는 독서는 만만치 않은 집중력과 건강을 요구한다.
운동을 겸해야 하고 재미있어야 한다.

'책을 읽을수록 더 건강해질 수 없을까?'

리듬을 타는 '독서법'을 만들어 나가야 죽기 전날까지 지속적 독서를 할 수 있다.

시카고대학이 고전 100권 읽기로 80여 개 노벨상 수상자를 배출했다고 한다.
노벨상 1개에 불과한 우리나라와 크게 비교된다.
세인트존스대학은 고전 100권 읽기로 4년 과정을 마친다.
독서 내공과 깊은 독서로 창의력이 풍부해져야 한다.
한국에서도 이런 고전읽기 교육 프로그램이 여기저기서 이뤄졌으면 한다.
대한민국에도 노벨상에 도전하는 아들, 딸, 손자, 손녀들이 많이 늘어났으면
하는 바램이 있다.

후손에게 좋은 책 100권 읽기를 유산으로 물려주자는 의미에서 '빛고을100독
서아카데미'를 만들었다. 50대가 독서 본보기를 보여야 한다.
'50대 독서 사명론'을 부르짖고 있다. 독서를 통해 후손이 더 행복하고 나라가
더 성장해 어려운 나라를 도왔으면 한다. 이에 미력하나마 힘을 보태고 싶다.

현재 온투데이뉴스 객원기자로 활동 중이며, 독서법과 글쓰기 강의를 통해 액
티브한 시니어의 삶을 행복하게 누리고 있다. 다른 저서로는 <액티브 시니어의
깊이 있는 독서법>이 있다.

액티브 시니어의
고전 즐기기

. . . . . .
서양, 동양, 한국 고전 읽기

초판인쇄 2021년 12월 24일
초판발행 2021년 12월 24일

지은이 김대혁
펴낸이 채종준
펴낸곳 한국학술정보㈜
주 소 경기도 파주시 회동길 230(문발동)
전 화 031) 908-3181(대표)
팩 스 031) 908-3189
홈페이지 http://ebook.kstudy.com
E-mail 출판사업부 publish@kstudy.com
출판신고 2003년 9월25일 제406-2003-000012호

ISBN 979-11-6801-207-3 03010